吉林振兴丛书
JILIN ZHENXING
CONGSHU

◎刘立新　丁晓燕　丛书主编

东北振兴与吉林产业转型升级

◎肖国东　孙　雁　著

吉林文史出版社

图书在版编目（CIP）数据

东北振兴与吉林产业转型升级 / 肖国东 , 孙雁著 . —长春：吉林文史出版社 , 2023.9

（吉林振兴丛书 / 刘立新 , 丁晓燕主编）

ISBN 978-7-5472-9668-4

Ⅰ . ①东… Ⅱ . ①肖… ②孙… Ⅲ . ①产业结构升级－研究－吉林 Ⅳ . ① F127.34

中国国家版本馆 CIP 数据核字 (2023) 第 157772 号

吉林振兴丛书

东北振兴与吉林产业转型升级

DONGBEI ZHENXING YU JILIN CHANYE ZHUANXING SHENGJI

丛书主编：刘立新　丁晓燕

本书著者：肖国东　孙　雁

出 版 人：张　强

责任编辑：王俊勇　柳永哲　马轶男

封面设计：杨兆冰

出版发行：吉林文史出版社

电　　话：0431-81629357

地　　址：长春市福祉大路5788号

邮　　编：130117

网　　址：www.jlws.com.cn

印　　刷：吉林省吉广国际广告股份有限公司

开　　本：710mm×1000mm　1/16

印　　张：19

字　　数：270千字

版　　次：2023年9月第1版

印　　次：2023年9月第1次印刷

书　　号：ISBN 978-7-5472-9668-4

定　　价：138.00元

序

党中央高度重视东北地区发展，2003年作出实施东北地区等老工业基地振兴战略的重大决策，出台了一系列支持东北地区振兴发展的政策措施。历经20年的凤凰涅槃，东北老工业基地再现繁荣与发展新面貌。

2003年，中央出台《中共中央 国务院关于实施东北地区等老工业基地振兴战略的若干意见》，明确提出"支持东北地区等老工业基地加快调整改造，是党中央从全面建成小康社会全局着眼作出的又一重大战略决策，各地区各部门要像当年建设沿海经济特区、开发浦东新区和实施西部大开发战略那样，齐心协力，扎实推进，确保这一战略的顺利实施"，拉开振兴东北老工业基地的序幕。

在党中央领导下，2003—2013年，东北振兴取得阶段性成果。经济总量迈上新台阶，东北三省地区生产总值年均增长10.3%。体制机制改革初见成效，增值税转型、农业税减免、国有企业政策性破产、豁免企业历史欠税等重大改革在东北地区先行先试，90%的国有工业企业完成产权制度改革，国有企业竞争力明显增强。产业竞争优势逐渐显现，大型发电设备、特高压输变电设备、高档数控加工中心、重型数控机床等一批重大装备成功研制，一批龙头企业重塑行业竞争力，能源原材料、食品工业等产业规模大幅提升。2016年，中央出台《中共中央 国务院关于全面振兴东北地区等老工业基地的若干意见》，进一步明确了新时期推动东北振兴的新目标、新要求、新任务、新举措，标志着东北振兴进入了全面振兴新阶段。党的十八大以来，习近平总书记多次赴东北地区考察，召开专题座谈会，对东北全面振兴作出系列重要讲话和指示批示，充分体现了以习近平同志为核心的党中央对东北全面振兴的高度重视和殷切期望，为新时代推进东北振兴提供了根本遵循。2019年，党中央、国务院对支持东北地区深化改革创新推动高质量发展作出重要部署。2020年，党的十九届五中全会要求"推动东北振兴取得新突破"。在各方面的共同努力下，东北地区经济运行逐步企稳，营商环境进一步优化，结构调整扎实推进，粮食综合生产能力显著提升，基础设施不断完善，社会事业蓬勃发展，人民生活水平不断提高。2020年，东北三省实现地区生产总值5.1万亿元，人均地区生产总值5.2万元，常住人口城镇化率67.7%。2021年，国务院关于《东北全面振兴"十四五"实施方案》的批复正式公布。批复强调，内蒙古自治区、辽宁省、吉林省、黑龙江省人民政府要深化改革开放，强化政策保障，优化营商环境，推动实施一批对东北全面振兴具有全局性影响的重点项目和重大改革举措，着力增强内生发展动力。

20年来，吉林省振兴发展取得了重大进展和积极成效，各项事业也取得了显著成就。吉林省立足于自身发展现状、国家"双循环"发展新格局的总体要求以及中央对东北振兴提出的"五大安全"要求，充分发挥创新优势、产业优势、资源优势、区位优势，大力推进高质量发展，释放吉林发展潜力，积极融入国家"双循环"新发展格局。在习近平总书记三次视察吉林重要讲话重要指示精神指引下，经济社会全面发展，振兴步伐坚实稳健。一是经济运行稳中向好。全力打造现代新型汽车和零部件、农产品及其深加工和食品细加工、冰雪和避暑休闲生态旅游这三个万亿级大产业。2021年，GDP（国内生产总值）增速在全国位次有所提升，在东北三省一区居于首位。固定资产投资增速已经连续两年居全国第四位。10年间，粮食产量连续跨上700亿斤、800亿斤两个大台阶，2021年，粮食产量增长率在全国居第一位，以2%的土地面积贡献了5.92%的粮食产量。二是重大项目蓄势赋能。中车松原新能源基地、吉化120万吨乙烯、西部"陆上风光三峡"、东部"山水蓄能三峡"、沿边开放旅游大通道等一大批重点项目陆续开工建设。三是创新能力大幅提升。在区域创新能力全国排名中，2021年，吉林省前进9个位次，上升幅度最大。长春自主创新示范区、长春国家农业高新技术产业示范区相继获得国家批准并启动建设。高铁变轨等一批关键核心技术取得突破，"吉林一号"在轨运行卫星达到70颗，建成了我国目前最大的商业遥感卫星星座。四是营商环境持续优化。投资平台在线审批率居全国首位，不动产登记效率居全国第二位，连续两年新登记市场主体增速居全国第三位。五是人民生活显著改善。2020年迈入全面小康社会，70万人摆脱贫困。2021年脱贫群众人均收入同比增长20.18%，增速排在东北三省一区首位。六是生态强省建设全面推进。大气、水、土壤等多项生态环境指标持续改善，空气优良天数达到94%。长白山、查干湖等旅游品牌叫响全国，冰雪旅游市场占有率稳居全国第一。

吉林省社会科学院（社科联）是中共吉林省委直属的、全省唯一一家哲学社会科学综合性研究机构。长期以来，吉林省社会科学院在坚持基础研究，保持传统学科优势的同时，注重发展地方特色，大力加强应用研究。现有一支从事东北振兴、吉林振兴研究的科研队伍并取得了一批重要的东北振兴研究成果，为东北振兴吉林振兴提供了智慧支持。在东北振兴20年之际，吉林省社会科学院推出"吉林振兴丛书"，旨在全面总结20年来吉林省振兴发展取得的重要进展和积极成效，发现问题，直面短板，探求路径，助力吉林省高质量发展。

本系列丛书共七本，分别是《东北振兴与吉林产业转型升级》《东北振兴与吉林农业农村现代化》《东北振兴与吉林民生建设》《东北振兴与吉林旅游高质量发展》《东北振兴与吉林新型城镇化》《东北振兴与吉林社会治理》《东北振兴与吉林绿色发展》。本系列丛书全面总结了东北振兴过程中吉林省经济转型、民生建设、社会治理以及绿色发展等问题，再现了吉林振兴取得的成果，分析了存在的问题，探寻了东北振兴的吉林之路。

"推动东北全面振兴取得新突破"，实现吉林振兴，是国家区域协调发展战略的重要组成部分，事关我国区域发展总体战略布局，事关我国新型工业化、信息化、城镇化、农业现代化的协调发展。吉林省是我国重要的工业和农业基地，维护国家国防安全、粮食安全、生态安全、能源安全、产业安全的战略地位十分重要，关乎国家发展大局，实现吉林振兴新突破是新时代党中央、国务院赋予吉林省的新使命。本系列丛书立足于为党委和政府打造有价值的决策咨询研究成果，必将增强社会各界对东北振兴，尤其是对吉林振兴发展的关注度，为东北地区，尤其是吉林省相关部门的决策提供一些有价值的参考意见。

未来，在习近平新时代中国特色社会主义思想指引下，吉林省将在东北振兴、吉林振兴研究上再接再厉，提供更高层次、更高水平的理论成果，为东北振兴、吉林振兴作出更大的贡献。

2023年6月

于长春

目　录

第一章

东北振兴背景下吉林省产业转型升级的重大意义

第一节　研究背景

　　2003年10月，中共中央、国务院正式印发了《关于实施东北地区等老工业基地振兴战略的若干意见》，制定了东北振兴战略的各项方针政策，吹响了振兴东北老工业基地的号角。此后，中央先后在东北地区实行了一系列促进振兴的优惠政策。2015年7月，在长春召开的部分省区委主要负责同志座谈会上，习近平总书记深入分析东北地区发展面临的形势，对新一轮东北振兴作出全面部署。同年12月，习近平总书记主持召开中共中央政治局会议，审议通过了《关于全面振兴东北地区等老工业基地的若干意见》，为东北振兴提供了重要遵循。2018年9月，习近平总书记主持召开了深入推进东北振兴座谈会，进一步对东北振兴提出了六个方面的要求：一是以优化营商环境为基础，全面深化改革；二是以培育壮大新动能为重点，激发创新驱动内生动力；三是科学统筹精准施策，构建协调发展新格局；四是更好支持生态建设和粮食生产，巩固提升绿色发展优势；五是深度融入共建"一带一路"，建设开放合作高地；六是更加关注补齐民生领域短板，让人民群众共享东北振兴成果。2020年7月，习近平总书记在吉林考察时强调：坚持稳中求进工作总基调，坚持新发展理念，深入实施东北振兴战略，在加快推动新时代吉林全面振兴、全方位振兴的征程上展现新作为。在推动我国汽车制造业高质量发展，做强、做大民族品牌方面，习近平总书记强调，必须加强关键核心技术和关键零部件的自主研发，实现技术自立自强。党的十八大以来，习近平总书记三次赴吉林考察，要求加快推动新时代吉林全面振兴、全方位振兴。

吉林省是我国重要的老工业基地和商品粮基地，也是重要的生态屏障和人文科教大省。这里诞生了新中国第一辆汽车、第一列铁路客车、第一袋化肥，以及一汽、吉化、长客等"国"字号大型企业。进入新时代，吉林工业焕发出勃勃生机，如一汽年销售整车达到341万辆、"吉林一号"在轨卫星达到70颗、时速350公里的"复兴号"中国标准动车组上线运营、万米钻机"地壳一号"创造亚洲新纪录，等等。2017年4月，吉林中部（长春—吉林—松原）入选全国首批产业转型升级示范区，目前已取得产业转型升级主动落实国家重大战略部署、强化科技创新能力建设、加快民营经济发展、推进老工业区搬迁改造等重要经验。现在仍将积极探索汽车、石化、农产品加工等传统优势产业改造升级和延伸产业链的有效途径，探索加快先进轨道交通、新能源汽车、生物医药、光电信息、新材料等新兴产业发展的有效途径，探索毗邻城市产业分工协作和协同发展的有效途径，探索充分发挥科教人才优势培育新技术、新产业和新业态的有效途径。这些对于吉林省增强内生发展动力，推动产业结构调整，加快新旧动能转换，摆脱传统产业发展的困境，重塑产业比较优势，寻求新的经济增长点，实现高质量发展、创新发展、绿色发展，实现"全面振兴、全方位振兴"具有重要意义。

第二节　理论基础

一、概念及其内涵

产业（Industry）作为经济学概念，一般而言，属于中观经济范畴，介于微观经济和宏观经济之间。从微观经济角度来说，产业是生产同类产品或者具有同类性质企业的集合；从宏观经济角度来说，产业是按照一定标准，将国民经济划分成不同的生产部门或者类别，每个部门或者类别由不同的行业构成。然而，我国三次产业的划分起源于1985年。为融入创建经济总量统计分析的需要，国家统计局发布了《关于建立第三产业统计的报告》，对我国三次产业的划分范畴提出了要求。《国民经济行业分类》于2002年修订，调节了原三次产业的范畴，制定了第二版《三次产业划分规定》。2011年，在国家统计局修订了《国民经济行业分类》（GB/T 4754—2011）的基础上，制定了《三次产业划分规定》第三版。2018年，国家统计局依据新施行的《国民经济行业分类》（GB/T 4754—2017），对《三次产业划分规定》第三版开展了修订。第一产业是指农、林、牧、渔业（不包括农、林、牧、渔业的专业及辅助主题活动）。第二产业是指采矿业（不含开采专业及辅助性活动），制造业（不含金属制品、机械和设备修理业），电力，热力，燃气及水生产和供应业、建筑行业。第三产业，即服务业，是指除第一产业和第二产业之外的其他产业链。第三产业包含批发和零售业，交通运输、仓储和邮政业，住宿和餐饮业，信息传输、软件和信息技术服务业，金融业，房地产业，租赁和商务服务业，科学研究和技术服务业，水利、环境和公共设施管理业，居民服务、修理和其他服务业，教育，卫生和社会工作，文化、体育和娱乐业，公共管理、社会保障和社会组织，国际组织，以及农、林、牧、渔业中的农、林、牧、渔专业及辅助性活动，采矿业中的开采专业及辅助性活动，制造业中的金属制品、机械和设备修理业。

产业转型升级的内涵包括宏观、中观和微观三个层面，既可以包含国家产业体系向低投入高产出的提升，也可以表示为单个产业的技术含量和生产能力、核心竞争力的进步，或者产业从低附加值转变为高附加值的过程，还可以指以企业为单位的技术进步和资源优化配置，使得企业的获利水平得以提升的过程。产业转型升级的必然结果是生产效率提高和技术进步，那么由此可以类推出产业转型升级的内涵有三个层面。一是结构层面的产业转型升级强调的是产业结构整体的变化，在产业向更高水平转变的动态过程中，结构产生变化，从而对工业化阶段进行判定。这一层面的含义是随着技术进步和科技水平的提高，能够实现资源转换，完善社会化生产，从而提高产业结构的有效性，推进产业结构从低级向高级发展。从工业转型升级来说，大多数学者认为工业转型升级是工业向更高水平发展的一个动态过程，对工业转型升级更侧重从结构升级的角度来定义，即产业结构由低级形态向高级形态转化的过程，包括技术结构高度化、产出结构高度化、资产结构高度化和就业结构高度化等方面，该过程的结果是生产效率提高和技术进步。郭克莎（1996）认为，工业结构的升级必须将资本、技术及就业结构高度化，才能实现工业转型升级的目标。王岳平（2002）认为，在市场经济条件下，工业结构的高度化发展是工业升级的导向，需要在政策环境的影响下，以企业为中心进行市场的竞争和选择。张玉春（2007）认为，工业结构的升级是工业结构发展过程中量变与质变相互转化的结果，在国家或地区的技术水平不断进步和需求结构不断变化的条件下，工业内部要素的协调发展。张志永（2011）认为，工业结构升级是从低水平向高水平演进的过程，在先进技术和需求结构的推动下，工业向技术密集、高附加值转变的过程。二是产品层面的产业转型升级内涵则是强调产品低附加值演变为高附加值。国外学者Poon（2004）认为，产业转型升级可以看作由生产劳动密集型的低价值产品向技术密集型的高价值产品转变,继而实现价值链的高附加值迁移。三是要素层面的产业转型升级内涵则是强调产业内部,基于微观企业的技术进步和生产效率提升来改变产业内部资源配置的过程,如高端生产要素替代低端生产要素。我国学者金碚(2011)认为,要实现产业转型升级,需要以更先进的技术为基础,对各个产业的技术水平进行全面的提升,增强国际竞争能力。陈林和朱卫平(2011)也提出,将行业生产的比较优势从劳动力和土地资源等低端要素转变为技术、资本等高端要素就是实现产业素质提高的过程。我国工信部在对国务院批准印发的《工业转型升级规划(2011—2015)》进行解释时,也界定了工业转型升级的内涵,认为工业转型升级的内涵包括两个方面:第一,转型是指通过转变工业的发展方式,要加快传统工业向创新驱动、智能制造、消费驱动等新兴工业化道路转变;第二,升级则是要通过优化产业布局和结构,对技术结构、组织结构和产品结构等方面合理布局,促进工业结构的整体优化。由此能够看出,产业转型升级的内涵离不开要素投入和技术进步。

从产业转型升级的内涵能够看出,无论是结构、产品还是要素的角度,产业转型升级应具有高质量、高收益的特征。对产业转型升级的衡量,从结构的角度来看,是高技术产业比重的提高;从产品的角度来看,是产品附加值水平的提高或者市场份额的增加;从要素的角度来看,则是以全要素生产效率的提高或者技术进步为特征。在现有研究成果对产业转型升级的衡量中,选取的指标并不相同。从产品的角度来看,Kaplins和Readman(2005)认为,既然产业转型升级能够从产品附加值来表现,那么可以从市场份额和价格变化方面选取指标进行衡量,因此提出了产品升级指数的标准,即通过衡量产品价格变动与平均价格变动的偏离程度,加上市场份额变动率,就能够衡量产品的升级水平。对于从要素的角度来衡量工业转型升级,则认为具有较高全要素生产率、劳动生产率和研发投入的工业行业通常转型升级的水平较高。在现有的研究成果中,增加值率是常用的反映行业升级水平的指标，是通过行业增加值占总产值的比重来反映行业的高级化程度，增加值越高，表明本行业的生产活动处于价值链越高端的环节；也有学者通过行业的利润率水平来反映升级情况，认为剩余价值高的行业能够获得超额利润。因此，从要素的角度选取衡量指标，主要集中于全要素生产率、劳动生产率和研发投入等，其中全要素生产率反映的是技术进步和生产率水平；劳动生产率通常反映的是管理能力和技术水平等综合表现；研发投入指标还有一个相似的指标，就是研发人员占劳动总投入的比例，这两个指标都能够反映技术进步和升级情况。

　　国内外学者对技术创新的研究成果较为丰富，其中对技术创新的概念内涵进行了多角度的阐述。1912年，熊彼特（J.A.Schumpeter）在其《经济发展理论》中提出，创新是将新的生产要素或者生产条件进行组合，并引入企业的生产体系中，形成新的生产能力，从而获得潜在利润。弗里曼（C.Freeman，1982）认为技术创新是将新产品和新服务的首次商业化行为。我国学者张风、何传启（1999）提出，技术创新是围绕某个产品或工艺而开展的研发活动，既可以包含单一技术创新，也可以包含多个单项技术创新，并通过应用新技术而产生经济效益。傅家骥（1999）等也提出，技术创新是以获取商业利益为目的，通过将技术转化为商品并在市场中销售，从而实现企业经济效益的行为。这些观点突出了技术创新与商业行为密不可分。除上述学者的观点外，经济合作与发展组织（OECD）也对技术创新作出了阐述：技术创新实现其价值包括科学、金融和商业等一系列活动。我国政府也对技术创新进行了阐述：企业通过新技术、新知识和新工艺的应用，结合新的管理模式和生产方式，从而实现新产品开发和产品质量的提高，并以此来实现和占据市场价值。

　　产业转型升级模式研究。Gereffi（1999）将产业转型升级从资源配置的角度分为四个层次，即国际领域上的产业转型升级、国家内部产业的转型升级、不同地域之间的产业转型升级和产业内部的转型升级。在此基础上，通过结合全球价值链分析法，Humphrey（2002）将产业升级划分为四种模式，分别为产品升级（product upgrading）、工艺升级（process upgrading）、跨产业升级（inter-sectoral upgrading）、功能升级（functional upgrading）。Kaplinsky（2002）通过全球价值链分析法发现，对于发展中国家处在价值链低端环节的企业，可依次通过工艺（process）、产品（product）、功能（functional）升级，达到产业链（industry chain）的升级，从而形成这种序贯式的升级模式。全球价值链理论还与产业集群理论相结合，如Schmitz（2006）通过分析全球价值链和产业治理模式，认为学习不同种类的价值链和治理模式能够实现全球价值链的增值，其指出了全球价值链治理模式在制造业转型升级中所起的作用，分析了制造业转型升级的机制及方法。Marks和Lauren（2005）将产业企业升级路径总结为代加工生产模式向研发设计模式升级，再向自主品牌模式升级。

综上所述，现有的研究成果也从宏观、中观、微观等多个视角阐述了产业转型升级的内涵和衡量标准，鉴于研究目的，本文对产业转型升级的研究侧重中观层面的含义，从要素的角度衡量转型升级，认为转型升级水平较高的行业应具备全要素生产率较高、研发投入较高、劳动生产率较高等特征，强调通过行业的技术进步和全要素生产效率提升来推动产业转型升级。因此，本文中对产业转型升级的界定为：产业转型升级是产业向更高水平发展的一个动态过程，也是产品结构、技术结构、组织结构和产业结构不断优化的过程，生产水平集约化，技术创新能力增强，资源配置高效，其转型升级的结果综合就表现为投入要素的生产效率的提升。因此，本文采用全要素生产率的提升来衡量产业转型升级水平。生产率是衡量经济发展程度十分重要的指标，通常采用产出与投入之比。产出与单一要素之比为单要素生产率，产出与多种要素之比，为全要素生产率（Total Factor Productivity，TFP）。单一投入要素衡量生产率并不全面，不能反映其他投入要素对生产率的贡献。相比之下，全要素生产率能综合考察多种投入要素对生产率的贡献，并反映多种要素投入所带来的产出，是综合性的生产率，其用公式表达为Y/X，其中Y代表总产出，X代表总投入。自Solow提出"余值法"衡量技术进步以来，全要素生产率越来越受到学术界的关注，经济学家也对全要素生产率进行了定义。如多恩布什、费希尔在《宏观经济学》一书中定义："全要素生产率增长率为在所有投入不变的情况下，作为生产方法改进的结果而导致产量增加的幅度。"

二、产业结构演化理论

基于国内外不同学者对产业结构演进的理论探讨，不难看出，各国学者从历史分析和实证研究两个维度对产业结构的演进规律进行了研究，对三次产业结构的演进基本规律有较清晰的认识，其中以配第—克拉克定理和库兹涅茨的产业结构演进规律最具有代表性。

配第—克拉克定理在1940年由英国经济学家科林·克拉克提出，其研究以威廉·配第的研究成果为基础，因此被称为配第—克拉克定理。配第—克拉克定理的成立以一定的假设为前提，首先，以三次产业的分类方法作为配第—克拉克定理使用的主要方法；其次，配第—克拉克定理形成的关键依据为基于多个国家的时间序列数据变化；最后，配第—克拉克定理以劳动力的变化作为其研究的衡量指标来分析产业结构的演进规律。经济学家克拉克对20多个国家的部门劳动投入与总支出进行了详细的统计归纳，通过整理计算时间序列的数据，发现随着经济的发展，人均国民收入得到提高的同时，会出现劳动力从第一产业逐渐转移至第二产业的现象；若人均国民收入进一步提高，劳动力则继续转移至第三产业。因此，就业人口通过人均国民收入与经济发展的提高，在三次产业结构中的变化和分布规律是配第—克拉克定理的主要研究内容。其认为：当一个国家的人均国民收入增加时，农业劳动力所占的份额较小，那么这个国家的第二产业和第三产业的劳动力占比将会增大；同理，当出现第二产业和第三产业劳动力占比减少的现象时，则认为是人均国民收入出现下降、农业劳动力所占的份额增加所导致的。并且，配第—克拉克定理不仅仅在一个国家经济发展的时间序列上体现出其规律，对于发展水平相去甚远的国家之间，如果对同一时间点上的横断面比例进行选取，此定理依然有效。

基于配第—克拉克定理的研究，在国民收入上，美国经济学家库兹涅茨尝试应用此定理，更深入地分析了产业结构的演进规律，进行了三次产业结构所影响的国民收入变化及比例关系研究，因此得到了"GNP之父"的美誉。库兹涅茨深研于国民经济问题及国民收入统计，其见解独到。他对三次产业分别进行了命名，其中农业部门、工业部门和服务部门依次代表着第一、二、三产业；除此之外，20多个国家的数据被收集起来，基于产业间的劳动力和国民收入变化，以产业中国民收入的相对比重与劳动力相对比重的比例关系来表示相对国民收入（也称为劳动生产率）。如果A代表某产业的相对国民收入，X1为该产业的国民收入相对比，该产业的劳动力相对比则为X2，那么劳动生产率的数学表达式为A=X1/X2。通过分析产业结构变化的时间序列特征，可以得出劳动力的相对比重仅有小幅增长甚至几乎没有变化，国民收入中的工业部门占比却具有明显的增大趋势。故而，库兹涅茨的研究结果体现出，当工业化发展到一定程度时，工业部门吸纳劳动力的能力有限，而服务部门吸纳劳动力的能力较大。他认为作为衡量经济增长质量的重要指标，劳动生产率至关重要，实现人均产出的高速增长必须进行各部门经济份额的转换，因此结构的变化非常重要，是经济增长的重要推动引擎。综上所述，通过对具有代表性的产业结构演进理论进行分析，经济体内部的产业结构随着经济的不断发展而会发生转换，而产业结构的变化又在一定程度上决定着经济增长的方式。由此可见，产业结构的转型升级对于推动经济持续增长至关重要。

三、技术创新理论

创新驱动的核心是技术创新。从技术创新概念的研究成果来看，不仅国内外研究成果数量较多，而且阐释的角度不同。例如，从研发投入角度来看，具有代表性的当数英国经济学家P.斯通曼，其提出创新为研发投入到商业交易形成的过程，重点强调的是起点研究投入，通过输入到生产过程，终点是商业交易的形成。从创新结果来看，具有代表性的当数唐纳德·瓦茨，其提出通过销售产出利润，才能称之为创新，当然研发投入也是应当的。从产生商业利润这方面看，国外很多学者都提出过类似的观点。例如何传启、张风等认为，技术创新应该产生利润，才能称之为创新，同时技术创新针对某个产品或者工艺进行研发，同时进行了应用，从而产生利润。国外具有代表性的当数博家骥对技术创新的定义，即为了商业利润，进行研发投入，然后将研发成果进行商业应用，不仅可以弥补研发成本，而且能取得相应的利润。由此可见，技术创新与商业利润紧密相连。此外，对技术创新概念有过阐述的还有经济合作与发展组织（OECD），其提出技术创新活动包括研发、商业活动及金融等，能在商业应用中实现研发投入的创新行为，都称之为科技创新，包括产品和工艺都发生显著变化的创新活动。1999年国务院颁布的《关于加强技术创新，发展高科技，实现产业化的决定》中，强调了企业和管理模式的作用，因为技术创新的主体是企业，产业和工艺的创新均离不开企业，好的生产方式和管理模式也是企业进行推动以实现产品质量或者工艺水平的提高，从而在市场应用上实现利润。

技术创新更注重突出商业性的特点，与发明创造不完全相同，技术创新成果被应用到生产实践中，而且需实现商业价值，从研发投入到实现商业价值，技术创新整个过程才得以完成。因此，技术创新需要在对产品和工业创新的基础上，更注意创新成果的商业化或者产业化。同时，技术创新所实现的经济价值可以作为要素资源为下一阶段的持续性创新提供源源不断的动力，为下一阶段的技术水平得以提高奠定基础。创新行为、商业行为、再创新、再商业，循环往复，创新过程会不断地促进产业向高附加值或者高技术水平转变。

技术创新的成果被应用到生产实践中并创造出经济价值，才算完成技术创新过程，因此技术创新并不局限于对产品的创新，更重要的是对其产业化的行为。同时，通过技术创新所得到的经济价值能够为下一阶段的持续性创新提供要素资源，促进技术创新水平不断提高，通过这样一个循环发展的过程来推动产业技术水平的进步，带动产业向高技术、高附加值转变。按照创新对象、组织方式和技术变化情况的不同，技术创新可分为以下三类：首先，从创新对象的角度，技术创新可分为产品创新和工艺创新。其中产品创新是指将新技术应用于产品或服务中并进行商业化的过程；工艺创新则是指除了产品创新外，在生产过程中对管理、业务方式上的创新，其目的在于提高生产效率和能源消耗，规范生产流程，与产品创新往往交替进行。其次，从创新组织方式的角度，技术创新可分为自主创新、模仿创新和合作创新。自主创新是依靠自身的力量进行的创新活动，其目的是获得核心技术和自主知识产权，可以进一步分为原始创新、引进消化吸收再创新和集成创新等类型；模仿创新与自主创新不同，其是对已有创新成果的改善和发展，能够有效节省科研经费的投入，避免市场投资风险；合作创新是指在创新过程中由多个创新个体共同参与，共同完成创新目标，共担投资风险，如战略联盟、科研外包等形式都属于合作创新。最后，从技术水平变化的角度，技术创新可分为改进型创新和突破型创新。其中改进型创新的技术变化程度较弱，是对现有技术的进一步研发改良，具有渐进式的特点，因此也称为渐进型创新；突破性创新的技术水平变化强度大，是通过应用全新的技术来生产新产品，但这种突破是动态的、相对的，即对于一个产业或企业在一段时间内是全新的。因此，突破型创新和改进型创新也是交替出现的，企业实现技术突破后，会存在一段时间持续性的技术改良，而后孕育出新的技术突破。此外，技术溢出通常具备以下三个特征：一是不确定性。由于技术溢出源于一种非自愿的行为，并且技术本身难以度量，因此作为外部效应的技术溢出很难直接衡量，如果通过间接的方式衡量，其准确性又会有所降低，并且在实际发生的过程中，还会受到许多因素的外部干扰，因此技术溢出的不确定性明显。二是外部性。通过技术进步的内涵也能够看出，技术溢出是一种非市场的转让行为，那么在市场机制之外的外部性也是技术溢出的一个显著特点。三是不可控性。既然技术溢出发生在跨国企业的投资过程中，那么无论是东道国还是企业都无法决定技术溢出的效果。从宏观层面来看，技术溢出会受到东道国本地市场竞争程度的影响；从微观层面来看，又会受到本地企业吸纳能力的限制，因此在技术溢出的过程中，任何一方都无法控制技术溢出的效果。

创新是可持续发展的动力，20世纪90年代以来，有关可持续发展理论的研究开始集中于区域经济和环境关系领域，缺少对某一产业的实证研究，而现实中资源丰富地区的经济增长速度落后资源匮乏地区，这主要是由于对资源的浪费性开采和低效率加工所导致的。因此，可持续发展理论要求从转变经济发展方式的角度，从源头上解决环境污染问题和生态平衡问题。对可持续发展理论的研究，其中的重点产业之一就是制造业，在制造业转变发展模式的指导思想下，要以产业进化理论为基础，借鉴现代经济学中罗斯托的经济成长阶段理论和可持续发展研究成果。其中罗斯托认为，随着生产力水平的提高和科技水平的不断进步，过去主导产业的带动作用一旦完成，必将出现主导产业的更替，这种旧的主导产业衰退和新的主导产业的诞生过程就意味着产业结构的演进和动态发展。

从概念上讲，可持续发展可以沿用世界环境和发展委员会在《我们共同的未来》中的定义，即"既满足当代人的需要，又对后代人满足其需要的能力不构成危害的发展"。也就是说，可持续发展的内涵就是谋求自然环境与人类经济发展的协调和平衡，通过建立人与自然的新平衡关系来遏制环境污染和其导致的自然灾害；在追求经济增长的同时，以科技进步为依托，控制环境破坏，改善经济发展质量，维护人类赖以生存的生态环境，努力建成"低消耗、高收益、低污染、高效益"的良性发展循环。可持续发展的内涵体现了以下几个原则：（1）持续性原则，人类任何经济活动形式都需要考虑自然资源和环境的承载能力，需要通过调整经济发展方式来实现对生态资源的永续利用；（2）公平性原则，这项原则是指在经济发展的过程中，不仅要考虑这一代人的经济收益，还要兼顾子孙后代的利益，不可过度消耗资源；（3）共同性原则，可持续发展不再是一人、一国的发展目标，而是全球经济发展的总体目标，需要全球各国的共同努力，维护经济高效、多维、公平、协调发展，以平衡生态环境为主要准则，从而实现资源环境和人类社会发展相互协调的目的。

技术创新是创新主体在研发投入及市场需求的引导下，对生产要素和技术进行革新的过程。由于划分角度的不同，技术创新可以分为多种类型：按照技术创新革新程度的差异，可分为渐进式创新和破坏式创新；按照创新的参与者构成，可分为独立创新、引进再创新和合作创新；按照创新对消费模式的影响，可分为连续创新、动态连续创新、非连续创新；按照创新能力，可分为原始创新、集成创新和跟随创新。除上述分类外，就技术本身而言，其具有生命周期的特点。从过程来看，新工艺和新设备的创新能够提升生产效率，使传统产业得以改造；从结果来看，技术创新所产生的创新产品可以开辟新的市场，促进新型产业蓬勃发展，进而优化产业结构。

1966年，美国经济学家施穆克勒（J.Schmookler）在其《发明和经济增长》一书中提出，技术创新与市场需求互相影响，是双向选择的过程。市场需求能够为产业实现技术持续创新提供经济基础，在制造业转型升级的复杂过程中，产业发展出现不平衡的情况时，就会引起创新势差，为了消除这种创新势差，企业通过加大创新投入等方式来满足创新需求。由此可以看出，技术创新推动粗放型驱动模式向集约型创新驱动模式转变，是制造业转型升级能否获得持续动力的关键。创新驱动是各种驱动发展阶段的高级形式，其最终的表现既是技术水平的提高和生产效率的提高，也是转型升级的不竭动力，在制造业转型升级中扮演着十分重要的角色。因此，未来我国经济的增长要更多地依靠技术创新和要素质量的提高，这将为我国制造业的转型升级提供持续动力。

内生增长理论认为科研产出和人力资本存在较强的互补性。科研产出能够提高人力资本水平，而人力资本要素的质量也直接影响科研活动的效率。通过对新技术和新知识的学习，劳动者的素质得到了提高，并运用在生产过程中；又通过技术的使用和模仿来增强创新能力，极大地促进了科研产出。将知识、人才和制度等因素渗透生产函数中，将其转化为现实的生产力，并通过新的技术、设备和工艺等创新成果来提高企业或部门技术能力，使生产要素发挥重要的作用。新的技术成果投入传统产业生产中，通过对新技术的应用和转化，能够促使传统产业突破技术瓶颈，降低产成品对资源的过度依赖和消耗。同时，新的技术成果还能够降低产业的生产成本，促使产业由要素驱动转变为创新驱动，推动原有产品和技术的更新换代，创造出高技术含量、高附加值的新产品。产业转型升级的本质是通过提高生产要素质量，并将创新成果实际应用到产业发展中，从而提高生产效率。与传统要素驱动相比，要素质量更加重视人才和知识的力量，主张通过技术创新来提高生产效率。提高要素质量不再是粗放式发展模式，而是依靠人才、技术和制度等新型要素来实现集约型发展模式。

通过优化产业结构推动转型升级，因为要素禀赋结构直接决定了产业的比较优势。所以，产业结构深受要素禀赋的影响。随着劳动、资本等要素禀赋产生变化，产业比较优势和产业结构也随之变化。从产业的生命周期理论能够看出，随着产业进入成熟的发展阶段，市场的需求量趋于饱和，原有产品的市场需求出现下降，这时为了谋求更长久的发展，必须通过技术创新来改变生产要素的组合方式。当制造业中的主导产业与技术创新关联性弱时，就会出现主导产业为技术创新速率更快的新产业所替代，引起主导产业的更替变化；如果主导行业与技术创新关联性强，那么主导产业就具备持续发展的潜力，能够吸收更多的新技术和科技创新成果，并应用到产业发展中，促进主导产业的多元化发展。新技术的出现往往催生新的产业形式，但是对于进入成熟期的主导产业来说，技术创新方式转变为渐进性技术创新，产业的增长速率趋于平稳。从另一方面看，作为制造业中的主导产业通常具有较强的产业关联性，能够在技术创新推动产业结构变革的情况下，通过关联效应带动与之相关的产业加速技术创新，生产出满足产业需求的新产品，而与创新效率关联性不高的产业就会被新的产业所替代，促进制造业整体产业结构的升级。因此，无论是技术创新对主导产业发生多元化促进，还是出现替代原有主导产业的新产业，都会促进产业技术水平的提高。通过产业结构的变革和完善，既能够促进主导产业持续向高技术水平发展，提高产业附加值，又能够通过主导产业的关联性，带动相关产业技术创新，从而推动制造业转型升级。

四、比较优势理论

比较优势理论第一次被系统化地提出是在19世纪末，也就是1815年，托伦斯在《论对外谷物贸易》一书中指出对外贸易中存在比较优势，两年后，李嘉图对这一理论进行了完善与推广，将其详细论述在《政治经济学及赋税原理》一书中。这一理论的出现与当时的背景不无关系，当时英国正处于向外拓展与尝试自由贸易的时期，同时新兴的工业资产阶级为了获取贸易利润，与旧时代的土地贵族做斗争。当时的英国政府正在实行"谷物法"，这一政策的核心是通过对国外谷物征收高额关税以防其入侵本国市场，并遏制本国工业制成品的出口，从而使本国市场内部的粮食价格不断攀升，且土地价格也随之水涨船高，粮食的生产成本增加，销售价格也不得不增加，从而逐渐失去了竞争力。而拓展这一理论的李嘉图与工业资产阶级利益息息相关，因而站出来为其说话，他通过比较成本理论，详细阐述了对外贸易对本国的好处，进而有理有据地反对"谷物法"，为后续"比较优势理论"的诞生打下了基础。这一理论的出现有力地推动了英国对外贸易活动，也为后续国际贸易理论的发展奠定了强有力的基础。比较优势的诞生与当时产业重视自然生产要素的产业发展模式有一定的关系。在传统的古典经济学中，比较优势理论是基于亚当·斯密所提出的绝对优势而产生的。相对于绝对优势，比较优势的核心观点在于，当生产要素全部占据劣势时，国家应该考虑选择相对优势较大的产品作为出口生产的主力。

20世纪中期，伴随着全球经济的不断发展，国际贸易理论也逐渐成熟，其中比较优势理论也从对外贸易领域逐步深入国家内部各个产业分工方式。在探究区域分工时，除了自然生产要素的禀赋，劳动力的生产效率也成为重要的关注因素。而比较优势理论的出现为存在差异的区域分工模式和劳动分工方式提供了一定的理论基础，同时为区域的制造业发展模式提供了发展思路。比较优势理论主要是指当两种国家贸易产品在不同国家存在优势差异时，优势较大的国家在两种产品的生产中优势不同，而劣势国家也存在劣势不同，那么优势国家可以主要生产优势较大的产品，劣势国家主要生产劣势较低的产品，因此获得了比较优势。通过这种分工生产，两国都能够从对外贸易中获得一定的利润。

比较优势理论的发展主要历经三个阶段：第一阶段为亚当·斯密的绝对成本说，这一理论考虑了进出口成本问题，在第二阶段由李嘉图进一步完善形成比较成本说，而最后赫克歇尔–俄林则提出要素禀赋理论，其认为每个国家的要素禀赋都存在差异，因而存在对外贸易的机会。其中，李嘉图结合绝对成本说，强调如果两个国家可以生产数种同类产品，但是国家之间的劳动生产率又存在差异，那么生产率较高的国家主要生产所有产品中本国生产成本最低的产品并出口，而生产率较低的国家则生产所有产品中生产成本最低的产品并出口。在国家贸易中，两国都有所出口，也有贸易获利，在最终的贸易均衡点上，两国都以相同的生产成本获取了比不进行贸易时更多的产品，从而有效地节约了劳动力，促使资源的利用率得以提高。基于这一理论，李嘉图指出国际贸易之所以能够出现，一定是因为当前国家的劳动生产率和生产成本等存在差异。这一理论的出现是对绝对优势贸易理论的进一步完善。然而后出现的要素禀赋理论则是基于国际贸易理论，考虑到不同地域存在自然资源的差异，而在经济周期的发展变化中，自然资源所产生的比较优势并不稳定，因此这一理论指出，真正导致地区之间出现差异的是地区生产要素价格的不同，往往会促使地区间产生贸易和分工差异。例如，地区之间土地价格、资本和劳动都存在差异，当不同地区生产不同产品时，生产成本也存在差异，最终导致产品价格也存在不同，进而为贸易的产生奠定了基础。正是这种不同要素价格的差异决定了比较优势，最终使得区域间贸易产生。

五、产业区位理论

产业聚集有利于减少成本，这是产业集群产生的重要原因，源自德国的阿尔弗雷德·韦伯创作于1909年的《工业区位论》，具体而言，各产业聚集在一起，企业无须花费多余的运输成本，继而使得生产成本有所下降，为企业利润增加提供了空间。而众多企业聚集则使得集群内部的企业收益增加，进一步吸引企业参与聚集。因此，韦伯认为，这种成本的降低是促进企业聚集的最终动力。企业聚集能够获得运输等成本的降低，同时形成销售的规模效应，有效地降低了部分企业在运输等领域的花销。

企业往往与自身所在环境形成一种双向互动的互利共生关系，而这一研究成果为后续的新产业区位论提供了坚实基础，这是20世纪末，通过对来自德国、美国和意大利的高新产业区进行实证研究得到的。高新产业区和企业发展往往同时受制硬件设施与软件条件，硬件设施为具体的资金和技术发展，软件条件为当地的文化、劳动力素质和社会经济结果等。在一个良好、高质量的生态环境中，人才和创新得到大力支持，继而不断推动产业进步。美国的硅谷之所以能够不断发展壮大，成为世界有名的产业集聚区，与其高质量的文化生态环境息息相关。来自瑞士、法国和意大利等国的学者成立了名为区域创新环境的研究小组（GREMI），主要研究对象为创新活动及产业聚集问题，并提出了名为"文化环境"的新概念。这一概念主要是指企业聚集不仅产生规模效应，从而促进技术革新，而且这种聚集会使当地的生产链更为专业化，并衍生一系列的贸易周边产业和资源，为聚集的企业提供相应的资源，形成创新协同的产业氛围。

六、工业化阶段理论

工业化的内涵是经济学研究的重要问题，从古典经济学派的克拉克、马歇尔等学者到现代的一些经济学家如罗丹、刘易斯、霍夫曼、罗斯托、库兹涅茨、钱纳里等人，都从不同的角度对工业化的内涵进行过研究论述。发展至今，其较有代表性的概念可以归纳为以下两种：第一种工业化可概括为在国民经济结构中农业生产生活转向非农业生产生活的过程，是西方经济学家库兹涅茨提出的；第一种工业化的详细过程可概括为随着国民经济中制造业活动和第二产业所占比例提高，制造业和第三产业就业的劳动人员所占比例也有所提高，在这两种比例得以提高的同时，整个国民经济人口的人均收入也增加了，而来源于《新帕尔格雷夫经济学大辞典》中关于工业化的解释也是现今最流行的解释。总的来说，目前学术界对工业化还没有形成一个相对统一规范的解释。但综合上述对工业化具体概念的两种解释，这些内涵都将工业化明确为一个过程，可以认为工业化的本质就是经济社会发展变革的复杂长期的过程，其不仅涵盖了经济的持续增长，还包含着经济制度的变革、城乡生活的变革，以及经济结构的变化和社会生产力的提高等多方面特征，特别是作为工业部门持续扩张的重要表现，还涵盖了以制造业为代表的部门经济比重的增加和生产效率的提高。

其中较有代表性的当数著名经济学家霍利斯·钱纳里（Hollis B.Chenery）提出的工业化理论。他曾担任美国国际开发署副署长、世界银行副行长、哈佛大学教授等职务。工业化理论的提出得益于发展形势理论的提出，对于发展问题的研究，钱纳里提出了发展形势理论，其重点在于分析经济结构的变动及其各种制约因素，如收入水平、先进技术、人口规模、国际资本等，研究领域不再局限于高收入的发达国家，而是拓展到了低收入的发展中国家，并提出储蓄和投资可作为经济发展的必要条件而非充分条件。同时钱纳里在国际经济学和产业经济学研究上也有突出的贡献，在经济发展过程中，他深入了解制造业内部的产业结构变动以揭示制造业产业间存在的关联效应，这一发现既是制造业内部结构变动趋势研究的重要参考，也是工业化理论的基础。钱纳里的主要代表作包括《工业化进程》《产业联系经济学》《结构变化与发展政策》《增长中的再分配：政策探讨》等。

在工业化阶段理论的框架下，第一阶段产业结构较为单一，产业结构支撑主要在农业上，整体生产力水平较低，因此被称为不发达经济阶段，且对经济发展起主要作用的制造业如食品、纺织等行业量极少；第二阶段为工业化初期阶段，这一时期以生产建材、采掘等初级产品的产业为主，由以农业主导逐步变革为以劳动密集型产业为主的工业化结构，其主要特点是劳动密集型产业占据主导地位；在第三阶段工业化中期阶段时期，第三产业得到迅速发展，比较明显的是制造业的内部结构开始由轻工业的快速增长转向重工业的快速增长，因此此阶段也可以看作重工业化阶段，使推动经济增长的关键因素逐渐转变为大规模的重工业发展，其中非农业劳动力成为主导，资本密集型产业占据重要地位；第四阶段是工业化后期阶段，基于前期第一、第二产业的不断发展，第三产业在这一时期发展得最为突出，不再停留于过去的平稳发展，而是逐渐转入持续的高速增长阶段，如以新兴服务业、广告业、金融业等为代表的第三产业成为推动区域经济增长的主要力量；第五阶段是后工业化社会，在提供更加现代化的生活方式的同时，高档耐用消费品得到进一步普及，因此技术密集型产业成为这一时期发展中的重点，制造业的内部结构由资本密集型产业转向技术密集型产业；第六阶段是现代化社会，在此阶段，由于消费欲望的多样性，第三产业出现分化，知识密集型产业从服务业中逐渐分离，且市场需求越发强烈。

七、可持续发展理论

1972年，罗马俱乐部在研究报告《增长的极限》一文中明确提出了"合理持久均衡发展"和"持续增长"的概念，指出减少地球资源耗费和限制工业生产能够维持地球的生态环境平衡；1987年，在《我们共同的未来》中正式提出"可持续发展"的概念后，理论界的重点转向对人类社会经济发展与生态环境承载能力平衡的研究，这标志着可持续发展理论的产生，并逐步形成理论系统和研究途径。20世纪90年代以来，可持续发展理论的研究开始集中于区域经济和环境关系的宏观研究，由于资源的浪费性开采和低效率加工，往往导致资源丰富地区的经济增长速度落后资源匮乏地区。因此，可持续发展理论要求从转变经济发展方式的角度，从源头上解决环境问题污染和生态平衡问题。对可持续发展理论的研究，其中的重点产业之一就是制造业，在制造业转变发展模式的指导思想下，要以产业演进理论为基础，借鉴现代经济学中罗斯托的经济成长阶段理论和可持续发展研究成果，其中罗斯托认为，随着生产力水平的提高和科技水平的不断进步，过去主导产业的带动作用一旦完成，必将出现主导产业的更替，这种旧的主导产业衰退和新的主导产业的诞生过程意味着产业结构的演进和动态发展。

全球经济进程不断加快，人类社会与自然环境间的矛盾日益突出，全球范围内面临生态破坏和环境污染的严重问题。人们开始意识到仅靠科技手段来进行环境修补是无法根本解决环境污染问题的，需要在人类行为和社会活动中改变过去粗放型的经济发展观念。特别是进入20世纪90年代后，1992年召开的世界环境与发展会议和1995年召开的哥本哈根世界首脑会议，都将可持续发展列入正式的国际会议议程。

可持续发展的内涵就是谋求自然环境与人类经济发展的协调和平衡，通过建立人与自然的新平衡关系来遏制环境污染和其导致的自然灾害；在追求经济增长的同时，以科技进步为依托，控制环境破坏，改善经济发展质量，维护人类赖以生存的生态环境，努力建成"低消耗、高收益、低污染、高效益"的良性发展循环。可持续发展的内涵体现了以下两个原则：首先是持续性原则，人类任何经济活动形式，都需要考虑自然资源和环境的承载能力，需要通过经济发展方式的调节来实现生态资源的永续利用；其次是公平性原则，这项原则是指在经济发展的过程中，不仅要考虑这一代人的经济收益，还要兼顾子孙后代的利益，不可过度消耗资源；其次是共同性原则，可持续发展已不再是一人、一国的发展目标，而是全球经济发展的总体目标，需要全球各国的共同努力，从而维护经济高效、多维、公平、协调地发展，以平衡生态环境为主要准则。

可持续发展理论强调通过协调经济增长和环境保护来实现可持续发展。可持续发展理论的主要内容包含以下几个方面：第一，可持续发展理论的核心就是从科技入手，建立一个可持续发展的社会、环境平衡关系。建立可持续发展目标下的"资源—环境—经济"的系统管理体制，对资源、环境和经济发展之间的关系形成独立的"账户"体系，间接地将资源、环境因素纳入国民经济核算中，从而克服传统国民经济核算体系的缺陷。第二，可持续发展与环境。20世纪70年代后期，由环境学家提出的"外部经济内在化"观点，通过价格、信贷和税收等经济杠杆，将社会损失纳入生产成本，也就是将外部因素纳入生产过程中，从而保护生态资源。里昂惕夫结合投入产出法，对"外部性"与国民经济的投入产出关系进行了探索。20世纪80年代后，随着环境资源价值理论的进一步完善，除了将环境资源纳入国民经济核算中外，在中观层面优化生产力布局，调整产业结构；在微观层面分析了可持续发展效益，使环境经济学的发展日益成熟。第三，可持续发展与经济。可持续发展与经济的关系主要分为两个层面：一是农业协调生产优化问题，主要包括：通过生态位共享的原理进行生产、种植制度与耕作方式要适应环境、利用共生补偿原理降低污染、对物质和能力在生态农业系统中的进程进行多层转化；二是经济活动的环境成本问题，社会成本作为经济活动的外部效果，可持续发展理论将社会成本的考量转变为生产单位对外部效果承担经济责任，从而实现有效的价格机制和环境监测机制。第四，可持续发展与社会。在人口资源方面，如人口数量与粮食问题、城市化导致的农业人口过剩、人口素质和社会结构完善、人口老化的养老保障、社会分工和妇女问题、家庭结构和人口信息开发等问题都与可持续发展密切相关，此外，也涉及环境发展和自然灾害防治方面。第五，区域可持续发展。在经济增长中起到特殊作用的产业或部门也是地区经济中具有特殊作用的支持性产业。此类产业具有以下特点：一是产业规模较大，能够直接和间接地影响区域经济；二是产业规模增长迅速；三是增长效应能够在相关产业部门间传递分散，即具有同其他产业部门的高强度投入产出关系；四是应具备创新能力强的产业或具备核心创新能力的企业。综合上述四个方面可以看出，可持续发展理论具有以下特点：首先，可持续发展是在提高科技水平的基础上，对社会整体经济结构的发展；其次，建立可持续发展体系的关键是高技术经济的创新和技术支撑体系的建立，因此应当着力发展资源节约型技术和环境监测手段；再次，区域环境、资源和社会的协调问题是国家可持续发展战略的首要问题，也是全球可持续发展体系建立的基本单元；最后，企业作为经济体系的基本构成单元，在内部结构和运行机制方面逐步向可持续发展方向转变，特别是科技创新在可持续发展战略中的地位日益重要。

综上所述，虽然学术界对产业转型升级的概念没有形成统一的定义，但对其内涵已有明确的共识。无论产品还是价值链等层面的转型升级，都意味着劳动密集型向资本或技术密集型转变的过程，因此本研究将产业转型升级为中观层面，即产业内部劳动密集型向资本或技术密集型转变的过程，探究产业内部低端要素如何向高端要素转型升级问题。其转型升级的过程表现为技术创新要素投入效率的提升，以及技术水平集约化。在要素层面，较高的技术投入产出效率是产业转型升级的重要特征。技术创新的成果被应用到生产实践中并创造出经济价值，才算完成技术创新过程，因此技术创新并不仅仅限于对产品的创新，更重要的是对其商业化和产业化的行为进行创新。本文所探讨的技术溢出效应是指在对东道国进行直接投资的过程中，跨国企业通过某些非自愿的途径，将自身的经营理念、生产技术和管理经验渗透东道国的本地企业中，起到了促进东道国本地企业技术水平得以提高的效果，进而推动东道国内资部门的经济增长，表现为经济外部性。

产业转型升级的理论基础为工业化阶段理论、产业结构演进理论和可持续发展理论。

通过国内外学者对产业结构演进理论的研究能够看出，对三次产业结构演进的一般规律有所把握，其中具有代表性的当数配第一克拉克定理和库兹涅茨提出的产业结构演进规律。库兹涅茨研究了三次产业结构所影响的国民收入变化及比例关系，研究显示，当工业化发展到一定程度时，工业部门吸纳劳动力的能力微乎其微，而服务部门在这一方面具有显著优势，其认为生产率作为衡量经济增长质量的重要指标，如果没有各部门经济份额的转换，就无法实现人均产出的高速增长，因此结构的变化是生产力和经济增长的重要推动因素。对可持续发展理论的研究，在转变发展模式的指导思想下，要以产业演化理论为基础，借鉴现代经济学中经济成长阶段理论和可持续发展研究成果。其中罗斯托认为，随着生产力水平的提高和科技水平的不断进步，过去主导产业的带动作用一旦完成，必将出现主导产业的更替，这种旧的主导产业衰退和新主导产业的诞生过程就意味着产业结构的演进和动态发展。可持续发展理论特别强调科技创新在可持续发展战略中的地位。

第三节　重大意义

一、有利于塑造产业发展新优势

"十四五"时期是我国全面建成小康社会、实现第一个百年奋斗目标之后，乘势而上开启全面建设社会主义现代化国家新征程、向第二个百年奋斗目标进军的第一个五年，是吉林在高质量发展新路上砥砺前行、积厚成势的关键五年，是推动新时代吉林全面振兴全方位振兴、实现突破、开辟新局的关键五年。"十四五"时期,吉林振兴发展正处于发挥独特优势、提升在全局中战略地位的关键阶段,加快转型升级、实现高质量发展的关键阶段,以及激发创造活力、破解深层次矛盾问题的关键阶段。

产业转型升级是深化供给侧结构性改革、落实创新驱动发展战略的重要抓手,是新旧动能转换的重要支撑,是加快构建新发展格局、推动高质量发展的核心动力,是贯彻"一主六双"高质量发展战略的重要依托,也是实现"两确保一率先"目标的重要手段,对于吉林全面振兴、全方位振兴具有重要意义。加快产业转型升级有利于吉林省产业结构整体水平和效率向更高层次演进,有利于资源的优化和配置,促使产业结构趋于合理化。加快吉林省产业转型升级,能够充分发挥吉林老工业基地优势,对于构建"一主六双"产业空间布局,提升产业链现代化水平,巩固壮大实体经济根基特别是做强做优制造业,建设制造强省、质量强省、网络强省、数字吉林,提高经济质量效益和核心竞争力,构建现代产业体系,再造吉林老工业基地竞争新优势,具有重要意义。

二、有利于推动产业结构高级化

2021年,吉林省新建国际科技合作平台15个、科技创新中心35个、省级重点实验室34个,中国(吉林)、中国(长春)这两个国家级知识产权保护中心获批,区域创新能力上升幅度在全国最大,全国排名上升九位,列居东北地区第一。2021年,吉林省新能源汽车产量达到10.7万辆,同比增长1.4倍,其中红旗H9荣获国家年度创新大奖,红旗汽车取得十八项电动化、十四项智能网联重大技术突破;吉林化纤年产1.5万吨碳纤维项目多条生产线试车成功;一汽-大众新技术开发中心正式落成;"陆上风光三峡"工程建设全面启动。立足新发展阶段,贯彻新发展理念,构建新发展格局,紧紧围绕"一主六双"高质量发展战略,吉林省产业结构持续优化向好,2021年,吉林省三次产业增加值占GDP的比重分别为11.7%、36%和52.3%,第二、第三产业比重分别比上年同期提升0.8个和0.2个百分点。从各产业对GDP增长的贡献率来看,三次产业对经济增长的贡献率分别达到12.1%、26.7%和61.2%,第三产业贡献率比上年同期显著提升。高技术制造业快速增长,全年全省高技术制造业增加值同比增长21.6%,增速高于全部规模以上工业17个百分点。

三、有利于培育和发展新兴产业

近年来,吉林省大力培育和发展新兴产业,有力引领、带动和支持了全省产业结构调整和转型升级。一是新技术、新产业、新产品加快涌现。长光卫星技术股份有限公司长春市遥感卫星及应用产业集群航天信息产业园项目(一期)建成投产,形成了国内领先的卫星及应用产业链。二是创新能力大幅提升。推动建成了吉林大学高性能聚合物合成及应用技术研究创新平台、吉林大学吉林省精准医学分子生物学实验中心等16个创新平台载体,服务层次和服务水平显著提升,创新体系不断完善。三是大众创业、万众创新向纵深开展。扶持壮大了一批"双创"企业,辽源东北袜业园有限公司创业孵化平台项目建成投产。支持建成了长春硅谷创新创业平台、吉林省摆渡创业孵化平台等"双创"载体,成为支撑吉林省产业发展的新动能。

在"一主六双"高质量发展战略引领下,以新能源、新装备、新材料、新农业、新旅游、新电商"六新产业"发展和新基建、新环境、新生活、新消费"四新设施"建设为主攻方向,不断扩充总量、优化结构、提升效率,产业发展的新格局加快形成。"六新产业"和"四新设施"是吉林省树立产业核心发展优势,实现"换道超车"的重要方向。"六新产业""四新设施"是以重大技术突破和重大发展需求为基础,对吉林省经济社会全局和长远发展具有重大的引领带动作用,代表了新一轮科技革命和产业变革的方向,是培育发展新动能、争取未来竞争新优势的关键领域。吉林省通过发展新兴产业,可助推传统产业质量变革、效率变革和动力变革,带动传统产业转型升级。"六新产业"和"四新设施"是推动产业结构转型升级、引领高质量发展的新增长极、驱动力和能量源。随着吉林省"六新产业"发展和"四新设施"建设的提速增效，必将加快传统产业的转型升级，促进新业态、新产品、新模式、新技术不断涌现，加深传统产业与新兴产业的融合，创造大量就业岗位，成为促改革、稳增长、调结构、惠民生的有力支撑。

第二章

东北振兴战略实施以来吉林省产业转型升级的成效

第一节　吉林省产业结构更加优化

一、三次产业结构不断演进

总体上看，吉林省三次产业结构呈现第一、第二产业比重不断下降，第三产业比重不断上升这一趋势。吉林省第一产业比重持续下降，从2002年的21.61%下降到2021年的11.70%，下降了9.91个百分点。吉林省第二产业比重不断下降，从2002年的38.84%下降到2021年的36.00%，下降了2.84个百分点。在此过程中，第二产业比重低于第三产业比重，2002年，第二产业比重低于第三产业比重0.71个百分点，到2021年，吉林省第二产业比重低于第三产业比重16.30个百分点。吉林省第三产业比重持续上升，从2002年的39.55%上升到2021年的52.30%，上升了12.75个百分点。上升过程中，第三产业比重高于第二产业比重，2002—2020年，第三产业比重一直高于第二产业比重。

表2-1 2002—2021年吉林省三次产业比重（%）

年份	第一产业比重（X1）	第二产业比重（X2）	第三产业比重（X3）	X2减X3
2002	21.61	38.84	39.55	-0.71
2003	22.73	37.63	39.64	-2.01
2004	22.90	36.80	40.30	-3.50
2005	22.28	36.10	41.61	-5.51
2006	19.84	34.01	46.15	-12.14
2007	18.51	36.21	45.28	-9.07
2008	17.86	36.98	45.16	-8.18
2009	16.35	37.81	45.84	-8.03
2010	14.48	38.78	46.74	-7.96
2011	14.30	37.90	47.80	-9.90
2012	13.78	38.20	48.02	-9.82
2013	13.26	37.89	48.85	-10.96
2014	12.74	38.18	49.08	-10.90
2015	12.68	38.31	49.01	-10.70
2016	10.84	37.42	51.75	-14.33
2017	10.03	36.58	53.39	-16.81
2018	10.31	36.00	53.68	-17.68
2019	10.98	35.26	53.76	-18.50
2020	12.61	35.14	52.25	-17.11
2021	11.70	36.00	52.30	-16.30

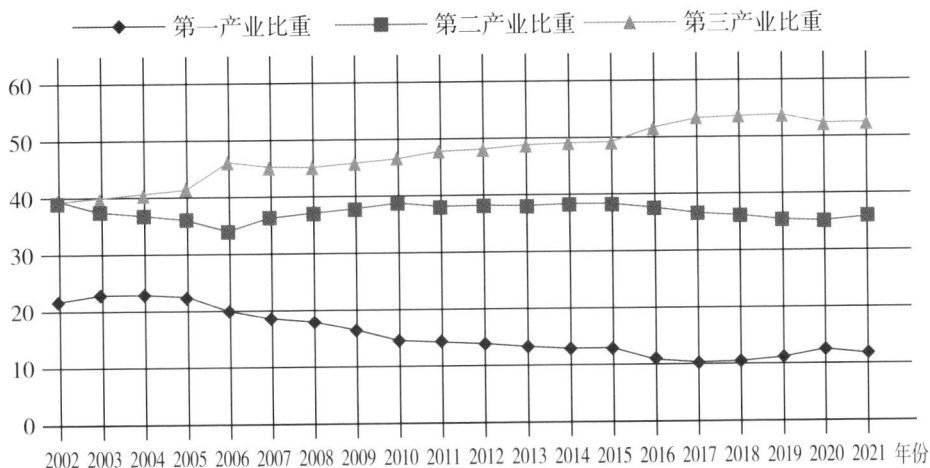

图2-1 2002—2021年吉林省三次产业结构演进（%）

二、三次产业贡献率结构演进

总体上，第一、第二产业贡献率呈现下降趋势，而第三产业贡献率呈现上升趋势。具体来看，第一产业的贡献率先上升，而后下降。从2002年的19.5%上升到2005年的23.9%，而后开始下降，一直下降到2020年的6.4%。第三产业贡献率呈现上升趋势，而第二产业贡献率下降。从二者的差值来看，2002—2011年，第三产业贡献率低于第二产业，但进入2012年，第三产业贡献率高于第二产业贡献率，其中2020年除外。

表2-2 2002—2020年吉林省三次产业贡献率（%）

年份	第一产业贡献率（Y1）	第二产业贡献率（Y2）	第三产业贡献率（Y3）	Y3减Y2
2002	19.5	38.8	41.7	2.9
2003	13.9	51.7	34.4	−17.3
2004	18.6	44.3	37.1	−7.2

续表

年份	第一产业贡献率 （Y1）	第二产业贡献率 （Y2）	第三产业贡献率 （Y3）	Y3减Y2
2005	23.9	34.6	41.5	6.9
2006	8.7	32.7	58.6	25.9
2007	2.2	29.7	68.1	38.4
2008	15.1	38.0	46.9	8.9
2009	5.1	47.4	47.5	0.1
2010	6.2	53.3	40.5	−12.8
2011	7.0	51.8	41.2	−10.6
2012	8.2	45.8	46.0	0.2
2013	6.2	29.9	63.9	34.0
2014	9.3	38.3	52.4	14.1
2015	9.6	30.3	60.1	29.8
2016	7.6	32.3	60.1	27.8
2017	7.9	26.2	65.9	39.7
2018	5.4	32.3	62.3	30.0
2019	10.1	33.3	56.6	23.3
2020	6.4	90.4	3.2	−87.2

注：本表按可比价格计算。产业贡献率是各产业增加值增量与地区生产总值增量之比。

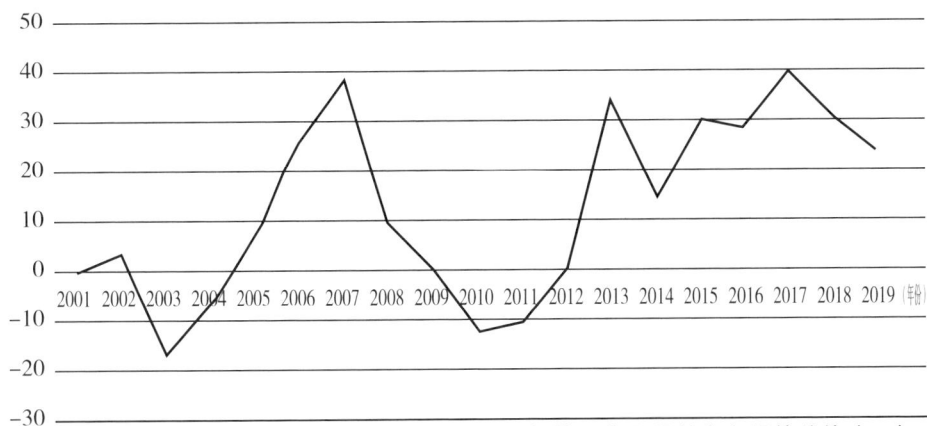

图2-2 2001—2019年吉林省第三产业贡献率与第二产业贡献率之间的差值（%）

三、三次产业对地区生产总值的拉动

总体上看，第一、第二产业对地区生产总值的拉动作用在下降，而第三产业对地区生产总值的拉动作用在上升，但具体时期的表现不尽相同。第一产业对地区生产总值的贡献率先上升，而后下降。2002年为20.00%，上升到2005年的24.42%，而后开始下降，持续下降到2020年的8.33%。除2020年外，第二产业对地区生产总值的贡献率呈现下降趋势，从2002年的38.57%下降到2019年的33.33%。除2020年外，第三产业对地区生产总值的贡献率呈现上升趋势，从2002年的41.43%上升到2019年的56.67%。

表2-3 2002—2020年吉林省三次产业对地区生产总值的拉动（%）

年份	第一产业	第二产业	第三产业
2002	20.00	38.57	41.43
2003	14.13	52.17	33.70
2004	18.89	44.44	36.67
2005	24.42	34.88	40.70

续表

年份	第一产业	第二产业	第三产业
2006	8.33	32.41	59.26
2007	2.59	29.31	68.10
2008	15.00	38.33	46.67
2009	4.85	47.57	47.57
2010	5.77	52.88	41.35
2011	6.67	51.43	41.90
2012	7.87	46.07	46.07
2013	5.88	29.41	64.71
2014	9.52	38.10	52.38
2015	9.84	29.51	60.66
2016	7.69	32.31	60.00
2017	7.69	26.92	65.38
2018	4.55	31.82	63.64
2019	10.00	33.33	56.67
2020	8.33	87.50	4.17

注：本表按可比价格计算。产业拉动率指地区生产总值增长速度与各产业贡献率之乘积。

第二节 吉林省产业比较优势更加突出

一、重点产业比较优势突出

资产、营业收入及从业人员指标的产业区位熵结果显示，吉林省具有比较优势的产业为农副食品加工业，食品制造业，医药制造业，汽车制造业，铁路、船舶、航空航天和其他运输设备制造业，化学原料和化学制品制造业等。其中，石油和天然气开采业、有色金属矿采选业、农副食品加工业、医药制造业、汽车制造业保持着较高的竞争优势，区位熵大于1。

表2-4 吉林省工业区位熵（资产）

行业	2010年	2020年
有色金属矿采选业	1.41	1.23
开采辅助活动	9.92	1.94
其他采矿业	2.25	0.00
农副食品加工业	1.27	1.82
食品制造业	1.49	1.08
医药制造业	1.24	2.93
化学纤维制造业	0.14	1.22
汽车制造业	3.17	5.86
铁路、船舶、航空航天和其他运输设备制造业	0.19	2.03
煤炭开采和洗选业	0.44	0.27
黑色金属矿采选业	1.13	0.88
石油和天然气开采业	2.73	1.46
非金属矿采选业	0.77	0.09
酒、饮料和精制茶制造业	0.94	1.15
烟草制品业	0.14	0.78
纺织业	0.24	0.08
纺织服装、服饰业	0.06	0.40

续表

行业	2010年	2020年
皮革、毛皮、羽毛及其制品和制鞋业	3.76	0.05
木材加工和木、竹、藤、棕、草制品业	0.62	1.24
家具制造业	0.51	0.15
造纸和纸制品业	0.85	0.31
印刷和记录媒介复制业	0.13	0.30
文教、工美、体育和娱乐用品制造业	0.18	0.06
石油、煤炭及其他燃料加工业	0.91	0.15
化学原料和化学制品制造业	2.78	0.75
橡胶和塑料制品业	0.38	0.46
非金属矿物制品业	1.47	0.70
黑色金属冶炼和压延加工业	0.80	0.91
有色金属冶炼和压延加工业	0.47	0.25
金属制品业	0.42	0.21
通用设备制造业	0.32	0.24
专用设备制造业	0.48	0.28
电气机械和器材制造业	0.13	0.10
计算机、通信和其他电子设备制造业	0.32	0.08
仪器仪表制造业	0.13	0.14
其他制造业	0.86	0.13
废弃资源综合利用业	0.95	0.31

续表

行业	2010年	2020年
金属制品、机械和设备修理业	0.63	0.22
电力、热力生产和供应业	0.64	0.97
燃气生产和供应业	0.44	0.74
水的生产和供应业	2.73	0.48

表2-5 吉林省工业区位熵（营业收入）

行业	2010年	2020年
石油和天然气开采业	1.98	1.45
开采辅助活动	7.03	2.26
农副食品加工业	1.02	1.52
化学原料和化学制品制造业	2.50	1.06
医药制造业	0.75	1.68
汽车制造业	3.91	6.83
铁路、船舶、航空航天和其他运输设备制造业	0.21	2.31
煤炭开采和洗选业	0.67	0.25
黑色金属矿采选业	1.06	0.73
有色金属矿采选业	0.99	1.26
非金属矿采选业	1.33	0.11
其他采矿业	2.47	0.00
食品制造业	1.61	0.53
酒、饮料和精制茶制造业	0.87	0.96
烟草制品业	0.12	1.21

续表

行业	2010年	2020年
纺织业	0.24	0.03
纺织服装、服饰业	0.07	0.24
皮革、毛皮、羽毛及其制品和制鞋业	3.37	0.02
木材加工和木、竹、藤、棕、草制品业	0.61	0.42
家具制造业	0.43	0.05
造纸和纸制品业	0.43	0.26
印刷和记录媒介复制业	0.14	0.18
文教、工美、体育和娱乐用品制造业	0.24	0.02
石油、煤炭及其他燃料加工业	1.28	0.12
化学纤维制造业	0.14	0.72
橡胶和塑料制品业	0.44	0.43
非金属矿物制品业	1.29	0.40
黑色金属冶炼和压延加工业	0.50	0.74
有色金属冶炼和压延加工业	0.17	0.20
金属制品业	0.49	0.16
通用设备制造业	0.43	0.15
专用设备制造业	0.67	0.24
电气机械和器材制造业	0.07	0.06
计算机、通信和其他电子设备制造业	0.24	0.04
仪器仪表制造业	0.16	0.08
其他制造业	0.53	0.08
废弃资源综合利用业	0.92	0.25
金属制品、机械和设备修理业	0.33	0.30

续表

行业	2010年	2020年
电力、热力生产和供应业	0.92	1.15
燃气生产和供应业	0.67	0.55
水的生产和供应业	1.98	0.55

表2-6 吉林省工业区位熵（从业人员）

行业	2010年	2020年
煤炭开采和洗选业	1.23	1.31
石油和天然气开采业	4.49	4.76
黑色金属矿采选业	1.76	1.41
有色金属矿采选业	1.77	3.24
开采辅助活动	20.59	5.33
酒、饮料和精制茶制造业	1.43	1.25
化学原料和化学制品制造业	3.12	1.40
医药制造业	2.17	2.79
汽车制造业	2.80	4.82
铁路、船舶、航空航天和其他运输设备制造业	0.23	1.43
非金属矿采选业	1.05	0.24
其他采矿业	2.21	0.00
农副食品加工业	1.03	1.65
食品制造业	1.98	0.92
烟草制品业	0.23	2.56
纺织业	0.22	0.10
纺织服装、服饰业	0.05	0.73
皮革、毛皮、羽毛及其制品和制鞋业	3.89	0.09

续表

行业	2010年	2020年
木材加工和木、竹、藤、棕、草制品业	0.51	0.88
家具制造业	0.68	0.12
造纸和纸制品业	0.58	0.38
印刷和记录媒介复制业	0.08	0.32
文教、工美、体育和娱乐用品制造业	0.71	0.06
石油、煤炭及其他燃料加工业	1.29	0.54
化学纤维制造业	0.17	2.12
橡胶和塑料制品业	0.40	0.43
非金属矿物制品业	1.20	0.56
黑色金属冶炼和压延加工业	0.85	1.17
有色金属冶炼和压延加工业	0.61	0.39
金属制品业	0.36	0.22
通用设备制造业	0.50	0.30
专用设备制造业	0.75	0.45
电气机械和器材制造业	0.10	0.11
计算机、通信和其他电子设备制造业	0.29	0.08
仪器仪表制造业	0.14	0.24
其他制造业	0.70	0.11
废弃资源综合利用业	2.37	0.46
金属制品、机械和设备修理业	1.30	0.91
电力、热力生产和供应业	2.08	2.96
燃气生产和供应业	1.23	1.71
水的生产和供应业	4.49	1.82

二、汽车工业高端化成果显著

（一）汽车产量不断跃升，产业规模快速增长

吉林省为中国汽车产业的摇篮，经过多年的建设和发展，形成了以一汽集团公司为核心，集整车、各类专用车和汽车零部件研发、生产、贸易于一体，以中重型卡车、中高级轿车、轻型车和微型车等车型全系列较完整的汽车工业体系。2002—2008年，汽车产业增长强劲，工业总产值平均增长20%，主营业务收入年均增长18%，利润总额年均增长15%，出口交货年均增长27%。2008年，一汽集团年产整车超过150万辆，累计生产各类汽车超过1000万辆；连续四年入选"世界500强"企业名单，由2006年的第470位、攀升到2007年的第385位、2008年的第303位；居"世界机械500强"第49位，"中国机械500强"居第1位。2014年，吉林省汽车产量又创新高，达250.3万辆，占全国总产量的10.48%，同比增长11.39%。2021年，吉林省汽车产量为242.41万辆，在全国各省份（自治区、直辖市）①排名中位列第三。

吉林省汽车产业主要分布于长春市。2021年，长春市累计生产整车242.1万辆，长春市汽车工业实现产值6143亿元，占全市工业总产值的70.3%。长春市汽车产业"一核双翼八带多园"的空间分布格局基本形成。"一核"是以长春国际汽车城为核心（包括汽开区，以及高新区、绿园西新工业集中区、朝阳经开区部分区域、公主岭市大岭镇、范家屯镇），建设世界一流的汽车零部件产品研发、生产制造和后市场服务项目产业基地，打造汽车产业高质量发展示范园区；"双翼"是汽车零部件和新能源技术发展翼（净月高新区、莲花山开发区部分区域），汽车电子产品和汽车市场服务发展翼（净月高新区、莲花山开发区部分区域）；"八带"是加速"一主六双"发展战略的主导力、驱动力和支撑力，辐射推动吉林省

---

①本书统计数据不包括中国港澳台地区。

各市（州）；很多产业园区将充分运用县（市）开发区的传统式特色优势，全力以赴打造出二道区、双阳区、农安、德惠、九台、公主岭等一批特色产业园。长春市拥有一汽红旗、一汽解放、一汽奔腾、一汽大众、一汽丰越5家汽车制造业企业。近几年来，伴随着红旗繁荣工厂、红旗长青基地扩能、一汽丰越扩能、解放J7智能车间、一汽轿车蔚山基地等几个汽车新项目的投入运营，本地汽车生产能力从173.5万台提高至204.3万台，生产制造车系覆盖各级乘用车、中重卡车和客车，持续保持国内整车生产第一方阵。

作为全省发展龙头，长春市一直举全力推动汽车全产业链发展，坚持全省一盘棋路线，与各市（州）密切深化战略合作。同时发挥吉林市两翼支撑作用，在辽源、松原、白城等地建立原材料基地，打造一个具有全球竞争力的汽车产业集群。同时，各汽车产业集群城市以长春为轴心，吸引更多的投资、项目、人才资源和生态配套企业等，推动吉林省汽车产业链转型升级。例如吉林市、四平市加快汽车产业园建设，汽车化学、汽车碳纤维、汽车电子、汽车电池等产业园在吉林市扎根建设。在专用车领域，四平具有良好的基础，目前正与长春共建汽车产业园，引进四平专用车和一汽集团配套的零部件企业作为该园区的主要战略。而白城新能源总装机超过900万千瓦，可以在大街小巷中看到一汽解放企业为其定制的氢燃料电池公交车穿梭来往。

（二）现代新型汽车和零部件产业集群正加速形成

近年来，吉林省委、省政府深入贯彻习近平总书记视察吉林时重要讲话精神，对汽车产业的发展高度重视，提出面对制约瓶颈，要敢于消除、主动应变求新，尤其对中高端产业链进行全力打造，转换新旧动能，促进产业转型升级，加快现代新型汽车的建设和零部件产业集群。《中国制造2025吉林实施纲要》《关于进一步促进新能源汽车加快发展的政策意见》《吉林省汽车产业转型升级三年行动方案（2017—2020）》《关于加快建设汽车零部件产业体系政策措施的通知》等一系列政策陆续出台，为建设现代新兴汽车和零部件产业集群提供了极大的推动力。

长春市汽车配套产业不仅有富维、富奥等当地技术骨干配套设施企业，还有大陆、纬湃等全球100强海外汽车零部件企业。八大系统控制模块发动机、传动、行驶、转向、制动、车身、环境、汽车电子等齐全。配套产业规模近1600亿元，全市汽车零部件配套设施企业1100多家，其中规上企业387家。此外，汽车产业的科学研究和专业人才优势明显。长春汽车工业生产有着78家国家级与省级企业技术中心，如一汽集团、东光集团等。吉林大学汽车仿真动力试验室和一汽集团车辆震动、噪声与安全管理综合性技术性试验室2个国家重点实验室坐落长春市。全市汽车制造业技能型人才从业者10余万人，共有21所学校设立汽车专业，汽车人才储备充足。长春市正在推动汽车产业规模万亿级，促进汽车产业链完成产能、排产、配套、结算、人才、创新"六个回归"，完善设计方案产品研发、整车线束生产制造、零部件配套设施、汽车货运物流、销售市场创新管理等汽车全产业链管理体系，突出共享资源化、网联平台化、智能化系统、电动式化，打造世界一流汽车城。完成四平专用车、通化消防车、白城氢燃料电池车、辽源移动检测车、吉林防爆车等生产基地基本建设。打造国内重要的零部件关键技术自主可控，新能源技术汽车充电电池、电动机、电机控制和氢燃料电池、智能网联等系统软件配套设施生产制造基地。2020年，吉林省汽车轻量化零部件实现占整车比重达到20％，插电式、纯电动汽车产能突破20万辆，动力电池、整车控制器等配套产能实现15万辆（份）。

（三）产品品牌、技术创新成果显著

在近几年的发展中，吉林的汽车工业在产品品牌、技术创新等领域取得了巨大成果。例如众所周知的红旗品牌，不仅销量剧增，而且增速极快，销售量增长达到了过去的63倍，仅仅2021年的销售量就突破了30万辆，红旗品牌的成果是吉林全省发展的一个缩影。红旗轿车作为中国轿车工业的开端，承载着中国几代人的民族精神。

由于技术改造的推动，以及技术的进步，建立起了强大的汽车工业体系，在创新能力提升方面有了显著成果，最典型的是一汽红旗繁荣工厂，不仅大步迈向全新的现代化工厂，而且在高度智能化方面开始逐步领先，各个运作流程的更新使得生产线快速优化，在核心竞争力方面有显著成果。除此之外，一汽解放J7智能工厂已经一跃成为世界级商用车整车"智"造基地，"钢铁巨兽"在高度智能化的生产流程中成型，巨大的重型卡车引领吉林省汽车工业快速驶入高端化、智能化、国际化顶级汽车智能制造赛道。

一汽集团加大研发力度，使得研发的资金比例大幅度增长，2021年，研发总投入就达到了214.2亿元。首先，在关键核心技术突破上取得了重大成果，完成了大量专利申请。其次，所创新的成果与市场深度融合，大量创新成果用于支撑服务，成为吉林省核心竞争力的重要技术支撑和战略支点。自主研发的各项新技术，例如变速箱等，给吉林省的汽车产业提供了广阔的前景，推动我国汽车产业走向技术前沿领域。

吉林汽车产业在"新四化"的趋势下，站在了时代的潮头，引领时代向前，所谓"新四化"，即汽车电动化、智能化、网联化、共享化。在这样一个充满进取心的汽车行业发展时代，最典型的是奥迪一汽。奥迪一汽在这样的大众发展趋势下，成为中德产业合作的典范，自从2021年该项目在长春启动以来，取得了有效成果，推动了吉林长春汽车产业基础高级化、产业链现代化，在中外合作方面取得了巨大成功，为中德合作、中欧合作做出了巨大贡献。这些项目全产业链开始朝着高端化、规模化、集群化演变。汽车产业和跨国零件产业有许多选择落户吉林，这就意味着近年来的努力取得了实质性的成效和进展，雨后春笋般的企业在吉林的大地上蔓延，一个个产业园区在吉林的大地上成长。

三、石化产业炼化一体化水平不断提升

(一)石化产业体系日趋完善

石化产业是吉林省的支柱产业之一,吉化集团、吉林石油集团等骨干企业在全省国民经济发展中占有重要位置。石化基础原料和有机化工原料等生产企业众多,基本上形成了"油头—化身—轻纺尾"的产业链条,石化工业发展已形成门类比较齐全、布局日趋合理的体系,不断加快工业级大丝束碳纤维产业基地建设。ABS、乙丙橡胶、聚氨酯、碳纤维等新材料核心竞争能力持续增强,千余种产品可生产销往全国20多个省、自治区、直辖市,其中有近百种产品远销国外和港澳地区,达到国内领先水平。多门类生产企业不断加快发展步伐,化工仪表取得重大成就,石油开采、石油加工、化肥、农药、橡胶及其加工、染料、涂料、合成树脂、基本化工原料、化学试剂、化学矿山及化工机械等方面取得重大成果。

(二)石化产业规模不断扩大

2008年,吉林油田累计生产油气当量701万吨,其中原油生产655万吨,在中石油系统中排名第6位,成为中国石油稳定东部的重要力量。原油勘探及开采能力的提升极大地促进了吉林省原油加工业的发展。现有吉化炼油厂、前郭石油化工分公司、松原石油化工股份有限公司、长春郭石石油化工股份有限公司和延边铁石化有限公司5家炼油企业。从无到有、由小到大,不断发展,吉林省化学工业取得了长足的进步和令人瞩目的成就。2008年,吉化公司拥有原油加工能力750万吨/年、乙烯生产能力85万吨/年,总资产达364亿元。主要产品有成品油、基本化工原料、合成树脂、合成橡胶等115种石化产品,化工总生产能力达到465万吨/年。拥有16套装置生产规模,其中9套乙丙橡胶、丙烯腈、甲基丙烯酸甲酯等;60套主体生产装置;104套生产及辅助装置,位居全国前三名;高密度聚乙烯等3套装置生产能力位居全国第二。

"十三五"以来，吉林石化成功研发吉林石化ABS、聚乙烯、乙丙橡胶等7大系列46个牌号新产品，是国内唯一生产丁苯橡胶的厂家，40个产品已进入工业化生产，带动全省化工产业良性发展。2020年2月，作为目前吉林省单体投资最大也是中国石油第一个全部使用绿电的化工项目，中国石油吉林石化转型升级项目全面启动。为促进吉林省甚至东北老工业基地全面振兴、全方位振兴，吉林石化转型升级项目正式启动，该项目是推动吉林石化迈向绿色低碳、数字化转型、智能化发展新阶段的重要步骤。其意义旨在推动中国石油炼化业务转型升级和绿色低碳发展，进一步提升企业炼化一体化运行水平。吉林碳谷成为在北交所上市的首批企业，碳纤维产业研究院建成。碳纤维产业产值增长2.7倍，4万吨碳纤维原丝、1.5万吨碳丝项目竣工投产，原丝、碳丝产能分别达到6万吨和2.5万吨，居全国首位。在产值方面，2020年，吉林省石化产业突破1043.3亿元。全省规模石化工业企业数量达325家，其中吉林石化公司为规模在500亿元以上企业，且全省仅1家此类企业。吉林石化转型升级项目在扩大长春汽车产业对吉林市化工产品的需求，推动高质量发展的同时，对外带动吉林市乃至整个吉林省化工产业上下游及相关产业链延伸发展，促进长、吉两市产业深度融合。主要体现在以下两个方面：一是构建多点支撑、多业并举、多元发展产业，为发展新格局奠定重要基础，助力东北老工业基地振兴；二是做优、做强、做大化工新材料，带动全省市化工产业链发展，为两市一体化协同发展奠定了良好的基础。

四、农产品加工业规模不断扩大

（一）特色产品品牌效应逐步显现

吉林省农产品加工业快速发展，已成为吉林省的支柱产业之一。目前，已形成了三大系列产品，即粮食精深加工、肉及肉制品和长白山生态食品。吉林省作为农业大省，拥有吉林德大、长春皓月等一批规模大、产品竞争能力强的企业集团。依托资源优势，以通化葡萄酒、德大火腿肠、泉阳泉矿泉水为代表的一批国家名牌和省内名牌产品驰名国内外，具有地方特色的产品品牌效应不断释放。农产品加工业已经发展成为与汽车、石化产业并重的，具有举足轻重地位的支柱产业。经过多年的建设和发展，吉林省玉米深加工产业在全国占有领先地位，而畜、禽加工业在国内的优势地位也很突出。其中以玉米和大豆深加工为主的粮食深加工和长白山生态食品已成为全省食品工业两大主导产业，年加工处理玉米生产能力760万吨，屠宰加工能力猪300万头、牛30万头、鸡1.5亿只。长春大成集团是具有影响力的玉米深加工企业；吉林德大有限公司具有年2亿只肉鸡的屠宰加工能力，是国内最大的肉鸡加工企业；长春皓月清真肉业股份有限公司是全国知名的清真肉牛羊生产企业，屠宰生产规模达50万头肉牛和310万只羊；吉林燃料乙醇公司为国内单机能力最大的生产线，拥有30万吨燃料乙醇生产线；吉林天景食品有限公司年产8万吨速冻黏玉米，是目前国内规模最大的鲜玉米食品生产企业。

（二）农产品加工业技术创新能力不断提升

吉林省食品企业十分注重扩大生产规模与提高技术装备水平的有机结合，先后引进了大型淀粉、赖氨酸、酒精、啤酒、饲料、大豆分离蛋白、色拉油等具有世界先进水平的技术和设备，生产技术、工艺、装备水平居国内领先地位。随着食品工业的快速发展，特别是一批大型现代化龙头企业的建成投产和高新技术的广泛应用，全省农产品加工业的科研水平和开发能力都有了较大提高，形成了以联合国援华玉米开发研究中心、国家大豆深加工研究中心、中国农业科学院特产研究所等20多个国家级科研开发中心、省级科研院所、企业研发中心为代表的科研机构，以及以吉林农业大学等10多所大专院校为主体的食品工业研发和人才培养基地；拥有一批素质高、能力强的食品教学和科研开发的科技人员。在雄厚的科研力量支撑下，吉林省农产品加工业在科技创新方面不断取得新突破，新产品和新成果层出不穷。2013年，吉林省完成固定资产投资381亿元，国家级龙头企业47家，省级农业产业化龙头企业494家。2021年，省级农业产业化龙头企业600家左右，省级示范农业产业化联合体发展到100家以上。

五、装备制造业发展势头强劲

（一）重点产品地位突出

近年来，吉林省不断推动装备制造业转型升级，各方面都在稳步前进，吉林的高端装备发展迅速，成效显著。2022年北京冬奥会，吉林的新装备集体亮相，让世界看到了中国制造、吉林制造。可以说，北京冬奥会极大地提升了吉林的世界知名度、产品可信度，以"红旗"为名的首辆国产雪车、新型奥运版复兴号智能动车组、自主研发的首台国产"雪蜡车"等吉林产品集体亮相，这就是吉林高端装备快速发展的见证。

与此同时，吉林省智能制造取得了极大发展，不仅处于国际领先水平，而且自由度工业机器人已能批量生产，在这一领域，成果最大的企业是国遥博诚公司，在近几年的发展中，顺应发展的政策潮流，不仅自身规模快速壮大，而且其成果也是巨大的，制造了大量先进的无人机，掌握了核心技术，在全国工业无人机领域排名前三，成为企业发展的楷模。除此之外，其生产的板式换热器、光电编码器等一批产品在国内市场具有明显的竞争优势。在这个品牌大崛起的时代，吉林省没有落后，努力站在时代的潮头，做发展的领航者；另外，吉林省在品牌发展上也取得了巨大成果，全省装备制造业拥有9个国家级驰名商标、61个吉林省名牌产品和87个著名商标。四平换热器产业集群被国家列为区域品牌建设试点单位，长春禹衡光学有限公司被国家评为工业品牌培育示范企业。围绕现代汽车、轨道装备、卫星制造等领域，吉林装备制造业正阔步迈向质量更高、效益更好、结构更优的发展新征程。

（二）特色产业园区规模不断扩大

吉林省装备制造业产业集群规模已经初步形成，现拥有装备制造产业集群8个，集群规模占整个产业的比重达30%以上，拥有省级特色工业园区10个。目前，长春轨道交通装备制造产业集群是国内规模最大的轨道客车制造基地，也是国家新型工业化产业示范基地之一。四平换热器设备制造产业园区拥有108家换热器企业，已成为国内集中度最高的换热器设备生产制造基地。农机装备产业集群主要分布于长春、四平、延边和松原4个地区，其中，长春农机装备产业园区以拖拉机、收获机、耕整地机和播种机械为主，四平农机装备产业园区以收获机、脱粒机为主，延边农机装备产业园以水稻插秧机和钵苗移栽机为主，松原农机装备产业园区以玉米收割机和拖拉机为主。另外，白城新能源装备产业园区的规模也在不断扩大。

（三）创新体系日益增强

吉林省装备制造业快速发展离不开政策的支持，为了让吉林装备制造业发展取得好成绩，省委和省政府出台了一系列的鼓励支持政策来支持吉林装备制造，认真贯彻新发展理念，构建新发展格局，以"六新产业"为主攻方向，积极构建具有吉林特色的现代产业新格局，以新装备为代表产业，追求高质量发展，大力推进产业高级化、产业链现代化，以新动能为全省发展的战略支点，从而迈向质量更高、效益更好、结构更优的发展新征程。目前，吉林省在装备制造业创新体系的构建上取得了重大成果，吉林省不仅拥有国家级重点实验室、国家级研究中心等先进的场所和设备，而且创新能力得到了极大提高，很多研究项目达到了国际先进水平，获得了国家专利，掌握了核心技术，更重要的是，高端制造领域研发规模在不断扩大，这意味着未来还会有更多可持续的科技发展。吉林省装备制造业创新体系相对完备，拥有国家级重点实验室1个、国家级研发中心3个、省级公共技术研发中心9个、省级企业技术中心70个，共计83个创新中心。吉林省产品创新能力也不断增强，例如380公里动车组制造平台达到国际先进水平，东风牌E518大马力玉米收割机获得8项国家级专利，吉林昊宇电气公司已经掌握管道弯头核心技术，省内一批行业领军企业制定了换热器、试验机等近50项国家标准。吉林省在高端制造领域的研发投入也在不断加大，如中车长春轨道客车股份有限公司、长春合心机械制造有限公司、长光卫星技术股份有限公司等一批骨干企业研发投入强度已经超过3%，而目前全省的平均研发投入强度仅为0.36%。

（四）轨道装备持续领先

吉林省在轨道装备发展上也取得了极大成果，最典型的就是"长客造"，诞生了我国"复兴号"动车组和地铁客车。众所周知，我国轨道交通近年来飞速发展，连接全国各地的高铁和市内穿梭的地铁已经和我们的日常生活息息相关，吉林省在轨道装备上所取得的飞速发展奠定了其在新装备领域领跑全国的经济地位。众多的轨道装备技术，例如京张高铁冬奥列车启动赛时运输服务，智能化调度系统、北斗导航、自动驾驶等世界领先技术，成为吉林省的核心竞争力，在制造业方面响彻世界。以京张高铁线为例，京张高铁共有37列动车组，这些动车组全部由中车长客股份公司研制，也就是吉林企业。其中，新型奥运版复兴号智能动车组在世界上首次实现时速350公里自动驾驶，具备车站自动发车、区间自动运行、到站自动停车、车门自动控制等先进功能，这充分展现了吉林制造力。CR400BF-G型复兴号高寒动车组是中车长客股份公司研制的成果之一，不仅具有高寒适应性技术，有效解决了高寒气候下运行的防寒保暖、转向架积雪、关键部件冻结等难题，而且即使在-40℃的情况下，时速仍然可以达到350公里。在吉林制造成功中，中车长客是最具有代表性的成功。研发中心分布在国内外，资源配置效率大大提高，技术创新脚步从未停止，新一代智能地铁列车、磁浮车等百余个新产品在世界轨道交通装备产业中具有重要地位。中车长客具有较大的生产规模，城市轨道车辆检修以及运维服务能力不断拓展，具备年产180~200列动车组，年检修300列动车组、600

辆普通铁路客车以及1000辆普通铁路客车、4000辆城铁车的能力。"中国标准"在"复兴号"涉及的重要标准中比重最大，这是中国制造的成绩，也是吉林制造的成绩。"长客造"驰名国内外，许多国家都争相与其合作，以吉林为核心的中国制造业产品远销欧美多个国家。除此之外，二级供应商、一级配套企业等迅速发展，建立起了全省的产业链条，满足了动车组的零部件需求。全省众多从事轨道装备配套产业的重点企业，如长客股份、长客庞巴迪、启星铝业、研奥电器等，形成了集综合检修、研发设计、生产制造、售后服务于一体的完备的产业链条，千亿级轨道交通产业集群正在形成。

（五）卫星装备行业优势明显

"吉林一号"高分03D27至33星"一箭八星""吉林一号"宽幅01C星成功发射升空标志着长光卫星实现了巨大的突破，科技成果服务现实生产力，这突破了吉林卫星装备制造的技术瓶颈，使得吉林智能制造开始有了质的飞跃，推动吉林省卫星装备制造向行业领先地位迈进。其实在此之前，吉林已经有了大量的卫星装备成果，例如此前的长春长光已成功发射5颗卫星。依托"星载一体化""机载一体化"，关键核心技术不断突破。长光卫星的创新能力不断增强，行业地位不断攀升。与此同时，与卫星装备制造紧密相连的光电信息产业的精细化程度渐进提高。2021年，长光卫星具有年产能100颗卫星、200架无人机、300家单位的遥感信息服务能力。长光卫星具有完整的产业链条，从卫星、无人机研发与生产到提供遥感信息，可谓产业链条齐全。作为全国产品规格型号最全、生产规模最大的二氧化碳激光器供应商，吉林省永利激光科技有限公司具有高端激光器的生产能力。激光器、绝对式光栅尺、金属光栅角度编码器、角度编码器、商用12英寸全自动晶圆探针台、智能物联网轨道交通AFC设备等一系列高端产品在国内行业地位突出，分别来自吉林省永利激光科技有限公司、长春禹衡光学有限公司、吉林省光华微电子设备工程中心有限公司、长春光华科技发展有限公司。有"长春光谷"之称的长春新区内集聚了450家相关企业、300多项专利、28个行业领先科技成果、8个光电子平台、3家新三板上市企业，形成了具有生产屏、端、网、云、智全领域的光电信息产业规模。

吉林省卫星装备技术突飞猛进。在"一主六双"高质量发展战略指引下，吉林省牢牢地抓住发展机遇，把重心放在装备制造业上，以高端化为主攻方向、智能化为科技目标、服务化为主要目的，毫不动摇地坚持技术推动产业转型升级。各个技术之间相互带动，使得我国的高新技术产业快速发展，光学制造、精密加工等方面都取得了巨大成果，大量配套企业飞速发展，工厂的机器如火如荼，吉林省的航天信息产业发展取得了飞速进展，从车轮到机翼，产业新格局已经打开，吉林已经不再满足传统制造格局下的价格竞争，而是将高质量发展作为追求目标，努力打造具有中国特色、吉林特色的高质量产业。通用航空产业作为高质量发展的重要标志，在吉林省拥有雄厚的工业研发基础，能为航空产业发展提供人才、研发、生产保障，如今，这已成为东北老工业基地转型升级的利器之一。由长光卫星自主研发生产的中国首颗商用遥感卫星"吉林一号"发射成功，标志着吉林省卫星及应用制造业向产业化发展迈出了实质性的一步。

六、医药产业优势不断增强

（一）产业发展速度较快

2000年以来，吉林省医药产业一直维持着较快速的发展水平，年均增长速度一直高于全国平均水平，成为全省工业部门中的优势产业之一，具有发展快、效益好、潜力大、前景好的特点。吉林省医药产业已发展成为以中医药为主、生物制药为辅、化学制药和医疗器械为补充的相对完整、合理的产业格局，具体门类包括：化学原料制药及制剂、抗生素、放射性药品、中医药、生物制品、中成药、生化药品、卫生材料、中药饮片、制药机械、药用包装材料及医药商业等。其中，生物制药、中药加工两大产业在国内同行业比较中具有明显优势，处于领先位置。吉林省医药工业企业达242家，职工总数达到7万余人，总资产额达到425亿元；中成药可生产13个剂型，年产量38700吨；化学原料药可生产7种化学制剂24个类型32个种类，年产量达到7870吨。

从医药行业产值方面来看，2008年，吉林省医药产业工业总产值就达到了400.79亿元，占吉林省工业总产值的4.8%，增速24%；利润额为30.03亿元，占吉林省工业利润总额的8.9%，增速21.94%；主营业务总收入达到324.49亿元，占吉林省工业总收入的4.2%，增速27.39%；实现工业增加值196.39亿元，占吉林省工业增加值的6.7%，增速23.36%；实现利税总额43.11亿元，占吉林省工业总利税额的5.9%，增速21.94%。吉林省中成药工业各项指标均居于全国前列，其中中成药工业的总产值、主营业务收入、利税及利润等指标处于全国同行业之首。2012年，吉林省医药产业的销售产值同比增长34.7%，1034.5亿元为规模以上医药工业销售产值，同比增长18.3%。在经营规模方面，2020年，吉林省医药健康产业达到1450亿元，其中规模以上医药产业的总产值为628亿元，工业增加值达到226.5亿元。

全省现有规模以上医药健康工业企业298家，营业收入超亿元企业97家，销售收入超亿元医药品种71个；现有主板上市企业9家，占全省上市企业的21.4%；现有医药健康领域国家高新技术企业256家、科技"小巨人"企业178家；现有以金赛药业、敖东药业、修正药业、益盛药业、长白山制药、施慧达药业、迪瑞医疗为代表的具有核心竞争力的骨干企业50余家；现有东宝、茂祥、通药、益盛、万通等医药健康领域中国驰名商标31件；现有有效药品批准文号13634个，总数位列全国第一。2019年，修正药业、东宝药业、金赛药业、万通药业、敖东药业、金马药业、亚泰医药7家企业进入中国医药行业最具影响力名单，修正药业、敖东药业、长春高新3家企业进入中国医药工业百强榜名单。

（二）研发优势明显

吉林省医药产业已形成良好的基础和独特的优势。全省医药健康产业已形成以通化国家医药高新区和长春国家生物产业基地"一区一基地"为双核心，以辽源、梅河口、白山和敦化4个医药高新技术特色产业园区（基地）为补充的全省医药健康产业发展格局。长春已建成集研发、生产、人才培养和信息服务于一体的国家生物产业基地。通化以专业园区和特色产业基地为支撑，成为知名的医药城。辽源、梅河口同步推进化学药与中药发展，加快建设化学原料及合成药生产基地、中成药生产基地和医疗器械产业园。白山以人参等道地药材资源开发为特色，加快建设原料生产基地和健康产品生产基地。敦化以中成药、化学药生产开发为特色，国家级敦化医药城建设初具规模。东宝生物医药产业园、修正药业医药科技产业园等一大批行业领军企业聚集的产业集群正在快速形成，医药健康产业集中度和集聚水平明显提升。全省拥有吉林大学、东北师范大学、吉林农业大学、长春中医药大学、中国科学院长春应化所、中国农科院特产研究所、吉林省中医药科学院等20余所综合性和专业类医药科研院校。医药健康领域建有国家级工程研究中心（工程实验室）9个、国家级企业技术中心5个、省级工程研究中心和工程实验室76个、省级重点实验室57个、省级科技创新中心56个、院士工作站5个、省级科技成果转化中试中心10个、省级产业技术创新战略联盟10个、国际科技合作基地24个；有院士、千人计划专家等医药领军人物和团队近100个。

七、电子信息产业规模不断壮大

产业规模不断壮大、企业自主创新能力不断增强、科教人才优势日益显现，成为吉林省国民经济发展的重要组成部分。吉林省电子工业持续较快增长，整体水平明显提高，产业创新能力有所增强，结构调整取得成效，民营、外资企业所占比重明显提高，企业规模不断壮大，年均增长速度超过20%。积极推进基地和园区建设，长春是我国光学科技的发源地，在光电子产业具有独特优势，已成为我国光电子领域科研、产业和人才快速发展的地区。利用发挥比较优势，集中有效资源，提高产业集聚效应，打造产业链，形成产业集群。产品领域不断扩大，能生产11个门类400余种产品。全方位扩大开放，成功举办了"中国汽车电子产业发展论坛"，积极促进与韩国、日本IT产业间的合作，积极组织参加中国国际软件和信息服务交易会，充分显示吉林在光电子领域自主创新、人才培养、产业孵化方面的优势，突出了光电子、汽车电子、软件和数字动漫产业融合发展的特色。出口总量持续增长，出口产品品种增多，主要出口产品有汽车电控单元、光盘、双极晶体管、硅低频大功率三极管、车灯、电容器、锂离子电池等30多个品种。吉林省软件及信息服务业快速发展，企业成长迅速，优势产品增多，销售总额年均增长30%以上。围绕芯、光、星、车、网五大领域，以光电子、汽车电子、新型元器件为基础，电子信息制造业不断壮大。

第三节　吉林省产业集聚效应更加显著

一、长春新区产业园区建设步伐不断加快

随着国家自主创新示范区的不断发展，长春新区奋勇当先，已经成为推动高质量发展的先行区和试验区，在发展和奋斗中蹚出新的道路。

长春新区是产业发展的重要载体，为了发展实体经济，长春新区打造了航天信息产业园、光电和智能制造产业园、汽车电子产业园、高新生物医药产业园等特色产业园区，大力推进招商引资，努力在招商引资和项目建设上达到新的高度。集聚"专精特新"企业达到179家，其中国家级专精特新"小巨人"企业16家，占全市的57%，占全省的45.7%。此外，长春

市近些年大力营造良好的营商环境，取得了重大成果，不仅各个产业园区与区域经济社会发展深度融合，而且在服务上、创新上、环境上、企业创业氛围和创新机制以及管理服务等软环境建设上取得了极大成果。吉林省航天信息产业园，"吉林一号"在这里诞生，紧接着逐步向更深的火箭、无人机、航空材料等方面扩展，如今已经初步具备各种集成服务能力，并且具备强大的生产实力，宇宙上不仅是当年的54颗卫星，还有我们今天所取得的技术性突破带来的极大成果，具备年产30颗卫星、200架无人机的能力。致力于万物互联的光华科技是东北地区唯一一家从事研发生产物联网无线射频识别、智能物联网轨道交通自动票务系统的高技术生产企业；永利激光主营的二氧化碳激光管系列产品具备年生产量10万支的能力，国内销量第一。

长春新区最具有代表性的就是长春光电和智能制造产业园，具有强大的科技支撑力、内生驱动力。园区入驻企业36家，汇聚了28个行业高、精、尖端科技成果，引进了18个细分行业"隐形冠军"企业。除此之外，园区还投资了许多具有发展潜力的行业、企业和项目，规上企业占到了全区规上企业的一半，就目前来说，成果显著，规模壮大。园区的产业主要聚焦在高端装备制造、激光、光电成像、智能制造等领域。发挥产业引领效应，树立起模范带头作用，目前已经带动北湖域内行业相关企业集聚690余家，成为长春市具有地理核心品牌和形象的产业辐射带。园区年均产值已经达到了30%，创新创业上也取得了极大成果，培育和集聚了大量的优质企业和研究中心，拥有大量的实用新型专利和软著专利。同时，国家自主创新区也在不断建设，并且已经获批在吉林省建设，园区内的优质企业，例如光华微电子、永利激光、惠邦科技、光华科技、长光宇航等，将会因此获得更广阔的发展前景和更广大的发展空间，将进行更深度的产学研融合。

长春北湖科技园拥有各类科技、双创类企业和机构700余家，其中还有科技研发类上市企业及其子公司，培养国家级高新技术企业、"小巨人"

企业，以及国家、省、市级"专精特新"企业，并且这些企业做出了极大的成绩，大量引进域外项目，在2019年至2021年这3年间，北湖科技园年收入均突破30亿元，园区累计总收入近200亿元。

汽车电子产业园在汽车电子集群发展方面取得了巨大的成就，曾经的闲置厂被打造成了新平台，并且不断探索，创新模式，创新技能，创新服务，创新体制，创新服务机制，创新孵化模式，创新经营理念，总而言之，就是将创新贯彻到每一个领域，让创新蔚然成风。目前，园区内已经探索出了产业园与加速器、孵化器以及众创空间深度融合，从而达到一体化，创造出了汽车电子产业深度孵化创新模式。园区如今拥有一汽延峰伟世通、南京奥联电子、丽明科技这样的优秀企业共53家，拥有专利159项、软件著作权228项，不仅是国内领先的汽车电子产业孵化基地，而且成为国际知名的电子产业孵化基地，通过专业的电子产业化服务平台，涌现出更多的创新品牌和知名企业。

高新生物医药产业园近几年也取得了极大成就，首先是全区产业比重的快速上升，其次是产业产值的快速增长，整个医药健康产业进入了一个快速发展阶段。2021年，长春新区医药健康产业产值达到223亿元，产值增长45%，目前占全市的80%，占全省的30%。医药健康产业已成长为长春新区现代产业体系中最具潜力和成长性的战略性新兴产业。长春新区拥有生物医药国家级企业技术中心1个、省级企业技术中心8个，以及吉林大学生命科学院、长春生物制品所等高校院所，拥有国家基因工程药物质量管理示范中心、国家基因工程新药孵化基地、国家人类干细胞库国际联合研究中心等一系列技术研发和成果转移转化平台，形成了基因工程、生物疫苗、现代中药、高端医疗器械及化学药品生产研发等多个特色细分产业集群。长春新区医药健康企业总体发展到400余家，其中规上企业26家、10亿元以上企业5家、高新技术企业79家、"专精特新"企业13家，全省90%以上医药物流企业集聚在长春新区。

同时，长春新区不断引进了各行各业的领军企业，完善了医药健康产业的发展链条，近几年培育了大量的优质企业，例如长春高新、长春生物制品所、金赛药业、修正制药、百克生物、迪瑞医疗、圣博玛等一批行业领军企业。长春高新区作为医药健康产业的核心集聚区，取得了极大成就，在"中国生物医药园区竞争力排行榜"位列第10，与苏州工业园区、中关村国家自主创新示范区和上海张江高新技术产业开发区等位列第一方阵。此外，龙头企业长春高新技术产业（集团）股份有限公司作为生物医药领域的代表企业入选"2021中国最具创新力企业榜"。长春新区医药健康产业增加值在2021年高基数的基础上保持两位数的增长速度，医药健康产业产值完成43.8亿元，增长11.5%，呈现出市场主体集聚、发展后劲不断增强的良好态势。

二、长春高新技术产业开发区创新引领能力增强

长春高新技术产业开发区不仅是国务院批准的首批国家级高新技术产业开发区之一，而且是吉林省第一个开发区和第一个国家级开发区。目前，长春高新区工业基础坚实，成为国家区域创新中心，并且已经成为国家自主创新示范区核心区、东北全面振兴全方位发展支撑区。长春新区有了坚实的产业基础，在这个基础上，不断突出自身优势，让创新引领发展，从而带动整个东北地区的经济发展，形成一个巨大的科技创新阵地。

2020年，长春高新区规上工业产值完成728.43亿元，其中，高新技术产业产值达到378.4亿元，实现战略性新兴产业产值306.7亿元。区内不仅形成具有核心竞争力的产业发展体系，而且在先进装备制造业、生物医药、光电技术、软件大数据、高端服务业等方面取得了巨大成果。许多产业处于全国领先地位，同时有一大批具有吉林特色的标志性产业，例如一汽大众、一汽轿车等龙头企业，它们作为吉林省工业的前驱和核心，是吉林省汽车整车及高端零部件研发制造企业的集聚区。生物医药企业达到400余家，产值超过200亿元，已经成为亚洲最大的疫苗生产基地和全国最大的基因药物生产基地。

长春高新区创新资源汇聚，已经成为东北地区重要的原始创新策源地。高新区内建立起了强大的汽车工业体系，在创新能力提升方面有了显著成果，最典型的是一汽红旗繁荣工厂，不仅大步迈向全新现代化工厂，而且在高度智能化方面逐步领先，各个运作流程的更新使得生产线快速优化，在核心竞争力方面有显著成果。高温高压大体积材料研究系统等大科学装置、综合极端条件实验装置落地，在关键核心技术突破上取得了重大成果，完成了大量专利申请，所创新的成果与市场深度融合，大量创新成果用于市场服务，成为吉林省核心竞争力的重要技术支撑和战略支点。

高新区内拥有大量的省级及以上研发机构，拥有国家技术转移示范机构、国家级重点实验室、华为长春研究院、吉林大学人工智能学院创新平台等研发机构。长春高新区在推动转型升级方面大力发展技术改造。在创新能力提升方面有了显著成果，不仅大步迈向全新现代化工厂，而且在高度智能化方面开始逐步领先，各个运作流程的更新使得生产线快速优化，在核心竞争力方面有显著成果。

三、吉林市高新区改革突破塑造创新内核

近年来，吉林市高新区全力构筑产业高地，不断探索建设东北振兴高质量发展示范高地。吉林市高新区构建政策体系，探索先行先试，努力营造高质量发展的内外环境。坚持创新，把创新作为发展的战略基点，把创新作为破解振兴发展难题的"牛鼻子"，连续出台了许多具体政策，构建"1+N"政策体系。为了有良好的技术基础，吉林省将重点放在了一流创新环境，对此极度重视，努力做到项目投资"拿地即开工"，并且围绕经济社会发展需要，逐步实行"党工委（管委会）+公司"管理模式，探索机构大部制、全员聘任制、绩效考核制、薪酬激励制"四制"改革。此外，在创新生态优化方面也取得了极大成果，设立2亿元的产业发展引导资金，进一步打通政策堵点、消除政策盲点，创建了许多新制度，持续深化放管服改革，成为其他省份（自治区、直辖市）的模范。高新区的努力有目共

睹，积极争取国家科技力量布局，打造行政管理、招商服务、基层治理、融资建设四线并行的管理服务体系，提升机构管理效能。大量新建省重点实验室、科技创新中心、国际科技合作平台等设备和渠道支撑，在核心技术自主创新方面采取了许多措施，制定了许多政策，不仅设立了关键核心技术自主创新装箱，而且大力鼓励企业家投资创新，与此同时，各个企业与高校、研究所等机构深度融合。

聚焦绿色低碳，吉林市高新区发展高质量的生态经济，加快建立又高又新的现代产业体系。"双碳"目标是工业发展的前提和使命，绿色发展是环境可持续发展的唯一途径，为工业绿色低碳带来了新机遇。高新区坚定推进能源绿色化，坚决淘汰落后产能，坚决开展科技赋能提升产业技术装备和管理水平，坚决推进资源循环利用，同时大力发展服务体系。把产业用能绿色化放在首要地位，调整好结构层面，提高新兴产业比重，同时坚决淘汰落后产能，对质量、功能、品牌进行强化提升，提升产业技术装备和管理水平。减少对化石能源的使用，多使用绿色能源，要坚决响应国家经济政策，做到国内国际双循环的统筹兼顾，提高专业装备技术水平，大力推进集群化。针对各个不同区域进行协调分工，制定出适合自身的最优方案，从而实现资源最优化、效益最大化。此外，高新区已经设立起相关的平台载体，构建面向企业的公共服务体系，真正做到产业绿色低碳发展，在新时代中抓住新机遇，优化环境，打造环境，让发展在绿色中发展，让绿色在发展中持续。产业的绿色低碳化建设起点是用能源材料，末端是再生利用循环发展，中间要素是结构优化、技术赋能。因此，在用量和原材料上达到绿色低碳标准，从起点上优化，同时推进循环发展，从末端优化，将不断优化结构和技术赋能作为推进绿色发展的重要手段。

吉林市高新区坚持创新驱动，引领高质量发展，着力打造吉林省重要的创新策源地。技术创新是全面激发企业的关键，是主要的创新主体活力，因此，高新区牢牢抓住技术创新，在中央深化体制改革的号召下，深刻贯彻有关创新的基本精神，牢牢抓住三个着力点，即以企业为主体、市场为导向、产学研深度融合的要求推动技术创新，扎实把政策落到实处，不仅培养出一批高能力、高创新的企业和人才，广泛支持各个企业提升创新能力，而且从政策上鼓励企业大胆创新，给予企业实质性的帮助，同时推进科技与金融的融合，加大引进创投风投力度，在各个科技专项计划方面构建优势产业的科技创新生态体系。推动企业与社会各方面的科研力量深度耦合，努力做到产学研一体化，组建一批学科专业群。同时要把国家和省级的一流专业建设计划落到实处，大力发展人才、培养人才，让更多的专业点成为国家一流，升级一流重点专业。此外，完善了创新创业生态体系和万众创新示范基地，吉林市高新区加强与高校、科研院所合作，建立了吉林大学吉林市研究院、中科聚研干细胞产学研基地等一批平台载体，近两年实施科技成果转化项目102项，新增获批发明专利46件。

四、通化医药高新区坚持规划引领形成产业集聚新格局

通化医药高新区根据自身产业基础和发展定位，确立了"一体为主，多业并举"的发展思路，发展引擎作用凸显。把医药健康产业视为主体，协同发展人参深加工、装备制造、新材料、现代服务等产业，突出特色。通化医药高新区重点推进生物制药和人参产业园建设。全面落实国务院的各项政策，坚持创新驱动投资拉动，全面打造全区战略引领、创新示范、产业集群集聚的基本格局。2021年，通化医药高新区实施5000万元以上重点项目21个，总投资达173亿元。园区项目大量引进，固定资产投资值突破顶峰，工业总产值和工业增加值飞速增长，产业发展有规模、有速度，更重要的是有质量，而且可持续，经济运行持续高速增长态势先后被财政部、科技部、工业和信息化部认定为国家大中小企业融通型创新创业载体，被吉林省政府确定为省生物医药产业集群。2021年，大量投资汇入园区项目，打造了大量优质企业和优质项目，让发展更加迅速和可持续，许多项目投资金额突破5000万元，甚至有不少的项目突破了1亿元乃至10亿元，总投资额更是不断增加，这些项目和10年前相比已经有了天翻地覆的

变化。巨大的发展成果使得更多企业签约入驻，使得园区成为一个产业集群要素集聚的现代化新工业区。

坚持创新驱动，加快打造创新发展新引擎。坚持创新，把创新作为发展的战略基点，把创新作为破解振兴发展难题的"牛鼻子"，为了有良好的技术基础，将重点放在了一流创新环境，正如打造一流营商环境，一流创新环境也在用心营造，创新和营商两手一起抓，两手都要硬。此外，通化市人才新政已经全面落实，并且加速建设了一系列平台载体，使得创新平台载体数量大大增加，其中包括各类创新平台，国家级、省级平台，以及省级重点实验室和企业技术中心、科创中心和众创空间发展，等等。全区各类创新平台和载体53个，其中国家级平台11个，吉林省级平台29个，吉林省级以上孵化载体、众创空间5个，吉林省级企业技术中心14个，吉林省级重点实验室、科创中心、中试中心7个，吉林省级技术转移示范机构2个；高新技术企业达到24家，吉林省科技"小巨人"企业达到15家。

五、延吉国家高新技术开发区打造特色产业带

延吉市地处东北经济圈腹地金三角，是一个天然的贸易港口，距离东北亚各国都有位置上的优势，2010年被国务院批准升格为国家级高新区。全区规划面积为5.33平方公里，实际控规面积11.98平方公里。

在多年的发展中，高新区基础设施建设不断健全。加快交通网络的发展以及各种特色的产业园区和基地的建设，不仅在内区河南北两侧实现了"七通一平"和"三通一平"，而且在长白山东路、人民路与延东桥、长白山桥形成了"井"字形的交通网络。近年来，高新区先后获得"吉林省高层次人才创新创业基地""省级留学人员创业园""吉林省人才培训基地""吉林省软件服务外包基地""吉林省现代服务业集聚区""吉林省服务外包示范基地""2016—2017年度全省服务外包重点联系产业园区""吉林省战略性新兴产业先进集体""国家低碳工业园区示范试点"等称号，对外积极合作，与延边大学、浙江工业大学签署了战略合作框架

协议，坚定不移地推进各个单位之间的产学研深度融合，建立了吉林省高层次人才创新创业基地和省级留学人员创业园，筹建了海归人才创业协会。延吉高新区入驻企业数量大量增加，其中有许多发展规模达到中等以上，还不乏外资企业，从业人员更是突飞猛进，在各个科技领域涌现出了一大批科技"小巨人"企业。以项目建设为抓手，大力推进产业集聚，形成了以食品加工、生物制药、医疗器械、信息技术、现代服务业为支柱和优势的产业格局。

从创新成果上看，科技攻关和成果转化取得积极进展。延吉高新区率先以"创新驱动，转型升级"为中心，坚持扩大经济规模与产业优化升级并举，努力提升"科技含量"，进一步凸显高新区的区域科技示范和经济引领作用。实现技工贸总收入目标，一般公共预算收入目标，招商引资目标和公共财政目标，以及固定资产投资目标，各个目标的完成，使得延吉高新区加大力度培育国内领先的产业集群，加快产业优化升级的步伐，推进税源经济建设和绿色转型发展，以及"6大园区和2个基地"项目建设（"6大园区"是指敖东科技园区、安发长白山生物科技园、延边利孚生物科技产业园、烟草工业园、娃哈哈延吉工业园、延吉科技创新园，"2个基地"是指延吉电子商务示范基地和延吉云计算基地）。发展生物产业、特色食品产业、电子信息三大主导产业，已经建成烟草食品、生物制药、信息技术（包含现代服务业）3个百亿级产业，产业发展体系，以现代服务业为支撑，兼顾发展战略性植入的新材料、新能源、节能环保等新兴产业正在迈向更高层次。

六、智能制造园区建设步伐不断加快

第一，吉林省智能制造园区初具规模。在已有轨道交通装备制造、农机装备制造和新能源装备的基础上，经过技术改造，园区规模已经初步形成。长春轨道交通装备制造集群是国内规模最大的轨道客车制造基地，也是国家新型工业化产业示范基地之一。依托长客股份、福伊特、研奥电气、日立永济电器等公司，长春轨道交通装备产业园区已经集聚了50余家轨道交通装备相关领域的企业，初步形成了一个特色鲜明、优势凸显的产业集群。长春轨道交通装备产业园区包括转向架设计制造集群园区、整车装备集群园区、牵引驱动集群园区、车内电器集群园区、车身附件及内饰集群园区、物流仓储区及研发设计中心等多个集群园区。农机装备产业集群主要分布于长春、四平、延边和松原4个地区，长春农机装备产业园区以拖拉机、收获机、耕整地机和播种机械为主，四平农机装备产业园区以收获机、脱粒机为主，延边农机装备产业园以水稻插秧机和钵苗移栽机为主，松原农机装备产业园区以玉米收割机和拖拉机为主。白城新能源装备产业园区规模也在不断扩大。

目前，长春新区的智能制造园区发展很快。长春新区为我国第17个国家级新区。自长春新区成立以来，园区建设成效显著，智能制造正成为长春新区的名片。2018年，长春新区生产总值966亿元，增速为8.1%，新区集聚着高新技术企业256家、科技"小巨人"企业177家，分别较上年新增96家和55家。随着长春新区光电和智能制造装备产业园、亚泰医药产业园等一批园区建成运营，长春新区初步形成项目集聚、产业集群的发展态势。其中，长春光电和智能装备产业园是为贯彻落实《中国制造2025》，由长春市工信局、长春新区、长春光机所共同建设的高科技产业园区，致力于打造国内一流的智能制造企业集聚区。亚泰医药产业园正打造具有研发孵化、生产制造等核心竞争力的智能化产业园区。此外，长春装备制造产业开发区是长春市重点推进的10个产业园区之一，为推进智能制造转型升级，担负起打造世界级装备制造产业基地的重要使命。

第二，重点领域智能化发展成效显著。吉林省汽车产业正在加快构建汽车轻量化、柔性化智能制造体系，石化产业实现生产过程智能在线检测和控制，食品、医药产业以设计、制造、服务全流程智能化质量控制为核心，已实现全过程的质量安全可追溯；"吉林一号"卫星在轨识别预警、危化品智能灌装系统等在细分行业技术领先；智能播种机正在推广应用。智能化项目建设稳步推进。"十三五"期间，吉林省一汽工厂等1449个工业转型升级项目实现竣工投产。目前,吉林省已经培育搭建了智能网联汽车、能源清洁利用等一批行业级企业级工业互联网(智能网联)项目。工业互联网体系不断完善。2022标识中国行(吉林站)工业互联网标识解析综合型二级节点上线启动,推动吉林省制造业和深加工产业向高端价值链迈进,助力地区数字经济和实体经济融合发展,优先支持智能网联汽车、能源清洁化利用、溯源食品等重点领域工业互联网平台建设,推动汽车、石化、食品、装备、医药等支柱优势产业中的骨干企业建设企业级云平台。

此外,智能工厂建设步伐持续加快。吉林省已经在一批标志性关键基础材料、核心基础零部件(元器件)等领域实现突破,为智能制造奠定了基础。

第四节 吉林省产业创新能力不断增强

一、科技创新主体地位日益突出

2020年,吉林省认定高新企业1085家,有效期内国家高企数量达到2495家,同比增长46.9%,增速居全国前列,首次突破2000家,较"十二五"期末的342家增长629.5%。科技"小巨人"企业达到1049家,年均增幅达91.7%,在全国排名快速上升,高企数量实现历史新突破。在航空航天、生物医药、装备制造、光电信息等领域涌现出了一大批科技"小巨人"企业。金赛药业、长光卫星、希达电子等一大批科技企业成为国内同行业排头兵,吉林奥来德、长春研奥、吉大正元三家科技企业成功上市,奥来德实现了吉林省科创板上市"零的突破"。长光卫星成为东北地区唯一进入2020年中国独角兽企业榜单的企业。中车长春轨道客车股份有限公司已经成为我国的亮丽名片，具有完全自主知识产权的"复兴号"动车组，引领世界高铁发展方向。

第一，企业数量稳步上升。2021年，长春生物制品研究所有限责任公司等197户企业被认定为吉林省省级"专精特新"中小企业。2021年，长春禹衡光学有限公司等35家企业被认定为国家级专精特新"小巨人"企业。无论是国家级还是省级"专精特新"中小企业，均是吉林省重点领域的骨干企业，其领域涵盖了汽车、生物医药及电子信息等优势产业。这些企业都是布局在吉林省产业链上的重点企业，具有持续的创新能力，呈现出良好的发展势头，很多创新产品在国际国内处于领先地位。2022年，长春吉大正元信息技术股份有限公司等409家企业被认定为吉林省省级"专精特新"中小企业。2022年，吉林省省级"专精特新"中小企业新增409家，共计606家。"专精特新"企业的数量不断增多，经济增长的新动力作用日益突出。

第二，发展潜力较大。2021年，吉林省197家省级"专精特新"中小企业年度实现销售收入354亿元，拥有各项专利1475项，制定或参与制定国家国际标准512项。2022年，省级"专精特新"中小企业新认定409家。吉林省省级"专精特新"中小企业在汽车、石化、农产品加工、医药等重点领域，2021—2022年，研发经费达54.9亿元，有效发明专利量达到1.02万件，研发人员达2.35万人，成立市级以上企业技术中心388个，技术创新能力持续增强。长春市"专精特新"企业R&D经费投入平均占比达到6.21%，高于全社会R&D经费投入强度4个百分点，家均拥有研发机构1.52个、发明专利3.48件、地方以上标准1.57个。

第三，区域分布相对集中。吉林省"专精特新"中小企业主要分布在长春市和吉林市。长春市市级、省级及国家级层面的"专精特新"企业分别为374家、259家及40家，在社会层面、行业层面经济发展层面，已经成为引领全市经济和社会发展最耀眼的领头羊和主力军。长春市"专精特新"企业涌现出东北地区首家也是目前唯一一家独角兽企业——长光卫星。同时长春市还有禹衡光学、国药一心等一批"隐形冠军"，技术创新能力较强，其产品技术水平在国际国内处于领先地位。在新材料、生物医药、光电信息领域，2021年，长春市"专精特新"企业产值分别同比增长16.7%、39.7%、19%，分别高于全市工业14.2、37.2、16.5个百分点。长春市科英激光、西诺生物等一批骨干企业产值增长了近一倍。吉林市目前拥有省级、国家级"专精特新"企业分别为108家、5家。此外，吉林市还梳理出240家优质"种子企业"。

第四，政策体系不断完善。2021年，吉林省启动了《吉林省"专精特新"中小企业培育计划（2021—2025年）》。2022年，相关培育工作有序展开，其中，《吉林省人民政府关于实施"专精特新"中小企业高质量发展梯度培育工程的意见》《吉林省省级"专精特新"中小企业认定管理暂行办法》相继发布，有力推动了"专精特新"中小企业认定等相关培育工作。此外，金融助力"专精特新"中小企业工作不断推进。吉林省工信厅、吉林省地方金融监管局共同组织推进金融服务"专精特新"企业工作，建立省级信贷政策直达机制，实施专项行动，持续加大对"专精特新"企业的金融支持力度，330家省级"专精特新"中小企业获得资金支持。为了助力"专精特新"中小企业，吉林银行成立了"专精特新"支行，金融产品中推出了"专精特新"服务专区，已为126家企业提供了融资支持。

第五，成立信息技术应用创新产业联盟。在吉林省政府的推进下，吉林省信息技术应用创新产业联盟正式成立，全力发展信息技术应用创新产业和数字化技术，同时打造吉林全面、全方位振兴的新引擎。该联盟由吉林省政数局及神州数码控股有限公司、华为技术有限公司、龙芯中科技术有限公司等发起组建，成员不仅涵盖了行业龙头及骨干企业、科研院校和服务机构，还聚集了从芯片厂商到整机厂商，从基础软件、应用软件到系统集成等产业众多的下游优势企业。旨在综合国内信创产业市场发展的态势、前景，以及各省信创产业布局和发展情况，密切结合吉林省相关产业结构的优势和不足，依托全省政策、市场、人才等资源，在吉林的信创技术标准和搭建信创产业生态上进一步统一，最终推动吉林省信息技术产业自主创新和应用推广。联盟的理事长单位为神州数码控股公司。该公司牵头凝聚了各方力量，在吉林推动一批优质项目集中落户，以加快形成数字产业与优势产业融合发展的新格局。吉林省信息技术应用创新产业联盟的成立有力推动了吉林省信息创新产业集聚，吸引对外开放合作项目，进行市场聚企业，以产品赢未来，促进吉林省现代新型汽车、电子信息和智能制造等战略性新兴产业发展，全面发展壮大全省数字经济，加快建设"数字吉林""数字政府"。

此外，推动一批信息创新技术在吉林省率先落地。始终坚持以长春国家级创新创业基地等平台为引领，加快培育新技术、新产品、新服务、新业态和新模式。推动信息创新人才在吉林省率先创业。完善政策体系环境，同时融通教育、人才、创新、产业四链，以带动项目流、资金流、技术流拥入吉林；着力支持信息技术应用创新产业在吉林省优先布局、集聚配套和集群发展，进一步搞好市场开放、政策匹配、服务保障，实现互惠共赢。吉林省鼎力支持联盟旗下"神旗"系列产品做精、做优、做强。现今，"神旗"信创产业基地和吉林省信创产业基金落户长春新区；吉林祥云信创适配中心成立并与神州数码控股公司签约建立了生态合作伙伴关系。围绕产业链布局创新链，加强科技成果转化。吉林省长春市构建大企、大学、大所产学研创新联盟，以一汽、吉大和中国科学院长春光机所、长春应化所为代表，推进科技成果加快转化，国家高新技术企业增幅居全国副省级城市第三位。2015年"吉林一号"一箭四星发射后，2017年1月，由国产光电原件构造的"吉林林业一号卫星"发射升空，全省林业管理跨入了"空天地"一体化的时代。"农业省"变成"卫星省"，这是一个传统农业大省蜕变的鲜活故事，创新无疑是尤为重要的振兴密码。吉林省培育的"北斗七星"新动能产业，涵盖节能与新能源汽车、先进轨道交通装备、卫星及通用航空、精密仪器与装备、CMOS（互补金属氧化物半导体）等新一代信息技术、新材料等七大创新产业，为结构调整、转型升级加快积聚新力量。

二、科技创新平台建设有序推进

国家级创新载体建设持续推进。国家农业高新技术产业示范区、国家新一代人工智能试验区申建工作扎实推进，中白科技合作园区成为中国—白俄罗斯政府间科技合作唯一战略基地并投入运营。国家半导体激光技术创新中心、吉林大学"综合极端条件实验装置"、光机所"大口径空间光电载荷综合环境"实验中心等重大科研基础设施建设进展顺利。"黑土地保护与利用"等国家重点实验室和空间光电领域省部共建重点实验室正在积极申请建设中。长春市建立了长春红旗、数字经济、固态电池等产学研创新联盟，先后支持产学研合作项目200余项。四平市吉春制药股份有限公司承担的"吉林省梅花鹿产品精深开发中试中心"为省内鹿产业开展保健食品中试服务和技术指导。四平市巨元瀚洋板式换热器承担的"吉林省换热系统中试中心"建立了用于换热器及换热系统测试的8个平台，提供成熟的工艺和技术模拟试验成果，并为域内外企业提供产品测试，支撑创新成果产业化应用等服务。

2021年，吉林省共有5个国家工程技术研究中心、223个省级科技创新中心。目前创新中心运行情况良好，取得了良好的引领示范成效。作为吉林省科技创新体系的重要组成部分，吉林省科技创新中心依托有关科研院所、高等院校以及科技型企业组建，对于行业及领域共性与关键技术研究的发展有促进作用，推进工程化研究与开发，加快科技成果转化，是以增强技术创新能力为目标的科技研发机构。吉林省科技创新中心按中心类别划分，其中综合性科技创新中心3个、专业性科技创新中心168个、厅地共建科技创新中心24个、跨区域合作科技创新中心28个，已形成"部—省—市—跨区域"的科技创新基地协作网络；按中心所在地划分，分布于全省9个地市区；按中心依托单位性质划分，依托高等院校建设的中心101个、科研院所建设的中心51个、企业建设创新中心71个，涵盖先进制造、信息通信与空间遥感、光电、新材料、计算机科学技术、农业科学、生态环保、交通运输、中医中药、生物医疗等国民经济和社会发展的各个重要领域。

三、研发力量不断增强

吉林省共有两院院士22人，聘请43位两院院士为"吉林振兴发展高端智库"专家。吉林省科技领域不断释放出创新动能，"十三五"以来，累计获得国家科技奖励33项。其中，国家科技进步奖一等奖2项、二等奖21项，国家自然科学奖二等奖4项，国家技术发明奖二等奖6项，获奖数量和质量均较"十二五"有显著提升，一批关键共性技术、前沿引领技术实现突破。当前，长春市的创新资源正在不断集聚，区域创新中心的作用日益显现。长春市有40余所高校、86家科研机构、9个院士工作站。通过国家"双计划"项目累计引进国外高端人才224人次。长春市现有国家重点实验室12个、国家级工程（技术）研究中心5个、技术转移示范机构10个、国际科技合作基地16个、大学科技园2个、科技企业孵化器15个、众创空间18个、省部共建重点实验室3个。长春新区积极发挥创新主引擎作用，加快夯实基础创新能力，扎实推进长吉图科技成果转移转化，已吸引50余个国家级研发机构、国家重点实验室、近100家省部级重点实验室落户新区。

四、科技创新成果取得突破

从创新成果上看，科技攻关和成果转化取得积极进展。攻克"高效双电机混动系统""时速400公里动车组系统"等100余项关键核心技术，红旗第三代高级轿车、中车长客复兴号动车组列车、"吉林一号"卫星、冻干鼻喷流感减毒活疫苗成为吉林省的科创名片。国内首台商用12英寸全自动晶圆探针台研制成功，"大面阵、高灵敏度CMOS图像传感器"等多项研发成果达到世界领先水平。中国科学院长春光机所研制的世界最大口径单体碳化硅反射镜技术、通化东宝三代长效甘精胰岛素注射液、辽源鸿图锂电隔膜公司的湿法工艺制备锂离子电池PE隔膜等技术均处于世界领先水平。此外,省院合作不断推进。吉林省与中国科学院33家研究所进行了50余场成果交流,落地"中国科学院近代物理所重离子治肿瘤"等众多项目,签订170余项科技合作项目,并在吉林省光电子产业孵化器、长春中俄科技园等园区孵化了一批科技型企业。

智能制造重点产品地位突出。中车长客股份公司率先打破了列车网络控制技术的垄断,掌握了有"高铁大脑"之称的高铁列车网络控制技术。由长光卫星自主研发生产的中国首颗商用遥感卫星"吉林一号"发射成功,标志着吉林省卫星及应用制造业向产业化发展迈出了实质性的一步。以"吉林一号"卫星为代表,是我国首颗以省命名的商用卫星,助力卫星发射的长光宇航复合材料有限公司,其民用航天载人舱的制造为国内首创。高端传感设备处于国际领先水平,六自由度工业机器人已能批量生产,国遥博诚公司制造规模挤进全国工业无人机前三名,使全省工业无人机行业产值同比增长81.7%。

随着"智能制造"的不断推进,吉林省"智"造实力显著提升,为经济转型升级、老工业基地新一轮振兴注入了不竭的动力。在智能制造的引领下,长春希达电子技术有限公司攻克技术难关,在室内板上芯片小间距LED显示细分领域取得多项专利,成为行业内的领军企业。校企合作是吉林智能制造发展的另一亮点,以长春瑞星机器人科技有限公司为例,通过与吉林大学的合作研发,在H型组对机器人、数控叠板切割机器人领域研发成果突出。在车身机器人自动焊装生产线方面,长春大正博凯汽车设备有限公司是国内最好的生产线供应商之一,作为智能制造的高技术企业,在电气自动化、机器人应用、机器人自动焊接生产线等领域成果丰硕。与此同时,一批重大关键核心技术攻关取得阶段性成果。2018年,吉林省获得国家科学技术奖励16项,比上年翻两番,实现了质量、数量的历史性双重突破。一批关键核心技术成果应用于产业发展,"吉林一号"高分02A星成功发射,在轨卫星达到70颗;中车长客研制的具有代际特征的智能动车组服务冬奥会；国防与民用高端智能系列校正装备制造打破国际垄断；湿法工艺制备锂离子电池PE隔膜产业化项目有效解决电池良品率低的技术难题。

五、创新生态不断优化

2021年，吉林省着力实施创新生态工程建设，优化创新生态，将创新环境与营商环境置于同等重要的位置，努力打造一流的创新环境，并坚持将创新作为破解吉林振兴发展瓶颈的"牛鼻子"，积极推进创新型省份建设，成为全国第11个、东北地区首个创新型建设省份。在创新型省份建设中，积极争取国家高科技力量布局吉林，成果显著。其中新建34个省重点实验室、35个科技创新中心、15个国际科技合作平台。国家批准建设中国（吉林）、中国（长春）2个国家级知识产权保护中心。在大力开展科技攻关方面，组织开展院士进吉林活动两次。实施"揭榜挂帅""军令状"机制。第二批重大科技专项项目启动，7个项目如期起航。荣获国家科学技术奖6项。启动一汽关键核心技术自主创新重大科技专项工程，首批立项9个项目。红旗汽车取得重大技术突破，其中智能互联网14项、电动化18项，在国家年度创新大奖中，红旗H9榜上有名。针对中小企业，开展"专精特新"培育计划，新认定197家省级"专精特新"中小企业。全省高新技术企业总量达到2903家，其中1049家为科技"小巨人"企业。为有效推动科技成果转化，不断深化校地、院地、央地合作，组织各市（州）分别与吉林大学、一汽集团、中国科学院"一院三所"和13家域外研究所开展协同创新合作。推出"双创"再升级政策，认定20家企业为第4批省级"双创"示范基地，以此推动创新创业工作。所取得的成果有：连续两年国务院通报表彰长春新区"双创"工作，长春"摆渡创新工场"成为典型创新模式，在全国范围内推广。不断优化人才发展软环境建设，出台人才政策2.0版，做到"四个留人"，即在感情、待遇、环境、事业上下功夫。实施"吉林回乡"工程、"长白山人才"工程，高层次人才实现了净流入。开展"创业有你'就'在吉林""奋斗有我'就'在吉林"、吉林校友人才大会等活动,全力吸引和留住人才。全省有9万高校毕业生留在吉林工作,比上年增加2.02万人,达到近年来的一个峰值。

2020年通化市政产学研合作签约仪式暨通化市中医药(保健用品)发展论坛成功举办。此次活动是深入贯彻"一主六双"产业空间布局的重要举措,对于抢抓"十四五"发展战略机遇、深化政产学研全方位合作、促进科技成果转化具有重要意义。作为通化千亿级制造核心,推动全省医药健康产业走廊建设,促进中医药(保健用品)行业全产业链发展,加快转方式、调结构,提升核心竞争力,加速科技成果转化与保障医药健康产业高质量发展。一是成功签订校地政产学研合作协议。通化市政府选择与长春中医药大学签订政产学研合作协议,旨在聚焦各自的资源优势,从联合技术攻关、创新平台共建、人才智库组建方面开展全方位、深层次的务实合作,将通化市作为实验区,加速一批新型保健用品科研成果落地,实现双方互利共赢。二是推动实现校企科研合作与成果转化。在签约仪式上,2个校企合作项目和成果转化项目成功签约。该项目的实施对于通化中医药品种科技含量和市场竞争力无疑是进一步提升,实现保健用品细分领域创新发展。三是聚焦产业发展短板组织发展论坛。通化市邀请数位省内外知名保健用品领域专家做专题报告、成果推介和经验分享,论坛上,保健用品产业发展政策和发展趋势进一步得到清晰解读,中医药、保健用品科研开发方向和路径得到明晰,最新保健用品科研成果得以推介,分享企业发展成功经验,增强了通化企业转型升级的信心,同时对医药健康产业创新发展起到了积极的推动作用。

除与长春中医药大学之间的合作,通化市政府与通化师范学院再度牵手,以深化校地、校企合作,加快推进科研成果转化,助力通化市"十大行动、百项工程"。2020年7月,举行政产学研签约暨医药健康产教联盟成立仪式。此次签约对国务院办公厅《关于深化产教融合的若干意见》和教育部《国家产教融合建设试点实施方案》进行了具体的落实。为全面促进医药强省建设，深入落实吉林省科技成果转化"双千工程"，由省科技厅推进的全省医药企业创新产学研合作机制，在推进医药健康领域科技企业技术需求与高校院所科技成果对接上取得显著成效。例如，吉林省博大伟业制药有限公司已与吉林大学开展了项目、平台、人才培养等多方面的交流对接。在新型医药中间体创新药发展领域，博大伟业制药有限公司与吉林大学药学院、化学院达成合作意向，签订合作协议，通过立项审评5项。对于目前关注的ADC关键组成部分连接子，从而进入ADC领域，与吉林大学化学院合作建立一系列连接子合作意向，其中2项已经基本完成研究工作。而博大伟业只是吉林省获得省科技厅项目支持的其中之一，多年来，吉林省科技厅"产学研医用"创新体系等不断发展，推动医药健康企业与高校、科研院所开展合作，整合跨学科、领域、部门3个创新要素，建立健全与产业紧密结合的技术研发和成果转化机制，优先支持企业与高校、科研院所联合申报的科技发展计划。

吉林省科技厅始终以打赢"医药强省冲锋战"为目标，在大企、大校、大所进一步促进医药健康领域合作，加快转移转化科技成果。对于"双千工程"深入落实，与高校院所科技成果对接，以推进医药健康领域科技企业技术需求，组织与吉林大学、中国科学院长春应化所等专家以及各企业开展交流对接；组织医药健康领域的产业技术创新战略联盟，商讨科技创新及成果转化情况；组织医药公共服务平台与企业进行一对一技术交流与服务对接，以在研发、生产成果本地就近转化落地等方面进一步推进。

六、创新基础设施建设不断推进

2020年4月，《吉林省新基建"761"工程方案》出台，其主要内容为加快推进5G基础设施、特高压、城际高速铁路和城际轨道交通、新能源汽车充电桩、大数据中心、人工智能和工业互联网"七大新型基础设施"，全面提升智能信息网、路网、水网、电网、油气网、市政基础设施网"6网"，着力补强社会事业"1短板"。智能信息网包括5G基础设施、大数据中心、人工智能、工业互联网、通信基础设施、数字政务基础设施等,路网包括高速公路、普通国省道、农村公路、城际高速铁路和城际轨道交通、铁路、机场、物流枢纽等,水网包括水利基础设施、引调水、河湖连通、两河一湖污染治理、高标准农田等,电网包括特高压、500千伏及220千伏电网主网架、城乡配电网(含农村电网改造升级)、新能源汽车充电桩等,油气网包括成品油、天然气储备、石油、天然气管网及配套设施、加油(气)站等,市政基础设施网包括城市排水、供水、供气、供热、市政道路、桥梁、城市轨道交通、污水垃圾设施等,社会事业补短板工程包括中小学薄弱校舍、职业院校、本科高校实训基地、基层医疗、公共卫生、妇幼健康服务设施、养老、社会福利服务、公共文化设施、旅游基础设施、广播电视无线发射台站、公共体育普及工程等。

吉林省新基建"761"工程计划实施项目2188个,总投资10962亿元。其中,智能信息网总投资839亿元,路网总投资5102亿元,水网总投资1308亿元,电网总投资477亿元,油气网总投资198亿元,市政基础设施网总投资2117亿元,社会事业补短板总投资921亿元。智能信息网包括重点实施移动、联通、电信、吉视传媒等公司5G核心网、基站、室内分布、省内干线、城域网等项目建设。着力推动网络及信息安全建设项目以及依托5G开展的行业应用项目。加强政务数据中心建设。鼓励多领域数据中心建设,助力全省数字产业发展。重点实施通信基站、城域出口带宽、核心光缆、县乡光缆、主干光缆、传输管道等方面基础设施建设工作,进一步完善通信网络基础,持续提升吉林省信息通信网络服务能力,建设汇聚机房、云资源池新建工程、千兆小区新建工程等项目,逐步完善企业专线、无线宽带、视频监控等通信基础设施,推动省内信息通信网络高质量发展。实施数字政务基础设施建设工程。建设吉林省农业物联网与农业大数据平台,覆盖全省农业种植面积8000平方公里,实现农产品全流程可溯源管控。

在吉林省启动新基建"761"工程方案后,各市(州)也相继安排部署新基建。长春市谋划推进新基建"761"工程项目约900个，有力推动"四大板块"率先发展、优先发展、加快发展，为长春现代化都市圈建设注入强劲动能。其中包括吉视传媒基础设施网络建设、东北第二条特高压直流输电工程项目。一批大项目正加快建设，吉林移动5G一期工程投资2.4亿元，在长春建设745个基站；长春铁塔公司5G站址基础工程投资3.9亿元，涉及2771个基站；净月高新区数据中心项目一期总投资9亿元。吉林联通正与一汽集团联手，基于5G网络打造全球领先的智能工厂。吉林联通将投资6.5亿元，以长春为中心，完成382个工业领域核心客户的网络覆盖及MEC基地建设，打造吉林省工业互联网平台。吉林市围绕集约精细智能绿色发展，谋划实施新基建"761"工程737项，按照全覆盖、广延伸、高标准的要求，整合各方资源和力量，聚焦补短、补断、补缺，实现成网、组网、联网，提升基础设施水平。四平市共谋划新基建项目388个，其中亿元以上项目200个，10亿元以上重大项目50个。辽源市围绕大数据、机场、水利和新能源汽车谋划实施新基建项目335个，白山市围绕绿色转型、全域旅游、基础设施和城市功能等方面，共谋划新基建项目419个，松原市围绕产业转型升级、优势资源转化、特色产业集群等重点方向，共计谋划新基建项目526个，白城市谋划新基建项目275个，延边州谋划新基建项目651个。

第五节　吉林省产业合作深入开展

一、"一主六双"产业空间布局不断优化

为了更好地全面对接国家东北振兴战略，吉林省着力打造"一主六双"产业空间布局，重点突出打造汽车、石化、农产品加工三大支柱产业新优势，努力将先进装备制造、医药健康、文化旅游产业发展成为新的支

柱产业；推动战略性新兴产业的发展，培育壮大新能源汽车、光电信息、生物医药、通用航空、新材料等战略性新兴产业，新兴产业集群轮廓显现，实现从传统产业向传统产业与新兴产业并重发展的产业发展结构。为此，在"一主六双"产业布局规划下，首先打造"长春经济圈"2万亿元区域经济体，撬动东北振兴战略下吉林振兴的全面发展。吉林"一主六双"产业空间布局主要包含13个专项规划，"一主"即《长春经济圈规划》；"六双"包括"双廊""双带""双线""双通道""双基地""双协同"。其中，"双廊"即《环长春四辽吉松工业走廊发展规划》和《长辽梅通白敦医药健康产业走廊发展规划》；"双带"即《沿边开发开放经济带发展规划》和《沿中蒙俄开发开放经济带发展规划》；"双线"即《长通白延吉长避暑休闲冰雪旅游大环线发展规划》和《长松大白通长河湖草原湿地旅游大环线发展规划》；"双通道"即《长白通（丹）大通道发展规划》和《长吉珲大通道发展规划》；"双基地"即《长春国家级创新创业基地专项规划》和《白城国家级高载能高技术基地建设规划》；"双协同"即《长春吉林一体化协同发展规划》和《长春—公主岭同城化协同发展规划》。"一主六双"产业布局是全面落实国家"创新、协调、绿色、开放、共享"新发展理念的生动体现，在"一主六双"产业布局的推动下，打造新兴产业集群的目标初步实现，汽车、石化、农产品加工三大支柱产业的新优势得以发挥，拉动效应显著，战略性新兴产业发展迅速，产业转型升级的宏伟蓝图初见成效。

二、产能合作空间不断拓展

（一）新能源汽车产业合作项目顺利实施

吉林省是中国重要的工业基地，长春市"汽车城"的美名历久弥新，中国第一汽车集团公司更是中国汽车工业的摇篮。吉林省集中力量支持一汽的发展，努力把一汽建设成为世界一流企业，将长春"汽车城"打造成一张国际化的名片，积极推动一汽的国际化合作，在深化其与德国大众、奥迪等深度合作中发挥积极作用，积极推动现代新型汽车和零部件产业集群和完整生态建设工程。奥迪一汽新能源汽车项目的顺利开展，将在汽车电动化、智能化、网联化、共享化等领域引起汽车产业变革的新潮流。积极拓展传统汽车产业边界，不断扩大新能源汽车市场，积极探索建立产业创新联盟，提升关键核心技术的攻关能力，加快技术成果转化，提升服务意识和服务品质，着力打造现代新型汽车产业吉林生态圈。汽车产业电动化、智能化、网联化、共享化发展趋势凸显，与一汽携手，共同合作，提升汽车零部件生产的吉林本地化能力，加强配套设施建设，通过共建联合实验室、产业创新中心等平台建设手段，推进新能源汽车整车、芯片、电池、电机、电控、充电设施等的研发与生产，以一批重要项目和创新性成果为依托，形成具有国际影响力和竞争力的产业集群，将吉林省建设成为新能源汽车产业的高地。目前，中国一汽集团与奥迪、中兴通讯公司、意大利马瑞利集团、远景科技集团、中盈基金管理公司、维信诺科技公司、网易集团深化新能源汽车合作。

（二）装备制造产业合作空间不断拓展

近年来，吉林省轨道客车国际产能合作空间得到拓展，卫星和智能制造产业化步伐加快。中车长客股份公司生产的高铁列车、动车组和地铁，无论在国内市场还是国际市场，订单不断，远销美国、巴西、澳大利亚和伊朗等国家，已经成为我国高端装备制造快速发展的招牌。目前，吉林省装备制造业门类较为齐全，可批量生产的产品达到2000多种，拥有一批具有竞争力的特色产品，在国际国内同行业中占有一席之地。例如中车长客股份公司是亚洲最大的轨道客车生产基地，累计生产了7000辆城轨车辆、3万辆铁路客车，分别占全国同类产品总产量的55%和45%，产品出口多个国家。辽源麦达斯铝业生产的轨道客车大部件占全国同类产品份额的60%，产品为加拿大庞巴迪、法国阿尔斯通等国际知名大型企业配套。

（三）食品产业交流合作向纵深发展

吉林省农业及食品加工业发达，拥有得天独厚的地缘优势，在《区域全面经济伙伴关系协定》（RCEP）生效后，吉林省迅速着力打造中韩食品合作领域的新高地。中韩两国经贸合作潜力巨大，因地缘区位优势，吉林省的外资企业中，韩国企业占1/4。当前，吉林省在中韩两国经贸合作中扮演着比以往更重要的角色。2020年，中韩（长春）国际合作示范区成立，示范区是国家级国际合作平台和体制机制创新平台。示范区内设有中韩城市馆，全方位展示了韩国全境城市的政治、生态、产业、科技、人文等情况，是超大型的城市综合体，"不出长春逛韩国"成了现实。作为中韩两国企业交流和产业合作重要平台的中韩（长春）国际合作示范区，在扩大两国合作市场方面起着重要的推动作用，将在两国经贸可持续发展中发挥重要作用。中韩（长春）国际合作示范区中正在推进的健康食品产业园项目，将为韩国食品行业进入中国市场提供更多便利，在中国国内国际双循环的新发展格局的推动下，在拥有超大市场规模和强大消费能力的吸纳下，将中韩两国食品行业的交流合作推向新的发展高度。

三、对口合作层次进一步提升

（一）深入对接京津冀协同发展战略，打造吉津合作"升级版"

开放发展离不开合作互助，更离不开地区之间的协作共赢。京津冀作为东部地区，具有较为充沛的技术和资源，通过与京津冀地区联手，吉林省可实现资源互助，提升两地合作互信深度，促进两地整体发展。吉林与天津的协作共赢，来自天津的许多企业与吉林省对口企业进行对接，完善相关项目的敲定、落地和实施，从而不断深化相关产业布局，促进吉林省高质量开放与发展。第一，强化协同合作，常态联动同步。即在对口合作过程中，重视整体协调配合，不能以单一部门或者产业进行交流，而应当将交流日常化、频繁化，在合作中拧成一股绳，劲往一处使。第二，合作应当重视互补原则，以我之长补你之短，从而实现携手共赢，互利互助，通过加强创新合作，进一步拓展口岸建设、旅游项目落地等。第三，形成互相促进的产业结构，从优势新兴产业入手，推进如新能源产业、农业技术等领域的深化合作，从而形成重点核心产业积极合作，为后续发展提供新的合作切入点。

当前天津与吉林合作的相关经验做法已然成形，通过推广相关经验做法，为高效保质的深入合作提供方针策略。津长合作自始至终围绕深化发展、协作共赢的原则，在合作过程中，以政府领导作为先行条件、以市场经济作为抓手、以特色产业和经济作为切入点，用示范园区带动全局发展，有效推动了东北老工业基地振兴的步伐，后续将进一步深化合作，促进资源、人才及生产要素的积极交换。两地合作，首先，实现高层互通，进而建立完善且有成效的对接模式，避免无效的沟通与浪费，最大限度节约成本。两市分管对接的领导班子从合作开始便积极互访，对合作相关事宜高度重视，密切交流，为后续产业企业合作打下具有引领作用的交流基础。早在2016年，吉林省代表团积极赶赴天津学习与交流，在这一过程中，通过座谈，深入交流了双方对此次合作的意见，互相了解两地产业发展的特点及结构，从而进一步确定合作互信的产业切入点。此外，天津市代表团也积极去往长春进行实地考察，座谈交流，最终在双方的洽谈中敲定了后续重点项目和产业，确定后续合作框架。其次，两地合作必须基于相对完善的会议机制。合作不仅是一场互利共赢，更是共同学习、共同进步的好机会，这一理念得到两市的共同认可。基于此，两市加强互访互学，充分重视合作窗口，学习对方先进经验，进一步加强自身发展。2017年，为了进一步确定对口合作事宜，两市分别在当地召开相关会议，针对后续合作进展的事宜逐一安排，有条不紊地促进协作。最后，完善的制度保障也是促进合作顺利推进的必要条件。基于此，两市已经筹备了有关对口合作的框架协议，并顺利达成一致，后续将陆续出台有关具体的实施办法和工作方案等制度规定，确保合作有章可循，从而及时避免产生矛盾与问题。

建立高质量的发展平台能够有效促进经贸合作的顺利开展。通过共享必要的发展平台，加强双方经济各领域的交流合作。自从2017年以来，两市已经陆续在各类会展平台上实现企业互参互融。以"华博会"为例，利用这一平台，长春企业已经实现12个项目的签约，总计投资金额高达100亿元，大力带动长春企业对外交流步伐。除此之外，在参与相关洽谈活动时，长春市与天津各个企业部门进行了合作会谈，如旅游、商务等，并敲定一系列相关项目，从而强化产业资金流入，促进如农业传统强势产业发展，为产业科技化注入资金。由于合作不断深化推进，部分项目成果已然落地。共同商议、共同建造的合作园和示范基地已经初步成形，部分企业已经正式加入该园区，完成了注册运营等事宜。由天津市相关项目投资与扶持的区块链技术集团，以及吉林本省公共服务等公司。有关区块链数据等高新项目现已正式落地，并顺利运行，大康双创产业园等项目也正在建设中，而与天津市合作建设的中心已经接近建设完毕。重视社会资源的利用与协调，强化社会资源的进入。两市合作不应局限于政府合作主导，而是应当加强两市民间等社会资源的利用，通过联合社会资源，形成政企合作，建立以政府主导、社会力量积极参与的共赢局面。基于此，位于长春的相关企业已经建立长春市天津商会，调动潜藏在长春市的社会力量，为两地合作进一步添砖加瓦。

两地各级区县重视合作对接，开展相关对接活动已经累计超过200次，超过九成部门展开相关对接活动，确定落地项目高达150余个，最终签约金额超过500亿元，顺利实现深度、全面、细节的对接。天津市下辖区也积极展开与长春的交流互助，从而不断促进合作的全局深化，例如"津门风情街"等项目也已顺利建设完毕，投入运营当中。此外，天津市滨海新区与长春市积极交流，共商会议，最终确定了两地新区对接合作的相关具体框架细节，涉及平台建设、制度完善等各方面，同时积极邀请对方干部来参观学习，例如净月区选派代表团去天津滨海新区参观交流，积极利用此次机会学习经验。调动媒体资源，创设良好舆论环境。通过加强对利好项目的报道，在《人民日报》、新华社等媒体平台进行宣传，不断推进对口工作的开展，宣传取得的进步和成果，促进社会各界通过媒体平台关注项目，不仅有利于监督项目进步，更有利于相关项目的顺利开展，激活舆论环境，从媒体领域加强对合作、共赢等事务的宣传和直播。

（二）全面挖掘双方产业优势，打造吉浙对口合作"升级版"

浙江省作为东部地区经济发展较为迅速的省份，拥有较为充沛的营商资源，推进吉浙合作能够有效带动吉林省经济发展。首先，用安全筑牢大山，重视五大安全，强化政治责任落实机制，在确保深化有条不紊开放中，稳定安全不动摇，形成以安全促发展的新格局。其次，重视项目落地，狠抓方案细节。对重点优势合作领域进行深入合作，加强项目工作导向，重视外资引入，积极引入浙江省企业进驻吉林省，促使资金流入重点项目，进一步加强投资增长趋势，有利于缓解当前企业资金困境，解决当前存在的各项实际问题，最终促进企业顺利且高质量完成项目。此外，推动企业创新，这往往需要资金和技术支持，而通过积极注入外来资金，可提高企业创新积极性，解决创新过程中的资金不足困境，有效增大研发投入，以创新带动科技发展，同时联合本省高校人才，将理论研究成果进一步转化为实践项目，将创新与企业发展融为一体。另外，重视项目实施细节，特别是大型特型项目，确保前期工作细致有效完成，避免后期返工等问题，确保大型项目能够如期完工，按照原定计划发挥其服务经济功能，顺利推进合作框架搭建。最后，要重视吉林与浙江对口合作深度。即重视合作中出现的各项问题，以改善吉林省营商环境为目的，深入调研企业当前面临的经营困难，从一线入手，从基层起步，切实切真调研问题，找寻当前营商环境中的痛点问题，结合本省实际情况，提供切实可行的解决方案，要让群众和企业真正满意。后期做好追踪调研工作，从而有效改善本省营商环境，加强对外界资金的吸引力。

吉浙合作的关键点在于构建多元产业结构，吉林省传统优势产业为汽车制造业，以此为基点，聚焦汽车各个环节制造，将全省各市搭建成多元产业链，根据不同地势实际要素禀赋构建相关产业结构，从汽车零部件的建设到医药、农业领域的产业合作，从而进一步加强吉林与浙江省各方面、各领域的深入合作，将产业链扩大化、扩展化、结构化。聚焦汽车及零部件、装备制造、医药健康、电子信息、现代农业、新材料、智慧物流等产业，吉林产品与浙江市场、吉林资源与浙江资本全方位多层次对接合作。在重视生态环境保护的基础上，开发吉林省旅游资源，充分利用吉林省自然资源优势条件，本地产业多元化与自然资源充分结合，使得产业与生态环境完美融合。两省需要加强高层次干部交流，重视企业之间经营理念的交流与互动，不断学习对方的先进经验，推动产业多元化做大做强。

吉浙两省的合作关系正式步入正轨以来，已经成功发布联合科技成果2300多项，签署相关项目合作协议320多项，可以说，当前吉浙合作已经取得了丰硕的成果，将进一步加深巩固两方合作实践。针对两省合作，积极利用高校资源，通过为两地高校和高新企业搭建交流平台，促进人才经验交流，积极开展产学研创新，发掘潜在创新资源，积极将理论成果转化为时间项目，将创新技术与产业结构融合，将理论落地实践，进一步加快两省科技研发创新进度。考虑到吉林省作为我国粮食大省，浙江与吉林开展农业学科研究，在节能减排基础上，加强粮食保护、湿地安全等战略问题深入研究，从而强化吉林农业产业优势，学习浙江乡村振兴经验，让吉林农村富起来。吉林省目前重视新能源产业，基于此，应当加强与浙江在新能源领域的合作，加大对清洁能源和材料的利用，引领相关能源企业合作。

2021年，两地共同举办了当年度跨区域科技创新合作推进会。这一会议为促进吉林、浙江两地科技合作研发起到引领作用，通过利用实时沟通等各项科技技术，两地政府充分交换了意见，确定未来科技合作大方向。主要发挥双方禀赋优势，深入挖掘科技潜力，争取将科技转变为实际发展力。同时加强吉林省下级各市与浙江省下级各市深入合作，将吉林产品推广到浙江省下属各市，充分开拓市场，不拘泥具体形式，不断拓展合作新领域、新方向、新篇章，为两地未来发展注入新的动力。

精准对接产业需求。2021年12月，浙江省调研组围绕光电产业、生物医药以及航空航天产业，先后走进长春新区、长春高新技术开发区、长春北湖科技园和吉林市，详细了解了开放平台的建设成就、产业现状和发展规划，亲身体会了长春市、吉林市良好的营商环境以及加强吉浙合作的决心和信心。调研中，浙江的代表结合自身特色开展了精准对接。西门子（杭州）高压开关有限公司与长春希达电子技术有限公司对接了"双碳"照明需求；宏恩医疗健康产业有限公司与迪瑞医疗科技股份有限公司就未来的合作规划与布局展开了深入探讨，表示这次调研对吉林的营商环境有了新的认识，开阔了视野；浙江中匠智能装备有限公司也表示此次调研对吉林的底蕴有了很深的认识，也认识到地方经济的发展和地方的教育息息相关。吉林市与浙江省及温州市合作，推动吉林产业与温州资本、吉林产品与温州市场、吉林人力与温州制造的深度融合，携手实现更高层次、更大范围、更多领域、更多形式的合作发展。

第六节 吉林省产业绿色发展步伐不断加快

一、资源开发与新能源装备制造相互促进

传统能源如煤炭、石油等在开发和利用过程中往往会排放大量二氧化碳，促进温室效应的产生，此外还存在其他类型的污染。但风能、太阳能

等污染较少的清洁能源能够有效降低碳排放，而吉林省在这一领域具有较为丰富的自然资源和发展空间，属于吉林省自然优势之一。基于此，吉林省从20世纪初就开始尝试建设风电基地，并且成功打造千瓦级别的风电基地，属于我国率先成功打造大型风电基地的省份（自治区、直辖市）之一。在这一基础上，近几年，吉林省逐步加大对新能源的开发和利用，通过在具有较强优势的西部地区进行战略部署和建设，2021年"陆上风光三峡"工程顺利在吉林省白城市开启，以此为基点，进而开启全省范围内的相关工程建设。此外，白城市和松原市也在大力打造绿色电力园区，同时积极开展建设，将吉林省电力运送至南方的特高压通道。这一过程中，有数十家企业也参与相关新能源设备产业的制造和建设。

2021年，吉林省新建17个新能源装备的制造项目。其中三一重能等风机制造项目已经投入运营，而远景能源乾安风机制造等7个项目也在2022年投入制造，此外，乾安县阳光新能源装备制造产业等7个新能源制造项目也正逐步开展，加上已经拥有的6家能源企业，目前已经有20家企业参与相关建设，构成新能源企业集群，其中分别涉及风电、光电等各项新能源领域。2022年，进一步深入打造风光发电这一项目，结合前期落成的产业园区和结构，不断引进相关上下游企业参与和落户，通过政府主导，结合产业研发，最终建成一条具有高技术、高附加值的产业结构链，形成具有规模效应的新能源产业集群，从最细节的器件制造和相关安装环节，大力优化当前产业结构，形成以新能源为首的资源开发产业结构，充分释放产业潜力。

如今，吉林省西部地区已经形成了以新能源为重点的产业结构，后续将依托吉林省天然丰富的自然资源进一步拓展，深化新能源产业优势，促进相关产业结构转型，形成独具一格的品牌效应。更重要的是，新能源产业为吉林省电力供应提供补充，在白城市，新能源产业发电量占全部电量的60%左右，已经成为电力的重要来源，新能源产业的出现可以为企业和居民用电保驾护航。

二、国家级清洁能源基地稳步推进

吉林省地处较高纬度，且少丘陵、多平原，这一地理特征使得吉林省日照强度较高，带来了极为丰富的光能资源，特别是西部地区的白城、松原等城市，由于平原广阔，风力较为强劲，同时日照强烈。基于如此优越的自然条件，吉林省将清洁能源的开发与利用纳入后续的战略考量之中。吉林省委、各级政府高度重视对清洁能源的合理开发和技术创新，始终坚定地走在节能减排的第一线，并由此提出"一主六双"高质量发展战略，从而将清洁能源的相关产业建设纳入未来发展战略计划，成为长远发展的重点项目。这一战略旨在将吉林省打造成具有一定规模的清洁能源利用典型省份，科学能源开发与利用，为经济可持续发展注入动力。

白城、松原和四平双辽市作为重点城市进行基地培育和开发，涉及超过5万平方公里的行政区域。首先，这3个城市所在区域较为广阔，且人口密度较低，有充足的建设用地，且地势平坦，风力较为强劲，土地种类多样化，涉及草原、湿地等，共计有9000多平方公里的土地可以用于清洁能源相关产业的建设，从土地角度来看具有一定的优势。其次，这些区域往往具有丰富的风能和光能资源，由于地广人稀，对能源的利用率大大提升，其中新能源可装机容量9080万千瓦，占全省可装机总量的80%左右，说明当地风能和光能的发展潜力巨大。其中白城市是重中之重，由于地理位置较为特殊，白城市拥有吉林省最为丰富的自然资源，白城市严格遵守系统性布局，综合考量，以整体带动个体、以头部领导全市的思路进行新能源战略安排等布局，通过一系列的建设，促进全市范围内新能源项目的落地和验收。最主要的是，白城市将转变以往靠量取胜的发展思路，将能源开发从量转移到质上，争取建设成为高质量的能源基地。此外，松原市同样重视新能源产业发展，积极建设如"绿电"园区等示范区，将清洁能源运用在电力系统的发电之中，从而助力电力供应，为后续能源发展提供电力支撑。

除了风、电这两种清洁能源以外，氢能也成为吉林省重要的新能源之一。氢能主要是基于风能和光能的发电，将水电解成为氢能，而氢能在使用过程中没有任何污染，同时可以生成水，进而形成一个分解的循环，而通过大力发展氢能，不仅能够解决清洁能源消耗问题，也能为后续产业提供能源供应。新能源产业已经成为吉林省未来的发展经济增长点之一，新能源产业的出现有助于改善当前以重工业为主的制造业产业结构，在节能减排的基础上，更进一步地发展相关产业，创造就业岗位，改善环境，同时新能源产业所产生的大量电力除了供应本身用电，还可以输送到华北、华东等地区，成为全国的电力供应大省之一。

三、全产业链资源优势向产业优势转变

利用新能源产业有利于推动产业结构转型，将产业优势从重工业转移到新能源产业。为了进一步推动产业结构转型，吉林省将新能源产业构造成具有全产业链的产业结构，建设相关企业集群，扩大产业规模，通过利用规模效应完善产业链，而产业链的出现也使得资源优势逐步转化为产业优势，有效地降低了产业建设成本。例如大唐、华能等大型企业进驻园区，使得装配设施能够有效本土化，在进行结构装配时，运输成本等大大降低，而本地化的产业也为当地劳动力就业带来新的岗位，而人才聚集又进一步促进产业结构转型，从而形成了一个良性循环。2022年，吉林省已经拥有20家能源企业参与产业链的建设，如三一重能等企业的大型项目已经顺利完工并落地，开始进一步参与电力供应和运输，未来这些大型企业还将作为头部引领新能源产业的后续发展。

此外，产业链的出现也助力传统汽车制造业的发展。吉林省的重要支柱产业为汽车制造业，但是传统汽车通常以汽油为主要燃料，在运行和使用过程中往往需要消耗大量化石燃料，促使碳排放总量不断攀升。但是如今新能源产业落地促使新能源汽车的诞生，例如以氢能为原料制造出的新能源汽车与传统汽车相比，行驶平稳且无噪声，同时续航时间也不输传统汽车，仅仅加氢15分钟，汽车便可行驶长达500公里。对于急需降低排放和污染的城市公共交通而言，新能源汽车显然更具有优势。新能源汽车已经

在吉林省正式投入生产和销售。2020年，一汽红旗E-QM5新能源换电汽车正式交付运营，这标志着新能源汽车已经成为吉林省出租车的重要组成部分，并且长春已经大量使用了这种汽车。吉林省通过集聚企业，形成较为完善的产业链条，有效地将资源优势转化为产业优势，不仅为吉林省经济发展找到了立足点，更为新旧产业动能转换注入了不竭动力。

第七节　吉林省产业智能化、信息化水平不断提升

一、重点领域智能化发展成效显著

多年来，通过培育先进装备制造、改造提升传统制造、打造特色制造等多项举措，吉林省制造业智能化发展已形成了以汽车制造业、轨道交通装备制造业为龙头，以卫星及应用、航空航天设备、精密仪器与装备为新动能，以农机装备制造、煤矿采选设备制造、电力设备、起重运输和石油机械等传统产业为支撑，以一批"专精特新"装备为特色的"吉林智能装备"产业体系。

围绕制造业重点领域，吉林省积极利用信息技术对重点产业进行全方位改造升级，加快智能生产线建设，推动传统制造业转型升级。在汽车制造领域，随着"红旗智能绿色小镇"和智能网联汽车"321"工程的建设，尤其在国家智能网联汽车应用（北方）示范区建设的带动下，吉林省汽车制造业智能化发展步伐不断加快。轨道交通装备制造业是吉林省具有明显优势和潜力的产业，依托长客股份，集研发、制造、配套和服务于一体，高速动车组和城轨客车的产能都达千辆，是全国最大的轨道交通装备制造基地。卫星及应用、精密仪器与装备等先进制造业快速发展，传统装备制造业中，农业机械、电气设备、能源装备、矿山机械及冶金设备、工程机

械等传统优势产业通过持续技术改造，智能化水平得到提升。长春北方化工灌装设备股份有限公司、四平艾斯克机电股份有限公司、辽源瑞意粮食机械制造有限公司等一批"专精特新"智能制造装备企业快速成长，成为细分市场领域国际先进、国内领先、替代进口的国内行业领军企业。

在装备制造领域，长春市制造业智能化产业基础较好，其中部分企业已达到了国际先进技术水平。长春北方化工灌装设备股份有限公司为专业从事灌装研发及生产的国家级高新技术企业，是国内化工灌装智能装备领域的龙头企业，并拥有国际先进的技术。长春大正博凯汽车设备有限公司为高科技智能装备制造企业，车身焊装机器人生产线以及迈达医疗的腹膜透析机等项目产品，均已达到国际领先水平，在机器人应用领域已成为行业的领跑者，长期为一汽大众、一汽轿车、华晨宝马、上海大众等企业提供优质的产品和服务。长春光机所完成了世界上分辨率最高的大靶面CMOS图像传感器研制工作，像素达到1.5亿，处于世界领先水平。长春理工大学的微小零件测量实现了0.5微米精度在位检测。长春规划建设的"璀璨"产业园现已落位项目30个，总投资9.8亿元。目前，园区内已成功汇聚24家成长性好、掌握核心技术的光电、智能装备企业，技术集聚效应初显。

目前，吉林省装备制造业门类较为齐全，可批量生产的产品达到2000多种，拥有一批具有竞争力的特色产品，在国际国内同行业中占有一席之地。例如中车长客股份公司是亚洲最大的轨道客车生产基地，累计生产了7000辆城轨车辆，30000辆铁路客车，分别占全国同类产品总产量的55%和45%，产品出口多个国家。辽源麦达斯铝业生产的轨道客车大部件占全国同类产品份额的60%，产品为加拿大庞巴迪、法国阿尔斯通等国际知名大型企业配套。随着智能生产线、智能车间、智能工厂等一批智能化项目相继落地，吉林省制造业智能化进程不断加快。通过对创新驱动发展战略的落实，吉林省工业机器人产业、高端数控机床、智能制造产业支撑服务云平台等一批项目相继建成，智能化项目的产业规模不断扩大，成为吉林省老工业基地发展的新动力。

此外，长春市围绕航空航天装备、光电装备、轨道交通这些重点领域，投入资金174.5亿元，建设100个智能制造产业示范型项目，全力打造一批具有"精专特新"特点的智能制造集成企业，建设具有长春特色的智能制造装备产业集群。例如深圳万润光电轨道客车LED照明项目二期、长客动车组四级检修基地项目、青岛威奥动车内饰件生产等项目正在进行基础施工，在这些大项目、好项目的支撑下，长春装备制造产业开发区围绕轨道客车和长客动车项目，正成长为长春先进装备制造业的核心。同为战略性新兴产业重大项目，总投资10亿元的华为大数据中心正在安装调试设备；总投资57亿元的吉通中德工业园内，四期15栋厂房整齐排列，4条铝锻生产线已全部调试完毕，达到世界领先水平。

二、两化融合水平迈上新台阶

创新要素相互依存的生态是全方位、全领域推进协同创新的关键，应大力推进信息技术在工业各领域的应用、渗透和融合，将产学研的协同创新放在突出地位和核心位置。重点把握数字化研发、智能化生产、精细化管控，掌握四大环节，即研发设计、生产制造、经营管理、绿色发展。大力实施一批信息化与工业化深度融合，发展军民科技一体化，深化军民融合，民营企业和军工企业的协同创新，区域与区域之间的协同创新。聚焦在创新资源、产业、企业发展等方面，两化融合的层次和水平全面提高。

"十三五"期间，制造业数字化步入快速发展轨道，为制造业数字化转型升级、实现高质量发展奠定了坚实基础。两化融合体系贯标、工业互联网创新发展、重点行业数字化转型、新模式新业态培育、新型数字基础设施建设等方面均取得一系列显著进展。

此外，最重要的是，两化融合的总体水平迈上新台阶。具体体现在重点行业数字化转型加快推进融合创新的新模式新业态持续涌现、基础设施体系不断夯实、工业互联网平台建设效果显现、工业互联网从概念普及走向实践。主要依托两化融合服务平台开展常态化自评估、自对标、自诊断，提升了企业两化融合发展意识，融合发展重心也发生了转变，国家两化融合管理体系逐渐完善，贯标试点企业数量增加。长客股份、亚泰集团被评为国家两化融合贯标示范企业，过去是"深化局部应用"，如今，已经开始"突破全面集成"，这一转变意味着未来具有无限的发展空间。区域、行业间发展均衡性大幅提升，大中小企业日趋协调发展。

围绕优势支柱产业加快推进新一代信息技术与制造业深度融合，汽车产业率先攻克了汽车智能制造升级和提升产业链数字化水平的关键核心技术，多项研发成果达到世界领先水平。数字化转型成为各行业的广泛共识，信息技术加速在全流程、全产业链渗透融合和集成应用；制造业核心竞争能力持续提升；数字化管理、智能化生产、网络化协同、个性化定制、服务化延伸等新模式加快普及；石化、冶金建材等原材料产业初步实现生产过程智能在线检测和控制；装备、电子信息制造产业正加快数字化车间和智能工厂建设，逐步由自动化向数字化、智能化转变；食品、医药产业以原料、生产、服务全流程智能化质量控制为核心，逐步实现质量安全可追溯；轻纺产业大力推广大规模个性化定制，不断丰富消费品种类。此外，人、机、物三者之间生产要素的互联互通管理体系逐渐完善，智能制造工程大力发展，新业态也蓬勃发展，解决问题的能力明显提升，且工业发展方式增长动力不断优化。

2020年，中国工业互联网白皮书发布数据，吉林省在东北地区排名第一，工业互联网发展应用指数在全国所有省份（自治区、直辖市）中排名较为靠前，这说明吉林省的产业生态正在不断健全壮大。三级安全保障技术体系的建设也有了显著成果，同时，重点平台也在加快建设步伐，平台供应能力不断增强，跨行业领域省级工业互联网等一些重点平台的行业影响力和区域影响力正在显著提升，工业App的数量不断突破新高。一汽集团的汽车行业工业互联网平台已初步成形，目前实现了对生产设备和生产线数据的采集，包括属性数据、状态数据、环境数据、生态数据等一系列数据，并且对其进行数据运算，最终流转到近1万项微服务。这一系列的发展和建设大大提升了生产能力和生产效率。

一批工业技术解决方案企业积极探索转型，推出自己的工业互联网平台服务。其中最典型的就是东杰科技，这是一家原本为软件类型的企业，如今为了适应时代的变化，一跃转型为非煤矿山工业互联网平台服务商，不得不说这个转变是巨大的，该平台的建设已经投入运营。黄金矿山标识解析服务平台建设完成，基于黄金矿山大数据的设备运维服务平台开始由数字化向智能化升级，通过与河南黄金公司的合作，开始全面布局中原地区黄金矿山。除此之外，丽明科技公司发布了"V服车联"平台，在线上提供企业管理平台、企业管理App软件、车主App软件和微服务产品，线下提供车载终端、智能门闸和智能机器人，主要功能包括标识解析、智慧车联、社区、线上智能服务、线下智能服务五大子系统，实现了人、车、企业的场景化网络连接和信息分享。截至目前，"V服车联"平台已经在全国十几个地区试点运行，试点期间累计用户数量十分可观，服务车辆突破了6万辆，累计集客量也大量增加。汽车电子产业园行业云平台"薇智芸"2019年初发布上线。平台立足园区、面向行业，提供信息共享、资源配置和制造协同。一批制造企业依托自身行业和生产经验，开展平台建设并对外服务。中车长客平台自从高新区成立以来，大力发展供应链协同、异地协同设计和售后服务管理，目前，在这三个方面都取得了极大进展。为了降低采购成本，供应链管理平台不断完善，从车辆运行安全性、可靠性等角度针对车辆关键功能系统、部件建立故障监测、故障诊断模型，实现了状态监视、故障预测等运维决策，在企业与供应商之间建立起供应协同机制，这样一来，不仅打破了沟通壁垒，而且提高了供采双方响应速度，代替传统的电话或现场支持，提升可追溯性，降低高速列车在线运营故障对运营秩序的影响，每年可节约大量专家支持成本。售后服务管理平台结合大数据技术，为减少差旅费，异地设计平台按照"一套数据、一个标准、一个平台"的准则，投入大量成本，与总部开展协同设计，实现所有数据由总部统一管控，先后完成了上海、墨尔本、波士顿研发分中心的拓展，建立了用户与主机厂间快速应急指挥渠道。

第八节　吉林省产业发展体制机制不断完善

一、一窗受理、集成服务改革有序推进

随着吉林省"只跑一次"的相关改革不断深化，吉林省政务大厅"一窗受理、集成服务"的工作模式也在有序推进。前台一窗受理录入，其余的所有工作均通过互联网来完成，后台各部门间做到了高效合作，"只跑一次"的工作效率显著。《2020年度全省深化"一窗受理、集成服务"改革推进政务服务质量效率提升工作实施方案》由省政务服务和数字化建设管理局协作拟定，并组织了各项工作，以期在省内进一步推进"一窗受理、集成服务"的工作模式，有效改善和提高政务服务，节约人力物力。以"只进一扇门""一窗"分类受理和政务服务体系建设为目标，以综合性实体政务大厅规范化建设为保障，将通过多重手段优化营商环境，以提高企业和群众的办事效率，大大减少企业和群众跑大厅的次数。

长春市全方位促进一门办事、一窗受理、一套标准、一网通办、一章审批、一次跑动的改革，初步实现了各项目"一网通办""只进一门""只跑一次"的目标。吉林省积极推动"一窗受理、集成服务"改革。目前，省级和各地的"一窗"分类受理事项分别占省级政务服务事项总数的75.84%和各地政务服务事项总数的70%。2020年，吉林省净入资金位列全国第三，共计4110.4亿元。当年上半年，全省招商引资到位资金超过2000亿元，同比增长30%。全省生产总值、规模以上工业增加值、固定资产投资、外贸进出口、实际利用外资、地方级财政收入等指标增速位居东北地区之首。

二、政务服务无差别改革提高审批效率

2021年，《吉林省人民政府办公厅关于巩固提升全省政务服务规范化成果的实施意见》颁布，将全省政务服务规范化，全面提升了政务服务能力，推动了全省政务服务事项管理水平的提升，实现了吉林省网上办事大厅统一受理、统一记录、统一反馈。实施意见以条块结合的清单编制方式推行政府权责清单制度，根据法律法规立改废释情况以及国家简政放权和行政审批制度改革工作要求，实时动态调整权责清单。

第一，推动政府服务事项"一网通办"。全省各部门建立依申请办理的政务服务事项"一网通办"清单，清单所列事项网办深度均要达到国家要求的III级和IV级标准，同时将高频率政务服务事项网办深度标准提高到IV级标准。充分发挥实体政务大厅的"一网通办"自助服务区作用，引导更多事项实现网上提交。

第二，优化实体政务大厅"一站式服务"。全省实体政务大厅要实现政务服务事项"应进必进"，政务服务实现编制标准化工作规程和办事指南，线上线下同步发布、同步更新，推行一次告知、一表申请。拓展城区实体政务大厅和乡（镇、街道）、村（社区）便民服务中心（站点）服务功能，实行"一站式服务""一门式办理"。对全省政府大厅服务工作进行年度评价，评价结果纳入营商环境考评成绩。

第三，深化政务服务"一窗受理、集成服务"改革。全省各部门按照全流程审批系统，推行"前台综合受理、后台分类审批、综合窗口出件"工作模式，实现标准规范化的效果，同时积极推进企业在不动产登记、医保、社保、公积金、车驾管、户政、出入境、就业、民政等民生领域政务服务事项的集成协同办理。

第四，全面推行政务服务"好差评"制度。在全省各部门内推行政务服务评价"应评尽评"原则，建立健全吉林省政务服务"好差评"体系，对"差评"问题开展调查处理，及时予以回应，做到立行立改，并将政务服务"好差评"结果纳入"放管服"改革绩效考评体系，实现政务服务评

价的全覆盖。

三、企业营商环境不断优化

坚持优化企业开办环境，提高企业开办便利度。推进企业开办进入"1时代"。将企业登记、刻制公章、申领发票、企业单位参保登记、员工登记、住房公积金企业缴存登记等系列开办事务以一个环节集中到一天内完成，营业执照、印章、发票和税控设备等手续实现线下"一窗领取"，有效实行"一网通办"。实现企业开办"零成本"。2021年底前，根据申请人和员工的需求，企业刻制公章费用、数字证书Ukey的发放、员工社保登记费用、员工社保卡发放和营业执照、公章、发票的邮寄等均实现免费办理。推进企业"无纸化"经营。实现营业执照的"无纸化"，能够出示电子版营业执照的不用二次出示纸质版营业执照。同时实现电子营业执照跨地区、跨部门、跨层级使用。简化企业注销流程。全面促进税务、社保、商务、市场监管等流程的协作，让全省的注销工作简易化。

强化工程建设项目审批制度改革，提高办理建筑许可效率。明确工程建设项目审批的方式方法，增加全线上审批率。除续办和装修等个别情况，所有工程建设均要通过省系统进行网上审批，所有材料只需提供电子版。同时要改善现场他人领办代办服务体系，以全方面有效优化审批体系，提高工作效率，做到"多测合一、一次委托、综合测绘、成果共享"，达到全员省时省力的效果。注重社会小型低风险项目投资。施工许可、联合监督检查和竣工验收等工作要做到一站式办理和一次性开展，尤其低风险项目的相关审批工作尽量做到全线上完成，从立项到竣工的所有审批工作可在17日内完成，使工作人员和申请人的时间成本、精力成本和资金成本得到大大缩减。提高建筑质量。注重专业人员的能力水平，有效保证工期内建筑质量的提高。

完善采购体系，采购过程做到透明公开。做到政府采购信息的公开。采购信息主要包括采购流程、采购内容、采购金额、采购结果和采购合同等，采购信息的公开主要采用中国政府采购网地方分网发布公告的形式来进行，以做到采购过程公开、透明、官方。采用"网络+政府采购"。依托吉林省政府采购电子商城平台，2021年底前，建立全省范围内线上采购的完整体系，支持线上采购、签约合同和线上支付等功能，做到省内采购体系的统一完整。不断缩减交易成本。硬性规定保证金的收取和退还，允许供应商选择提交保证金的方法，投标保证金的收取截止日期和投标截止日期要求一致。关于保证金的退还时间、方式以及不退还的特殊情况要向供应商明确说明，避免出现任何歧义。确保公平竞争。制定《吉林省政府采购负面清单》以达到规范采购人采购行为的效果，避免出现采购过程的不公平性，以免有心之人从中谋利而损害他人利益。严格遵守政府的相关规定，采纳市场主体意见，对供应商的投诉要做到尽职尽责、有责必究，有效强化整个市场的采购公平性。全面改革招标投标领域，有效提高市场的透明度和开放度。严格遵守《中华人民共和国招标投标法》，按照国家招标公告、文件、需求、管理等要求规范招标途径和标准，做到公开公正。招标投标时严禁做出与国家法律法规相违背的事情，若发现违反法律法规的现象，要及时制止并做出相应惩罚措施，有效维护市场规则和环境。提高招标投标电子化水平。积极形成以电子化平台为主要形式的标准化、电子化和一体化的吉林省内公共资源交易平台，有效加速电子招投标统一身份认证、市场主体信息库和信用体系建设，并与工程建设线上项目审批达到统一，做到信息互通互联。加强招标投标全流程监管。有效发挥平台监管作用，对招标投标事中、事后可能发生的违规操作进行监管，发现问题及时解决。同时要改善和丰富问题反馈途径，公开监管信息，达到公众共同监管的目标。对于地区差异、所有制企业差异所面临的问题，要提出有针对性的解决策略。

坚持改善办电服务系统，提高服务水平，改善办电服务。办电项目也要努力做到线上无差别全方位服务，优化办电途径，让群众可线上办理报装、查询和缴费等业务，有效落实"1+N""网格化"等供电服务机制。

截至2021年，长春市小微企业达成"三零"服务的基础上，在其他7个市、州也实现了仅"申请受理""装表接电"2个办电环节就可成功办电的设想，整体办电时限明显缩短。此外，高压用户的办电环节也缩减至4个环节，其中高压单电源和高压双电源的办电时长也得到了缩减，分别在22日和32日内就可完成。

增强供电可靠性。将电网规划纳入市政规划，对于重大项目要保障其用电需求。积极建设稳定的基础供电设施，提升供电系统的智能化水平，避免出现停电现象。尤其对于偏远地区，更要保证供电系统的标准化、合格化，减少群众没有电的日子。缩减电力接入工程审批时间。低压、10千伏及以下高压电力工程接入审批时间分别缩减至5天和10天，低电压短距离的电力接入需依照明文件实行告知承诺、审批改备案或取消审批等方式。

坚持改善用水用气系统，提高服务质量。水气报装手续。用水报装过程已经缩减至2个环节，报装时间压至2天内便可完成，用气报装时间为5天，在很大程度上节约了时间成本。除设计、施工和道路占据等程序以外，其他程序应做到尽快申请、及时办理。改善报装程序。引入"提前介入、提前指导"服务，推行上门服务、技术咨询、现场答疑、确认条件等手段，有效帮助申请人了解报装流程，降低报装过程中错误出现的概率。在审批方面，通过容缺受理和并联审批来提升速度。其他办理流程尽量通过互联网来完成，可以在很大程度上节约人力物力。深入推行"三零"服务。对社会投资小型工程建设项目提供上门服务，不收取供水管线设计费用、施工费用、工本费、咨询费和手续费等费用，做到报装过程全免，有效提高服务质量，提高客户体验感。

强化不动产登记改革，提高办事效率。深化便民利企方案。登记时要做到在缩减流程和时间的前提下提高服务水平，缩短办理事项的整体时长，多方面提供便利。同时要注重各部门间的协同合作能力，努力将不动产登记向银行金融机构转型。支持网上查询服务。支持线上查询不动产登记信息，让用户能够在线上及时了解自己的信息状态，以更好地发现问题并及时解决。

改善信贷方案，提高便捷度。改善信贷融资体系。续贷续保、担保增信、降低贷款利息等政策要持续推广，面对一些特殊情况，要做到精准有效扶持，不断改善供应链融资，形成完整统一的信贷渠道，创建一个群众敢贷的信贷环境。2021年，"通用型系统对接接口"做到网上成功运用，实现吉林农信系统与应收账款融资服务平台的完美衔接。有效改善企业金融信用信息服务体系。对金融市场信息的掌握要做到全面细致，登记注册、行政许可与处罚、失信人、融资需求、金融供给、纳税、社保、水电煤气、仓储物流等信息要进行统一整理。努力创建健康良好的省内信用信息数据交换平台，利用平台形成良好的信贷环境，提高可靠性，为企业和金融机构之间搭建桥梁。持续推行动产抵押登记工作。当出现债权问题时，可用动产当作抵押来解决问题，保护合法权益。有效利用动产融资统一登记公告方式，全力开展动产抵押登记工作，以更好地推行登记、变更、查询、注销等服务。不断缩减企业融资成本。在信贷融资方面，要杜绝一切不合理的规定和部分收费情况。对于信用度良好的企业，在其真正遇到困难时一定要帮其稳贷、续贷，不盲目抽贷、压贷，以更好地帮助其解决困难。同时要深度启动政银风险分担机制、无偿应急还贷服务，帮助有困难的企业渡过难关。

倡导企业合法经营，注重小投资者享受正当利益。注重中小股东享受正当利益。根据相关法律文件，一定要保护中小股东在企业项目中的知情权、监督权、决策权、收益权，正视中小股东的权益，避免中小股东没有实权的现象发生。高效处理中小股东关于公司决议效力、利润分配权、优先购买权、股东代表诉讼等司法案件，通过法律来保护中小股东的正当权益。丰富多元解纷和诉讼服务体系。深入推广证券期货纠纷多元化解方案，正视资本市场关于投资者纠纷等相关问题。全面改善金融审判专业化体系、证券期货纠纷诉调对接机制以及开展金融审判执行机制改革探索。正确引导投资者投资，宣传投资方面的法律知识，提高诉讼的服务质量，保障投资者的正当权益。

强化知识产权的开发、保障和应用，有效刺激创新。强化知识产权的培育支持度。企业要做好相关知识产权的培训宣传和布局，首先审查节能环保、信息技术、生物、高端装备制造、新能源等领域。加强专利权质押融资补贴，引导鼓励企业通过知识产权去做质押融资，进一步丰富相关领域，节约融资成本，同时可对一些费用进行全部或部分补贴。快速促进国家级知识产权保护中心发展。主要促进中国（吉林）、中国（长春）知识产权保护中心发展，两个保护中心与高端装备制造、生物、新一代信息技术等领域相补，与国家事权相接。减少专利授权时间，注重专利保障，有效促进成果转化，形成快速审查、确权和维权的"一站式"解决问题的体系。

改善政务服务质量和企业群众体验。有效促进政务服务统一化。制定和公布政务事务及办理导引，使相同的政务事务在不同地区的基本编码、名称、类型、设定依据、申请材料等要素相同，在办理事务时还要做到无区别对待，使得整个办理过程做到从上到下、从里到外的标准化。全省一体化政务服务平台功能。大力支持"不见面"办事。"不见面"办事主要是通过网上办理事项，主要依靠省级统建、全省共用的方式，通过全省一体化政务服务平台达到"一网通办"的目标。除个别关于国家机密不能外泄和有明文规定之外的其他所有事项的相关信息都要录入平台，同时要不断更新"吉事办"，使其为群众提供更多便利。有效改善政务服务工作支撑体系。不断丰富各部门、各层级政务大厅的服务事项，全面推动"一站式"服务体系，达成只跑一次、只跑一窗、及时办理、降低办事成本的利民利企目标。根据问题持续更新和改善全省12345政务服务热线，做到有问题及时反馈、及时解决。尽快完成数据共享、支持电子营业执照等目标，同时要支持电子盖章，节约资料和人力成本。全力推动"跨省通办"事项，解决人们身处他乡难以办理事项的困扰，创建并推广政策推送数字化平台，达到精准解决困难的目的。

强化市场监管，营造安全、有序的市场氛围。明确执法检查活动。大力推行省内范围的行政检查备案，有效利用备案智能综合管理系统对相关群体进行审查以判断其是否拥有相关资格。检查的同时，核对并补充被检查对象信息，形成良好的"事前报备、手机亮证、扫码迎检、事后评价"一系列行政检查流程，从根源上防止无从验证的现象发生。着重养成行政执法的良好风气，做到行政执法的公开透明、公平公正和可靠可信。丰富监管途径和方法。不断更新和推广"双随机、一公开"监管，信用监管，"互联网+"监管，以及跨部门协同监管等监督管理方式，减少人力干扰，缩减自由裁量空间。全面改善"1+50"监管体系，关于群众人身安全的事宜要做到全周期、全链条、全方位的高效监督和管理。全面落实包容审慎监管执法"四张清单"。对于执法清单要做到内容公布、备案实行、加强管理和创办全方位监督管理方案四个方面，将执行成果纳入季度考核和年度考核，可在很大程度上提高监督管理执法的质量。面对"四新经济"实体，要求不超过安全范围，合理创建观察期、过渡期和保护期，防止其非法经营。深化司法保护。对于有过轻微违法犯罪记录的民营企业及经营者，可依法给予免责免罚处置；犯轻微罪的符合相关条件的企业负责人也可从轻或不给予处罚。此外，还要注意谨慎使用强制性措施或依法从宽执行刑罚措施。全面促进立案、侦查、起诉、审判、刑罚执行等系列案件诉讼的全流程无缝衔接。

改善破产情况的办理速度和质量，全面优化资源配置。严格要求破产审判的专业化能力。积极鼓励和支持省内各政府成立破产审判合议庭或集中相关领域人才形成强大的破产审议队伍，并有效利用合议庭或破产审议队伍制定破产管理人名单。同时不断更新和丰富破产审议的方案和途径，采用多种方法激励破产审议人员养成更高水平的职业素养，吸引能力较强的人才加入破产审议人员队伍。缩短破产办理期限。简化破产审议流程，减少破产案件的办理环节，避免不必要的手续和资料需求。对于清晰明了的、简单的破产案件，处理时要做到应快尽快，适当开启绿色通道，案件办理尽量在6个月内完成，高效帮助破产企业渡过难关、重归正道。强化破产案件处理速度。对于破产企业的物品，可通过网络交易的形式进行拍卖，做好物品拍卖前宣传、拍卖时公开、拍卖后整理的相关工作，帮助破产公司解决资金严重匮乏和物品闲置的问题。丰富破产企业物品的处理方式，不断改善破产案件的处理机制，确保破产企业的资金保障到位，推动政府和法院协同合作，帮助破产企业脱离产权瑕疵、职工安置、税收政策、逃废债等问题出现时的困境。

全方位实现纳税服务机制，不断完善税收体系。压缩纳税期限。持续促进财产行为税一体化纳税申报，以及城市维护建设税与增值税、消费税的合并申报的全面推广，支持"一网办税"，采取合并申报、网上办理、系统整合等方法来缩减企业纳税办理时限，可缩减至原本时间的90%。全面支持电子税务局体系，截至2021年底，使得90%的税务事项能够通过互联网成功办理。2022年底，纳税人的年总纳税时间低至100小时以内。减轻税费负担。持续推进国家关于减税降费的惠民利民政策，不断完善税收的优惠体系，使税收办理流程简单化，并对相关有利于群众的政策进行大力宣传和指引，强化税收优惠清单式管理，让交税群众能够享受应有的福利和权利。规范报税后环节。积极推广增值税增量留抵退税方案，依法保障所有符合相关条件的纳税人增量留抵退税权利。根据国家税务总局规定，对制造行业要提供更优惠的增值税留抵退税政策。全力支持通过互联网进行退税，减少纸质版退税材料的使用，提高电子使用率，缩减办税的时间和财力成本。同时要与各大银行协作加快退税流程，较少退税环节。

深度改善跨境贸易降费提速方案，简化跨境贸易流程。改善口岸通关环节。以多方位的角度持续改善海关全国通关一体化体系，有效利用市场监管、商务等部门数据对收发货人的信息进行统一整理。实现全程监管"选、查、处"分离，提升"双随机"的监督管理水平。"提前申报""两步申报"是使跨境贸易通关简单化的主要操作方案，应得到大力推广和支持，实现落地实施。通过人工智能、大数据、5G等高端科技支持智能通关，保障关税、保险等多方面税收担保制度的大力改善。统一并缩减口岸收费。积极向群众明确口岸收费清单及其标准，深度强化动态调整，不得以任何理由收取清单以外的任何费用。加强口岸的监督管理，若发现任何违规收费操作，须依法及时制止并处罚，降低口岸的环节合规成本。全面改善进出口单证办理程序。推动国际贸易"单一窗口"的使用，使其不断从口岸通关执法向口岸物流、贸易服务等方向发展和改革，形成"一站式"的贸易服务体系。大力支持和推广以电子的形式完成口岸事项，促进口岸通关与运输国际合作。不断优化监督管理进出口环节的相关证件，改善其办理流程，有效缩短整体通关时间。

强化办理就业服务和劳动关系能力，改善劳动力市场环境。不断改善就业服务体系。优化"一网通办"就业服务体系，不断完善就业参保办理程序，注重多部门在服务与数据方面的共享和协作。深化保障失业人群的就业率，明确就业人群的需求，做到精准帮扶。多方位指引招聘单位的招聘流程，坚持落实职业技能提高行动和农民工向农技工转型政策，尽全力保障符合条件的所有用人单位和待就业人群共同享有就业平台服务。强化劳动用工法治管理。根据"谁执法谁普法"普法责任制内容，坚持向群众普及劳动用工的相关法律法规，激励招聘单位养成依法用工和工人形成依靠法律维护自身权益的自觉意识。积极落实"和谐同行"三年行动规划，有效利用评价手段，加速创建良好的劳动环境。提高劳动争议的处置效率。创办预警防控体系，深化各部门间在工作和信息上的互通有无，注重检测重点产业、行业和企业裁员的风险隐患。对初次违规、非自愿、处于临时困境的企业要提供机会，采取柔和的手段进行书面警告。面对纠纷问题时，要从多方面考虑，采取多样式的手段去处理问题，尽量将矛盾化解在基层，提升劳动纠纷的处理质量和速度。

第三章

吉林省产业转型升级水平测度

第一节　吉林省产业转型升级动力及其测度模型

　　转型升级是现代产业体系内部重新配置资源要素的过程，在此过程中，既包含行业结构、技术结构和产品结构的改善，也包括粗放型发展方式向集约型发展方式的转变，无论是结构的改善还是发展方式的转变，可以确定的是产业转型升级包含很多方面的内容，而且是相对复杂、具有多种表现形式的过程，这也给转型升级水平测度带来了难度。但无论是结构的改善还是发展方式的转变，最终的表现都是技术进步的提高。资本、劳动力和技术进步对经济增长起着不同的作用，而技术进步已成为产业发展的不竭动力。

　　按照索洛（Solow）增长速度方程计量的实际上是一个广义的技术进步贡献率。因为它是按倒减法算出的"余值"，即技术进步是总产出增长减去资本和劳动投入贡献后的余留部分，包括了组织管理、规模经营、资源配置、制度、知识积累等因素对技术进步的渗透作用。本书讲的技术进步是在规模报酬不变和希克斯中性技术条件下除要素投入增加引起的产出增长外的"剩余变量",是广义的技术进步,称为全要素生产率增长率（TFP）。借鉴毛蕴诗（2009）、范志伟（2011）和王志华（2012）的观点,本文采用索洛（Solow）余值法来测算全要素生产率,即表征工业转型升级过程的最终结果。工业转型升级的动态过程表现为技术进步的增强。因此,本文选择采用全要素生产率增长率提升来衡量工业转型升级动力的最终表现。

一、测度模型构建

本章采用索洛（Solow）余值法测度工业转型升级,其模型中涉及投入和产出量的确定,根据柯布道格拉斯生产函数,本文采用工业总产值为产出量、资本和劳动力分别为投入量。其生产函数具体为

$$Y_{it}=A_i K_{it}^{\alpha} L_{it}^{\beta} \tag{3.1}$$

（3.1）式中:Y代表工业产出量,K和L分别代表资本投入和劳动量投入,i代表各个省份（自治区、直辖市）,t代表时间,A代表全要素生产率。方程两边取对数得到（3.2）式。

$$Ln Y_{it}=Ln A_i+ \alpha Ln K_{it}+ \beta Ln L_{it} \tag{3.2}$$

通过对（3.2）式模型的估计,得到参数α和β的估计值,将估计值代入（3.1）式得到全要素生产率$TFP_{it}=Y_{it}/(K_{it}^{\alpha}*L_{it}^{\beta})$。通过工业全要素生产率增长率来衡量工业转型升级水平$TFPG_{it}=(TFP_{it}/TFP_{it-1})-1$。利用工业产出、资本和劳动投入来测度工业全要素生产率增长率,数据中既有时间序列数据,也会涉及截面数据,所以本章采用面板数据模型分析测度工业转型升级水平。

二、面板数据模型简介

面板数据模型（Panel Data）体现时间序列上多个截面数据,或者能体现截面数据上的时间序列数据,即面板数据模型采用时间序列数据和截面数据二维混合数据,特点是数据样本量大,能充分体现个体的特点。在应

用面板数据模型进行回归前，需要对相关数据进行平稳性检验，目的在于确保估计结果的稳健和有效，避免虚假回归出现。其中，虚假回归也称为伪回归，是指某些非平稳的时间序列有时会表现出共同的变化趋势，这些时间序列不一定存在直接关联，但表现为R平方较高，使得估计出的结果没有实际意义。因此，进行平稳性检验实际上就是为了在时间序列中剔除时间趋势和不变的均值后，使余下的序列作为白噪声序列，即同方差、零均值。在面板数据平稳性检验的研究中，Levin and Lin（1993）是较早建立面板单位根检验的，但后来经过改进，Imetal（1997）提出了检验面板单位根检验的IPS法、Levin et al（2002）提出了检验面板单位根的LLC方法、Breitung（2000）提出了面板单位根检验的Breitung法、Maddala and Wu（1999）又提出了ADF-Fisher和PP-Fisher面板单位根检验方法。在进行面板数据的平稳性检验时，常用的方法是进行面板单位根检验。单位根检验一般先从水平序列开始，如果水平序列平稳，表述为I（0）；如果不平稳，则对该序列进行一阶差分，如果一阶差分平稳，称为I（1），以此类推。

对面板数据进行单位根检验时，如果结果发现变量之间是同阶单整的关系，就可以协整检验，即两个或两个以上的多变量序列非平稳，但在线性组合后序列平稳，那么这些变量序列就具有协整关系，其考察的是变量间的长期均衡关系是否存在。近年来，关于协整检验的研究引起了广泛关注，其中有代表性的Kao（1999）、Kao和Chiang（2000）提出的ADF检验面板协整，原假设为没有协作关系，利用静态面板回归的残差来构建统计量。

第二节　吉林省产业转型升级动力状况评价

一、变量及其数据的来源

通过（3.1）式测度工业转型升级水平，需要确定模型中的投入量和产出量，其需要用真实的价值量来进行估算。

产出量：采用工业总产值作为生产函数中的工业产出量Y，而工业总产值是用当年价格来表示的，由于存在价格因素，导致工业总产值不能准确反映产出的真实价值量，因此要消除价格因素，以真实反映产出的实际价值增长情况，并使其在不同年份之间具有可比性。本章以2000年为基期，采用工业品出厂价格指数，对2000年至2020年工业总产值进行平减，得到真实性的具有可比性的工业产出量。

资本存量：对于资本存量的估算，本文参考了张军（2004）的研究成果，并采用国际上常用的永续盘存法［戈登·史密斯（Gold Smith）］，基本思想是当年的资本存量等于上一年的折旧后的资本存量与新增资本之和，具体公式如下：

$$K_t=（1-\theta *K_{(t-1)}+I_t）\tag{3.3}$$

（3.3）式中：K_t代表第t年的资本存量，θ代表折旧率，K_{t-1}代表第$t-1$年的资本存量，I_t代表第t年的新增资本数额。在上式中涉及三个变量，即基期的资本存量、折旧率和新增资本额。对于资本存量的估算一般采用资本形成，而《中国工业年鉴》等公开资料中没有资本形成额数据，鉴于工业行业的特殊性，本文采用陈诗一（2005）的方法来估算工业资本存量。采用基期2000年固定资本净值作为资本初始值，θ等于第t年折旧与第$t-1$年固定资本原值的商，第t年折旧等于第t年累计折旧减去第$t-1$年累计折旧的差，累计折旧是固定资产原值与固定资本净值之差。第 t 年的新增固定资本等于第 t 年的固定资产原值与第 $t-1$ 年固定资产原值之差与固定资产价格投资指数的商。

劳动力存量：对于劳动力存量的估算一般分为劳动力时间和劳动力人员数的方法，考虑到数据可获得性，本章采用从业人员数来衡量劳动力。采用2000年至2020年的工业从业人数来代表劳动力投入水平。上述的样本数据来源于《中国工业统计年鉴》和《中国统计年鉴》，并经过整理计算而得到模型中的投入量和产出量。变量的描述性统计值如表3-1所示。

表3-1　变量的描述性统计值

变量	均值	标准差	最大值	最小值
Y_{it}	11855.39	19152.52	118143.4	16.43000
LnY_{it}	8.313895	1.662245	11.67965	2.799109
K_{it}	5015.442	6010.030	40642.25	48.83000
LnK_{it}	7.866489	1.278192	10.61256	3.888345
L_{it}	225.3254	288.4099	1568.000	1.620000
LnL_{it}	4.677052	1.395830	7.357556	0.482426

二、面板数据单位根检验

为了避免伪回归，需要对面板数据进行平稳性检验，采用LLC、IPS、ADF和PP四种统计量进行单位根检验。LnY_{it}、LnK_{it} 和 LnL_{it} 的 LLC、IPS、ADF和PP四种统计量的 P 值都大于5%，接受存在单位根的原假设。对 LnY_{it}、LnK_{it} 和 LnL_{it} 进行一阶差分后，结果显示 $D（LnY_{it}）$、$D（LnK_{it}）$ 和 $D（LnL_{it}）$ 的LLC、IPS、ADF和PP四种统计量的 P 值都小于5%，拒绝原假设，没有单位根，即一阶差分后平稳。

表3-2　面板数据的单位根检验

变量	LLC	IPS	ADF	PP
LnY_{it}	-4.3848 （0.1500）	2.9276 （0.9983）	42.7701 （0.8645）	52.5755 （0.5295）
$D(LnY_{it})$	-11.3566*** （0.0000）	-8.5421*** （0.0000）	171.1850*** （0.0000）	182.7323*** （0.0000）
LnK_{it}	3.94983 （1.0000）	9.93104 （1.0000）	10.9194 （1.0000）	7.8223 （1.0000）
$D(LnK_{it})$	-13.8214*** （0.0000）	-9.99216*** （0.0000）	192.9110*** （0.0000）	206.397*** （0.0000）
LnL_{it}	0.42515 （0.6646）	3.69941 （0.9999）	38.8957 （0.9395）	50.7448 （0.6007）
$D(LnL_{it})$	-17.0522*** （0.0000）	-12.5080*** （0.0000）	236.048** （0.0000）	256.296** （0.0000）

注：表中第一行数据为检验统计量，括号中P值；***、**和*分别表示在1%、5%和10%水平上显著。

三、模型的估计与检验

通过对LnY与LnK的散点图和LnY与LnL的散点图分析，可以看出31个省份（自治区、直辖市）的资本和劳动分别对产出的弹性存在共性，面板数据回归模型是不变系数模型，但混合模型还是固定效应模型，需用F统计量检验。原假设混合回归模型，模型中不存在个体的截距相同；备择假设个体固定效应回归模型，模型中不同个体的截距项不同。F统计量定义为F=（SSEr-SSEu）*（NT-N-K）/SSEu*（N-1），其中，SSEr表示混合回归模型残差平方和，SSEu表示个体固定效应模型残差平方和，经计算，F统计量值为67.28>F0.05（30，495）=1.85，拒绝原假设，建立个体固定效应回归模型更合理。

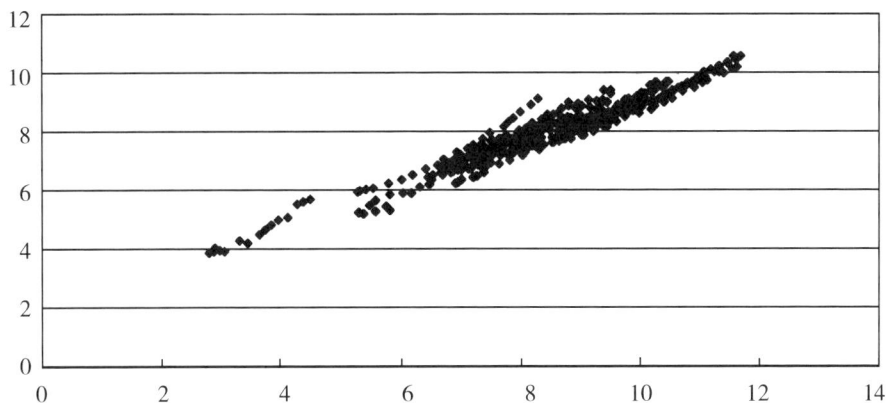

图3-1 *LnY*与*LnK*的散点图（*LnY*为横轴，*LnK*为纵轴）

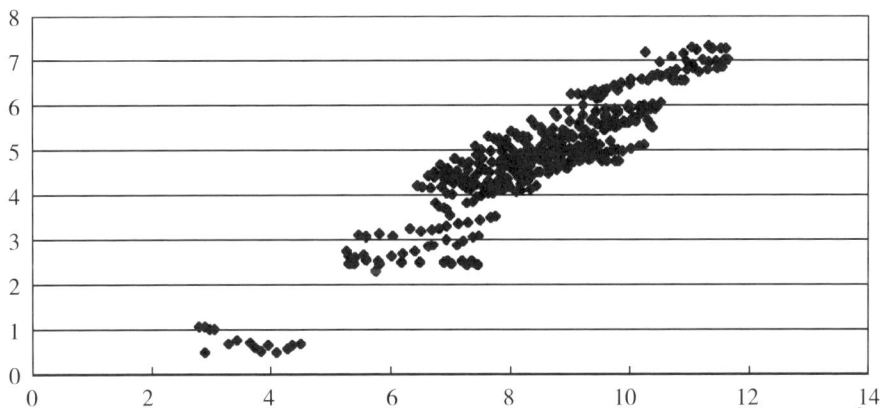

图3-2 *LnY*与*LnL*的散点图（*LnY*为横轴，*LnL*为纵轴）

$$LnY_{it}=C_i+\alpha LnK_{it}+\beta LnL_{it}+\varepsilon_{it} \tag{3.4}$$

式中：i代表省份（自治区、直辖市），t代表时间，Y代表工业产出量，K代表资本投入，L代表劳动力投入，采用省际面板数据模型对上式进行估计。对于测度工业转型升级的面板数据模型是采用固定效应模型还是随机效应模型，本章采用Hausman检验进行确定。首先对面板数据模型建立随机效应模型，得出Hausman统计量的值9.793580，对应的P值为

0.0075，表明检验结果拒绝了随机效应面板数据模型的原假设，应采用个体固定效应面板数据模型进行工业转型升级的测度。通过Hausman的检验，并采用固定效应模型，回归估计结果见表3-3。

表3-3 测度模型回归结果

	C	LnK	LnL	A2	F检验	P
系数	−1.6712	0.8200	0.3810	0.9532	4320.57	0.0001
T值	−10.72	60.65	17.18			

注：因变量Lny。

通过单位根检验后，为了分析LnY_{it}、LnK_{it}和LnL_{it}之间的关系，进行面板数据协整检验。通过（3.4）式模型估计结果，得到残差序列，并经过ADF检验，其绝对值大于临界值，拒绝原假设，P值小于0.05，表明LnY_{it}、LnK_{it}和LnL_{it}变量之间存在长期稳定的均衡关系。

表3-4 残差序列单位根检验

	检验统计量	P值
LLC	−3.6559	0.0001
IPS	−1.4344	0.0457
ADF	81.8596	0.0464
PP	96.1079	0.0036

四、测度结果分析

通过水平计算法可得2001年至2020年y、k、l的数值分别为0.161、0.211、0.006，即产出、资本和劳动力的年均增长率分别为16.1%、21.1%、6%。通过以上分析并且依照$a=y-\alpha k-\beta l$公式，可得出综合技术进步年均增长率为9.28%，E_K、E_A、E_L数值分别为0.40、0.574、0.026，即资本贡献率、综合技术进步贡献率、劳动贡献率分别为40%、57.4%、2.6%。

α、β分别为投资和劳动力对产出的弹性，通过以上计算结果可知，α、β的数值分别为0.3028、0.6972，表明2001年至2020年吉林省投资增加1%，产出增加0.3028个百分点；劳动力增加1%，产出增加0.6972个百分点。通过水平法测算，y和k的数值分别为0.161、0.211，表明资本年均增长率高于产出增长率5个百分点，体现出资本推动经济增长的特征。劳动力年均增长率仅为6%，表明从业人数增长缓慢。各要素对经济增长的贡献大小顺序依次为：综合技术进步率、资本贡献率、劳动贡献率。相对于资本和综合技术进步率，从业人员数量对经济增长的贡献很小。

通过对2001年至2020年吉林省经济增长要素贡献进行深入分析，分别就资本、劳动和综合技术进步贡献进行了测度。但是为探究吉林省经济发展过程中要素贡献方面的问题，按照五年规划经济发展的不同时期，把吉林省经济发展分为"十一五"时期、"十二五"时期、"十三五"时期三个阶段，就各个阶段考量综合技术进步要素的贡献。

发达国家的经验是经济发展进程中全要素贡献率整体上是逐步提高的，但从表3-5中可知吉林省经济发展过程中技术进步贡献率并没有稳步提高。2001—2020年，E_K高达92.3%和84.6%，表明资本拉动经济增长明显，而经济的持续、稳定增长需要科学技术的进步。

表3-5 经济发展不同阶段产出、要素投入增长和贡献份额（%）

时期	年份	增长率				贡献率		
		产出	资本	劳动	技术	资本	劳动	技术
"十一五"	2006—2010	21.1	11.5	1.9	18.5	16.4	6.7	76.9
"十二五"	2011—2015	13.0	22.9	-1.3	6.2	92.3	-4.0	11.7
"十三五"	2016—2020	14.3	29.9	1.0	1.6	84.6	4.1	11.3

第三节 吉林省产业转型升级效率及其测度模型

一、投入产出效率及其测度模型

转型升级效率，即投入产出的比例。通常使用生产效率指标来分析效率的变化，生产效率测算的方法中，非参数方法应用得比较普遍。非参数方法是一种数据包络分析方法（DEA），它无须设定生产函数，对不同的决策单元（Decision Making Unit，DMU）进行相对效率评价，可以了解经济发展的效果。因此我们采用数据包络分析方法（DEA）对经济效率进行测度。Charnes、Cooper和Rhodes（1978）在Farrell（1957）的研究基础上，利用线性规划技术使得DEA得到了进一步的发展并最终形成基本框架。DEA是在投入产出基本假设框架内，对一系列决策的单元进行投入产出分析，通过线性规划技术确定生产的有效边界，然后比较各个决策单元与生产的有效边界距离，进而判断各个决策单元是否有效率。

假设有决策单元N个、投入要素K种、产出M种，第i个决策单元的投入和产出组合为xi和yi：

$X_i = (x_{1i}, x_{2i}, \cdots x_{ki})$，$Y_i = (y_{1i}, y_{2i}, \cdots y_{mi})$ $i=1, 2, \cdots N$

假设规模报酬不变，通过求解线性规划问题可以得出每一个决策单元的所有产出与所有投入的加权比例：

Max$U$（μyi/νxi）

$s.t. \mu yj / \nu x_j \leqslant 1$，$j=1, 2, \cdots N$；$\mu$，$\nu \geqslant 0$ （3.5）

以上μ为M×1维产出权重向量、ν为K×1维投入权重向量，增加约束条件可以避免无穷多解，那么这一问题将转化为等价的包络公式：

minλ θ

s.t.$-y_i+Y\lambda \geq 0$，$\theta c_i-X\lambda \geq 0$，$\lambda \geq 0$ （3.6）

以上λ是$N\times 1$维常数向量，X是$K\times N$维投入矩阵，Y是$M\times N$维产出矩阵。假定$0<\theta<1$为不变规模报酬下的技术效率（TECRS），如果其值等于1，表明该决策单元技术具有效率；如果小于1，则表明该决策单元技术没有效率。

Banker、Charnes和Cooper（1984）放松假设，将DEA的分析技术发展到可变规模报酬的情况，而且将技术效率分解为可变技术效率（TEVRS）和规模效率（SE）。为得到规模报酬可变条件下的技术效率，在（3.6）式的基础上加入一个凸性约束，这样可以排除规模效率对其的影响，那么就得到：

min λ θ

s.t.$-y_i+Y\lambda \geq 0$，$\theta c_i-X\lambda \geq 0$，$N1'\lambda =1$，$\lambda \geq 0$ （3.7）

以上N1是$N\times 1$维单位向量，施加约束条件$N1'\lambda=1$，能满足规模报酬可变的假定。通过（3.6）式和（3.7）式，我们就可以得到技术效率和可变规模条件下的技术效率，而规模效率是两者的比值，其公式表示为：

SE=TECRS/TEVRS （3.8）

因为TECRS$\geq$TEVRS，所以SE$\leq$1。如果SE=1，表明该决策单元有规模效率；如果SE$\leq$1，则表明无规模效率。

二、数据来源

运用数据包络方法分析经济发展效果问题时，首先需确定决策单元的投入变量和产出变量。制造业作为生产部门，其生产效率特征明显，因此本文以制造业为例，来分析吉林省产业投入产出的变化情况。将吉林省制造业大类下的29个行业作为不同的决策单元，以不同行业的总产值为产出变量，以固定资产净值、流动资产和从业人员年平均人数作为投入变量，来分析制造业的生产效率，并将其进一步分解为可变规模报酬条件下的技术效率和规模效率。多投入和单产出变量数据来源于《2012年吉林统计年鉴》和《2020年吉林统计年鉴》。鉴于制造业各个行业内技术水平差异较大，本书按照经合组织（OECD）对制造业各行业技术水平的分类标准，将

29个行业分为低等技术水平行业（11个）、中等技术水平行业（13个）和高等技术水平行业（4个），其他制造业没有做划分。

第四节　吉林省产业转型升级效率状况评价

一、效率测度结果

通过测度分析，吉林省制造业生产效率有以下几个特点：

1.整体上看，2011—2020年，吉林省制造业综合生产效率有所上升，其中技术效率上升，而规模效率出现了下降。综合效率从0.472上升到0.584，表明吉林省制造业资源配置效率不算高，还有进一步上升的空间；技术效率从0.530上升到0.690；规模效率从0.921下降到0.856。

2.在吉林老工业基地制造业低等技术水平行业、中等技术水平行业和高等技术水平行业综合效率都有提高，但规模效率都出现了下降。2011年低等技术水平行业规模效率为0.919，2020年低等技术水平行业规模效率下降到0.792；2011年中等技术水平行业规模效率为0.914，2020年中等技术水平行业规模效率下降到0.876；2011年高等技术水平行业为0.949，2020年高等技术水平行业下降到0.926，表明吉林省制造业规模效率有待进一步提升。

3.2011—2020年，在吉林老工业基地主要产业中，交通运输设备制造业中汽车制造业、石油加工制造业和轨道交通设备制造业综合效率一直较高，农副食品加工业、化学原料及化学制品制造业综合技术效率分别从0.778、0.539提高到0.891、0.760，食品制造业从0.610下降到0.553，而医药制造业、化学纤维制造业综合技术效率变化不大。

4.从2020年投入产出效率来看，食品制造业技术效率为0.582，规模效率为0.950，规模报酬递减，资产效率冗余714861.322，从业人员冗余9896.427，也就是说，第一个投入要素可以减少714861.322，第二个投入要素可以减少9896.427。饮料制造业、纺织业、化学原料及化学制品制造业也都出现了投入要素冗余。

5.2020年，皮革、毛皮、羽毛及其制造业技术效率为0.684，规模效率0.641，规模报酬增加，出现了产出不足，产出应该增加59320。

表3-6　2011年吉林省制造业生产效率

	行业名称	综合效率	技术效率	规模效率	规模特征
低等技术水平行业	烟草制品业	0.791	0.868	0.911	irs
	农副食品加工业	0.778	1.000	0.778	drs
	皮革、毛皮、羽毛及其制造业	0.686	1.000	0.686	irs
	纺织服装、鞋、帽制造业	0.534	0.550	0.971	irs
	食品制造业	0.610	0.617	0.988	irs
	造纸及纸制品业	0.193	0.212	0.909	irs
	纺织业	0.351	0.353	0.996	irs
	木材加工及竹藤等制品业	0.447	0.447	0.999	—
	饮料制造业	0.385	0.385	1.000	—
	家具制造业	0.436	0.465	0.938	irs
	印刷和记录媒介的复制业	0.352	0.375	0.938	irs
	低等技术水平行业平均	0.506	0.570	0.919	

续表

	行业名称	综合效率	技术效率	规模效率	规模特征
中等技术水平行业	文教体育用品制造业	0.451	1.000	0.451	irs
	金属制造业	0.236	0.243	0.969	irs
	普通设备制造业	0.291	0.294	0.992	irs
	交通运输设备制造业	1.000	1.000	1.000	—
	黑色金属冶炼及压延加工业	0.529	0.656	0.807	drs
	专用设备制造业	0.342	0.345	0.993	irs
	有色金属冶炼及压延加工业	0.481	0.485	0.992	irs
	塑料制品业	0.383	0.388	0.986	irs
	化学原料及化学制品制造业	0.539	0.591	0.911	drs
	橡胶制品业	0.324	0.352	0.921	irs
	非金属矿物制品业	0.275	0.302	0.908	drs
	石油加工、炼焦及核燃料加工业	1.000	1.000	1.000	—
	化学纤维制造业	0.341	0.354	0.961	irs
	中等技术水平行业平均	0.476	0.539	0.914	
高等技术行业	通信设备、计算机及其他电子设备制造业	0.240	0.276	0.869	irs
	电气机械及器材制造业	0.269	0.273	0.987	irs
	仪器仪表及文化、办公用品制造业	0.230	0.243	0.948	irs
	医药制造业	0.406	0.408	0.995	drs
	高等技术水平行业平均	0.286	0.300	0.949	
	全制造业平均	0.472	0.530	0.921	

注：irs、drs、—分别代表规模报酬递增、规模报酬递减、规模报酬不变。

表3-7 2020年吉林省制造业生产效率

	行业名称	综合效率	技术效率	规模效率	规模特征
低等技术水平行业	烟草制品业	1.000	1.000	1.000	—
	农副食品加工业	0.891	1.000	0.891	drs
	皮革、毛皮、羽毛及其制造业	0.439	0.684	0.641	irs
	纺织服装、服饰业	0.492	0.771	0.638	drs
	食品制造业	0.553	0.582	0.950	drs
	造纸及纸制品业	0.372	0.398	0.935	drs
	纺织业	0.419	0.665	0.630	drs
	木材加工及竹藤等制品业	0.512	0.875	0.585	drs
	饮料制造业	0.529	0.603	0.877	drs
	家具制造业	0.554	0.862	0.643	drs
	印刷和记录媒体的复制	0.304	0.331	0.920	irs
	低等技术水平行业平均	0.551	0.706	0.792	
中等技术水平行业	文教体育用品制造业	0.623	0.754	0.826	drs
	金属制品业	0.534	0.593	0.900	drs
	通用设备制造业	0.491	0.688	0.713	drs
	汽车制造业	0.901	1.000	0.901	drs
	铁路、船舶、航空航天和其他运输设备制造业	0.500	0.530	0.944	drs
	黑色金属冶炼及压延加工业	0.752	0.829	0.907	drs
	专用设备制造业	0.639	0.765	0.836	drs
	有色金属冶炼及压延加工业	0.540	0.557	0.968	drs
	化学原料及化学制品制造业	0.760	0.867	0.876	drs
	橡胶和塑料制品业	0.542	0.816	0.663	drs
	非金属矿物制品业	0.596	0.668	0.892	drs
	石油加工、炼焦及核燃料加工业	1.000	1.000	1.000	—
	化学纤维制造业	0.341	0.352	0.969	irs
	中等技术水平行业平均	0.632	0.724	0.876	
高等技术水平行业	通信设备、计算机及其他电子设备制造业	0.344	0.355	0.969	irs
	电气机械及器材制造业	0.566	0.638	0.887	drs
	仪器仪表制造业	0.343	0.351	0.977	irs
	医药制造业	0.407	0.467	0.872	drs
	高等技术水平行业平均	0.415	0.452	0.926	
	全制造业平均	0.584	0.690	0.856	

注：irs、drs、—分别代表规模报酬递增、规模报酬递减、规模报酬不变。

二、吉林省制造业智能化投入产出效率评价

制造业竞争不断加剧，智能化对制造业核心竞争力的作用越来越突出，关于制造业智能化发展的研究也越来越多，已有的研究成果对其发展水平的评价也比较少。本课题的制造业智能化发展水平评价侧重分析智能化发展要素的空间分布特征，对于要素的有效流动、增强区域智能化发展内生动力、化解产能过剩、推动制造业供给侧结构性改革具有重要的现实意义。

（一）评价指标体系的构建原则

制造业智能化发展指标体系的构建应遵循科学性、系统性、客观性、可操作性原则。智能化发展评价应客观、适用、有效，把握企业技术创新活动的本质，有的放矢，既要保证评价指标体系的全面性，又要考虑可行性原则。因此，制造业智能化发展评价指标体系的构建应遵循以下原则：

1.针对性原则

制造业智能化发展评价指标体系的构建首先应遵循制造业智能化发展的行业特征，选取的指标一定与智能化发展紧密相关，为评价服务，按照智能化构成要素构建评价模型，从而为科学有效评价奠定基础。

2.科学性原则

制造业智能化发展评价指标系统所选取的指标应科学简洁、客观准确、含义清晰、独立完整，摒弃主观随意性。在指标选取的过程中，应全面完整表达评价对象，突出关键变量，而且各指标之间协调统一、层次合理，整体上表达了技术创新能力。

3.可操作性原则

在科学确定评价指标体系中的指标以后，应考虑指标的客观可量化程度。在考虑制造业智能化发展的投入、产出等影响因素时，应选取可量化的指标，并获取公开、权威和相对客观的数据资料，以支持制造业智能化发展评价指标体系的定量评价。

4.可比性原则

在构建制造业智能化发展评价指标体系过程中，不仅要考虑行业自身

的特点，还应考虑行业的一般特征、技术创新能力的本质，在综合的层面上，使评价个体之间可相互比较。

（二）评价指标体系的内容及构成

综合已有研究成果，制造业智能化发展的内涵是指在智能经济技术条件下，生产要素将转化为具有经济价值的商品，在技术创新的过程中，生产要素的投入及新产品的产出是关键环节，而在投入和产出的连续环节就是新产品的转化，因此制造业智能化发展评价指标体系可以分为投入和产出两个方面。评价个体所处的环境千差万别，很难量化，但从生产要素角度来看具有可比性，因此制造业智能化发展评价指标体系可以分为投入和产出两个方面。

第一，智能化投入方面：该方面内容指制造业智能化投入强度，包括研发人员比重、智能化经费投入、生产设备数字化程度、物联网接入规模、智能软件拥有量5个具体指标。

第二，智能化产出方面：该方面内容指生产效率提升率、产品研制周期降低率、产品不良降低率、产品运营成本降低率、新产品比重5个指标。

表3-8 制造业智能化发展评价指标体系构成

制造业智能化发展指数	方面	表征的内容
	投入	研发人员比重X_1
		智能化经费投入X_2
		生产设备数字化程度X_3
		物联网接入规模X_4
		智能软件拥有量X_5
	产出能力	生产效率提升率X_6
		产品研制周期降低率X_7
		产品不良降低率X_8
		产品运营成本降低率X_9
		新产品比重X_{10}

（三）评价方法的选择

在制造业智能化发展指标体系评价方法中，专家和层次分析方法带有主观性，模糊和数理统计方法具有客观性，本文建立的制造业智能化发展评价指标体系共有10个具体指标，而且指标之间相关性较强，因此本文适合采用数理统计分析方法进行指标体系的评价。为使评价结果具有客观性，避免主观性因素，对指标进行了相关性分析，结果表明，诸多变量之间具有较强的相关性，而且相关系数较高，这就需要对众多变量进行高度概括和提炼，找出几个起支配作用的关键因子。而因子分析方法是运用多元线性统计方法，将多个相关变量转化为少数几个不相关的变量，使复杂的问题简单化，信息之间不重叠，因此本书研究的问题适合采用因子分析方法。

智能化发展水平评价指标体系共计10个具体指标，评价对象为31个省份（自治区、直辖市），这样构成了10*31的指标矩阵。样本数量来源于2014年和2020年的《中国统计年鉴》《中国科技统计年鉴》《中国工业科技活动统计年鉴》。由于各指标的量纲不同，不能进行相互比较和计算，在综合分析前，采用SPSS 16.0对31个省份（自治区、直辖市）制造业技术创新能力评价指标体系的原始数据进行标准化处理。然后进行因子分析，得到的KMO值为0.781，表明矩阵适合做因子分析。

（四）评价的实证分析

选取特征根的标准一般为大于1，而表中因子分析结果显示特征值大于1的特征根有3个，而且这3个特征根的方程贡献率达到76.525%，获取了原始信息的绝大部分，因此技术创新能力评价指标体系适合采用这3个特征根。第一个因子的方差贡献率达到了46.109%，第二个因子的方差贡献率达到了18.276%，而第三个因子的方差贡献率达到了12.140%。

表3-9 因子的特征值及贡献率

成分	初始特征值			旋转平方和载入		
	合计	方差的%	累积%	合计	方差的%	累积%
1	6.821	52.468	52.468	5.994	46.109	46.109
2	1.704	13.107	65.575	2.376	18.276	64.385
3	1.424	10.950	76.525	1.578	12.140	76.525
4	0.800	6.150	82.676			
5	0.653	5.026	87.702			
6	0.511	3.931	91.633			
7	0.383	2.945	94.578			
8	0.215	1.655	96.233			
9	0.116	0.891	99.371			
10	0.014	0.107	100.000			

表3-10 旋转后的因子载荷矩阵

	因子成分		
	1	2	3
研发人员比重X_1	0.868	0.223	0.160
智能研发经费投入X_2	0.903	0.248	−0.020
生产设备数字化程度X_3	0.399	0.751	0.109
物联网接入规模X_4	0.155	0.775	0.346
智能软件拥有量X_5	0.158	0.722	0.332
生产效率提升率X_6	−0.063	−0.115	0.840
产品研制周期降低率X_7	−0.195	0.075	0.796
产品不良降低率X_8	0.231	0.345	0.746
产品运营成本降低率X_9	0.116	0.120	0.867
新产品比重X_{10}	0.035	0.757	−0.421

1.因子旋转

从因子载荷矩阵的结果来看，第一个主成分因子与研发人员比重X_1、智能研发经费投入X_2的相关系数较高，都达到了0.7以上，这2个指标表明的是智能化投入方面的情况；生产设备数字化程度X_3、物联网接入规模X_4、智能软件拥有量X_5、新产品比重X_{10}与第二个因子相关系数较高，也都达到了0.7以上，这4个指标表明了智能化发展产出方面的内容；生产效率提升率X_6、产品研制周期降低率X_7、产品不良降低率X_8、产品运营成本降低率X_9与第三个因子相关系数较高，这两个指标表明了智能化效率方面的内容。

2.计算综合得分

根据因子等分矩阵，得到了因子的得分函数。通过SPSS进行因子分析，可以直接计算得到各个因子的得分，如将每个因子的方差贡献率作为权数进行加权平均，就可以得到制造业智能化发展水平的综合得分。具体见以下各式：

$$F_1=0.149X_1+0.158X_2-0.039X_3-0.104X_4-0.040X_5-$$
$$0.022X_6+0.169X_7+0.100X_8+0.167X_9-0.103X_{10}+0.153X_{11}+0.214X_{12}+0.108X_{13}$$
$$F_2=-0.030X_1-0.008X_2+0.345X_3+0.382X_4+0.115X_5-0.114X_6-0.075X_7+0.053X_8-$$
$$0.083X_9+0.446X_{10}-0.023X_{11}-0.200X_{12}+0.100X_{13}$$
$$F_3=0.062X_1-0.059X_2+0.005X_3+0.167X_4+0.381X_5+0.564X_6-$$
$$0.160X_7+0.104X_8+0.040X_9-0.333X_{10}+0.050X_{11}-0.095X_{12}+0.013X_{13}$$
$$E=0.6025F_1+0.2388F_2+0.1587F_3$$

表3-11　因子综合得分（2014年）

	因子F_1		因子F_2		因子F_3		综合得分E	
	得分	排名	得分	排名	得分	排名	得分	排名
北京	3.1950	1	0.8335	6	−0.3862	23	1.2052	1
天津	0.8064	6	2.4090	1	−0.2398	18	0.9050	3

续表

	因子 F_1		因子 F_2		因子 F_3		综合得分 E	
	得分	排名	得分	排名	得分	排名	得分	排名
河北	-1.0248	28	-0.3238	19	-0.2825	19	-0.5514	28
山西	0.0356	15	-1.0342	28	0.4429	5	-0.1412	19
内蒙古	-1.3958	31	0.1214	12	-0.1566	6	-0.4956	26
辽宁	-1.1725	29	0.7981	7	0.0329	13	-0.1514	20
吉林	-1.6951	30	1.9865	3	-0.3612	21	-0.0957	17
黑龙江	0.2550	13	-0.7885	25	-0.1421	14	-0.2023	21
上海	0.3463	11	2.1157	2	1.1411	3	1.1455	2
江苏	1.3008	3	-0.3138	18	-0.4858	24	0.1742	10
浙江	1.3247	2	-0.1024	14	-0.3110	20	0.3057	7
安徽	0.3316	12	-0.3119	17	0.2765	9	0.1159	11
福建	-0.1202	17	0.3081	10	-0.2236	17	-0.0412	14
江西	-0.5893	21	-0.3382	20	-0.5383	25	-0.5006	27
山东	-0.8698	25	0.9799	5	-0.8133	29	-0.3003	22
河南	-0.1767	19	-0.7669	24	-0.3728	22	-0.4257	24
湖北	0.5686	8	-0.1530	15	0.0708	12	0.1826	9
湖南	0.8316	5	0.3608	9	0.3522	7	0.5270	5
广东	0.6053	7	0.2726	11	-0.8282	30	-0.0174	13
广西	-0.8055	24	0.5197	8	0.3454	8	0.0249	12
海南	-0.0405	16	-1.3509	30	-0.7367	27	-0.6854	29
重庆	0.2507	14	1.2973	4	1.1237	4	0.8743	4
四川	-0.3233	19	-0.1617	16	0.2508	10	-0.0586	15
贵州	-0.7136	22	-0.0102	13	0.4155	6	-0.0797	16

续表

	因子F_1		因子F_2		因子F_3		综合得分E	
	得分	排名	得分	排名	得分	排名	得分	排名
云南	−0.7674	23	−0.8050	26	0.1904	11	−0.4386	25
西藏	1.1875	4	−1.2950	29	−0.9743	31	−0.3295	23
陕西	0.4154	9	−0.6580	23	−0.1513	15	−0.1055	18
甘肃	−0.1290	18	−1.5677	31	2.1099	1	0.2307	8
青海	−0.9810	26	−0.5618	21	−0.8132	28	−0.7918	31
宁夏	0.3577	10	−0.8699	27	1.6338	2	0.4485	6
新疆	−1.0078	27	−0.5899	22	−0.5691	26	−0.7276	30

表3-12 因子综合得分（2019年）

	因子F_1		因子F_2		因子F_3		综合得分E	
	得分	排名	得分	排名	得分	排名	得分	排名
北京	1.6707	3	1.6749	3	−0.0993	19	1.4418	2
天津	2.4900	1	−0.7083	26	0.7412	7	1.3032	3
河北	−0.5168	19	−0.4875	24	0.2782	12	−0.4046	20
山西	−0.7992	24	−0.0058	11	−0.0231	16	−0.4603	22
内蒙古	−1.1595	29	0.4349	6	1.0365	4	−0.3957	19
辽宁	−0.6304	20	−0.0168	12	1.0120	5	−0.2328	16
吉林	−0.8998	28	−0.4003	23	0.1849	13	−0.6089	28
黑龙江	−0.3196	16	−0.7858	27	−0.3902	24	−0.4686	23
上海	0.5196	8	3.9926	1	0.9029	6	1.6113	1
江苏	1.5501	5	−0.3009	21	−0.1687	21	0.7713	5
浙江	2.1424	2	−0.9196	28	−0.6610	26	0.8593	4

续表

	因子F_1		因子F_2		因子F_3		综合得分E	
	得分	排名	得分	排名	得分	排名	得分	排名
安徽	0.6725	6	−0.2698	17	−0.6671	27	0.2156	9
福建	0.2956	9	−0.0297	13	−0.1253	20	0.1433	11
江西	−0.8480	26	0.3676	8	0.4138	10	−0.3193	17
山东	−0.0603	14	−0.0056	10	1.6950	1	0.1843	10
河南	0.0480	13	−1.1652	30	−0.0788	18	−0.3324	18
湖北	0.0975	12	−0.1455	15	0.6570	8	0.0973	12
湖南	0.2833	10	0.3845	7	−0.2388	22	0.2458	8
广东	1.6399	4	−1.0953	29	0.5775	9	0.6812	6
广西	−0.7182	22	−0.3379	22	0.2904	11	−0.4730	24
海南	0.2582	11	−0.2864	18	0.0570	15	0.0686	13
重庆	0.5493	7	0.7486	4	0.0792	14	0.5480	7
四川	−0.4394	17	−0.2924	19	−0.5788	25	−0.4134	21
贵州	−0.6957	21	−0.1919	16	−1.9521	30	−0.7079	29
云南	−0.7235	23	−0.2952	20	−0.0365	17	−0.5057	26
西藏	−0.8578	27	−1.3763	31	−0.8148	28	−1.0078	31
陕西	−0.1629	15	−0.0927	14	−0.2394	23	−0.1518	15
甘肃	−0.8306	25	1.6851	2	−1.2443	29	−0.1297	14
青海	−1.2069	30	−0.6487	25	1.1079	3	−0.7385	30
宁夏	−0.4646	18	0.7211	5	−3.4899	31	−0.5022	25
新疆	−1.3203	31	0.0117	9	1.5846	2	−0.5431	27

（五）实证评价结果

1.吉林省制造业智能化投入水平有所提升。F_1表征的是智能化投入方面的表现。2014年，吉林省制造业智能化投入能力在全国排名第30，2019年，吉林省制造业在全国排名第28，5年间吉林省的排名上升两位，智能化投入能力有所提升。

2.吉林省制造业智能化发展效益大幅度提高。F_3表征的收益是制造业智能化发展的另一表现，即资源配置的表现。从表中因子分析结果来看，2014—2019年，吉林省制造业从排名第21上升到第13，可见对这方面的需求比较大。

| 第四章 |

吉林省产业转型升级的制约因素

第一节　科技创新能力有待提升

一、研发投入强度仍然较低

2020年，吉林省研究与实验发展（R&D）经费为159.5亿元，R&D经费投入强度为1.30%，低于全国平均水平1.1个百分点。从历年情况来看，吉林省R&D经费投入强度仍然处于较低的水平。2013—2020年，吉林省R&D经费投入强度均值为1.0%，而全国平均水平为2.2%，吉林省低于全国1.2个百分点。吉林省R&D经费投入强度最小值为0.76%，最大值为1.30%，而全国水平最小值为2.05%，最大值为2.40%。由此可见，吉林省R&D经费投入强度低位运行。此外，吉林省R&D经费投入强度与发达地区的差距仍然较大。从研究与试验发展（R&D）经费排名来看，全国前五名分别为广东、江苏、北京、浙江、山东，R&D经费分别为3479.9亿元、3005.9亿元、2326.6亿元、1859.9亿元、1681.9亿元。而吉林省R&D经费均值仅为135.3亿元。从R&D经费投入强度来看，全国前五名分别为北京、上海、天津、广东、江苏，R&D经费投入强度分别为6.44%、4.17%、3.44%、3.14%、2.93%。而吉林省R&D经费投入强度均值仅为1.0%。

表4-1　吉林省R&D经费投入强度

年份	吉林省		全国	
	R&D经费（亿元）	R&D经费投入强度（%）	R&D经费（亿元）	R&D经费投入强度（%）
2020	159.5	1.30	24393.1	2.40
2019	148.4	1.27	22143.6	2.23
2018	115.0	0.76	19677.9	2.19
2017	128.0	0.86	17606.1	2.13
2016	139.7	0.94	15676.7	2.11
2015	141.4	1.01	14169.9	2.07
2014	130.7	0.95	13015.6	2.05
2013	119.7	0.92	11846.6	2.08

二、科技创新人才相对不足

吉林省研究与实验发展（R&D）人员占全国比重处于较低的水平，尤其吉林省规上工业研究与实验发展（R&D）人员占全国比重更低。2019年，吉林省研究与实验发展（R&D）人员全时当量4.23万人年，占全国比重的0.88%，而吉林省GDP占全国比重约1.5%，区位熵为0.58，小于1，科技创新人才占比处于较低水平。从历年情况来看，吉林省研究与实验发展（R&D）人员全时当量占全国比重呈现明显的下降趋势，从2013年的1.26%下降到2019年的0.88%，下降了0.38个百分点，年均下降0.05个百分点。同时，R&D人员全时当量也下降明显，从2013年的4.46万人年下降到2019年的4.23万人年，年均下降0.03万人年。此外，规上工业R&D人员情况也不容乐观。2019年，吉林省规上工业R&D人员全时当量1.18万人年，占全国比重的0.37%，而吉林省规上工业营业收入占全国比重的1.31%，区位熵仅为0.28，远小于1。吉林省R&D人员全时当量占全国比重下降趋势也比较明显，从2013年的0.95%下降到2019年的0.37%，下降了0.58个百分点，年均下降0.08个百分点。同时，规上工业R&D人员全时当量也下降明显，从2013年的2.37万人年下降到2019年的1.18万人年，下降了1.19万人年，年均下降0.17万人年。

表4-2　2013—2019年吉林省R&D人员全时当量

年份	吉林省（万人年）	全国（万人年）	吉林省占全国比重（%）	吉林省工业（万人年）	全国工业（万人年）	吉林省占全国比重（%）
2019	4.23	480.1	0.88	1.18	315.18	0.37
2018	3.63	438.1	0.83	1.11	298.12	0.37
2017	4.55	403.4	1.13	2.10	273.62	0.77
2016	4.82	387.8	1.24	2.34	270.24	0.87
2015	4.93	375.9	1.31	2.32	263.83	0.88
2014	4.97	371.1	1.34	2.44	264.15	0.92
2013	4.46	353.3	1.26	2.37	249.39	0.95

三、科技产出效率较低

从科技投入情况来看，吉林省R&D人员全时当量、R&D经费分别为4.23万人年、148.4亿元，分别占全国比重的0.88%、0.67%，而吉林省地区生产总值约占全国比重的1.50%，区位熵小于1。从历年情况来看，吉林省R&D人员全时当量大幅度下降，2017—2019年，下降幅度12.2%。从科技产出情况来看，吉林省科技成果占比较低。2019年，吉林省科技成果专利申请数为3.1万件，占全国比重的0.71%；吉林省专利授权数为1.55万件，占全国比重的0.60%，而吉林省地区生产总值占全国比重的1.50%，区位熵小于1。从历年情况来看，吉林省专利申请数占全国比重、吉林省专利授权数占全国比重均处于较低的水平。从科技投入产出情况来看，吉林省科技投入大于科技产出，投入产出效率不高。2017—2019年，吉林省R&D人员全时当量占全国比重的0.96%，吉林省R&D经费占全国比重的0.67%，而吉林省专利申请数占全国比重的0.62%，吉林省专利授权数占全国比重的0.58%。

表4-3 2017—2019年吉林省科技投入产出情况

年份		主要指标	吉林省	全国	吉林省占全国比重（%）
2019	投入	R&D人员全时当量（万人年）	4.23	480.1	0.88
		R&D经费（亿元）	148.4	22143.6	0.67
	产出	专利申请数（万件）	3.1	438.04	0.71
		专利授权数（万件）	1.55	259.16	0.60
2018	投入	R&D人员全时当量（万人年）	3.63	438.1	0.83
		R&D经费（亿元）	115	19677.9	0.58
	产出	专利申请数（万件）	2.7	432.31	0.62
		专利授权数（万件）	1.37	244.74	0.56
2017	投入	R&D人员全时当量（万人年）	4.82	403.4	1.19
		R&D经费（亿元）	128	17606.1	0.73
	产出	专利申请数（万件）	2.04	369.78	0.55
		专利授权数（万件）	1.1	183.64	0.60

智能制造是先进传感技术、信息技术、仪器技术、监测技术、控制技

术、过程优化等技术的组合，技术支撑智能制造的作用举足轻重，而吉林省技术创新的支撑作用并不明显。2018年，吉林省全社会R&D经费115亿元，R&D经费投入强度0.76%，低于全国水平1.43个百分点。历年的规上工业企业研发活动数据表明，吉林省技术创新能力不足，而且投入产出效率较低。从技术创新投入情况来看，吉林省规上工业R&D人员全时当量、R&D经费和R&D项目数占全国比重分别为0.77%、0.62%和0.55%，低于吉林省工业占全国1.79%的比重，且区位熵都低于1，可见吉林省规上工业R&D不具有比较优势。从技术创新产出情况来看，吉林省的情况更加严峻，吉林省规上工业专利申请数、发明专利数及有效发明专利数占全国比重均不及0.50%，区位熵远低于1。从技术创新投入产出情况来看，投入占全国比重高于0.5%，而产出占全国比重低于0.5%，投入高于产出，导致技术创新效率也不高。

四、科技创新体制机制有待完善

科技创新工作涉及多个部门，但是相关部门间协同统筹不够，尚未形成各部门齐抓共管的工作格局。科技创新扶持政策力度不够，吸引力不足。科技领军人才和优秀创业团队缺乏，创新人才"引用留"政策比较优势还不明显，人才外流问题尚未从根本上得到解决。此外，多元化投入机制不健全。吉林省财政科技资金支出规模小、增速低，支持力度不足。以政府投入为引导、企业投入为主体、社会资金为补充的多元化投融资体系还未有效建立。解放思想、大胆创新，鼓励探索、宽容失败的氛围还不浓厚。从地方机制体制建设上看，对科技创新重视不够，较多县区级科技管理部门被合并或取消，直接影响了科技业务职能的上传下达。例如辽源市、通化市、白山市等部分县区级科技管理部门被合并或取消。

第二节 装备制造业专业化程度不高

一、装备制造业产业比较优势尚未建立

产业专业化程度，也可称之为比较优势，与行业的市场地位息息相关，通常采用区位熵来测算，如果此数值大于1，专业化程度较高；反之，专业化程度较低。总体上，吉林省装备制造业专业化程度较低，行业市场份额较小。吉林省装备制造业（不含汽车制造业）主营业务收入2323.52亿元，仅占全国同行业的0.75%，而吉林省制造业占全国同行业的2.04%，吉林省装备制造业占全国比重明显低于吉林省制造业占全国比重水平。经过测算，吉林省装备制造业区位熵为0.37，小于1，专业化程度较低。按照国家统计局分类标准，在吉林省装备制造业（不含汽车制造业）中，7个行业的区位熵全都小于1，其中金属制品业区位熵为0.45，通用设备制造业区位熵为0.48，专用设备制造业区位熵为0.85，铁路、船舶、航空航天和其他运输设备制造业区位熵为0.97，电气机械和器材制造业区位熵为0.27，计算机、通信和其他电子设备制造业区位熵为0.05，仪器仪表制造业区位熵为0.28。上述7个行业中，除铁路、船舶、航空航天和其他运输设备制造业专业化程度接近全国水平以外，其他6个行业的专业化程度与全国水平差距较大，尤其电气机械和器材制造业，仪器仪表制造业，计算机、通信和其他电子设备制造业专业化程度很低。

表4-4 吉林省装备制造业产业区位熵（2020年）

行业	主营业务收入（亿元）		占全国同行业比重（%）	区位熵
	吉林省	全国		
装备制造业（不含汽车制造业）	2323.52	308789.85	0.75	0.37
金属制品业	340.08	37257.26	0.91	0.45
通用设备制造业	464.29	47039.64	0.99	0.48
专用设备制造业	620.75	35873.75	1.73	0.85
铁路、船舶、航空航天和其他运输设备制造业	379.03	19087.69	1.99	0.97
电气机械和器材制造业	380.28	69183.18	0.55	0.27
计算机、通信和其他电子设备制造业	89.09	91606.58	0.10	0.05
仪器仪表制造业	49.97	8741.75	0.57	0.28

吉林省装备制造业结构表现为"一高一低"，即在吉林省装备制造业中技术含量偏低的行业比重高于全国水平，而在吉林省装备制造业中技术含量和附加值偏高的行业比重低于全国水平。吉林省金属制品业，通用设备制造业，专用设备制造业，铁路、船舶、航空航天和其他运输设备制造业的主营业务收入分别为340.08亿元、464.29亿元、620.75亿元和379.03亿元，分别占全省装备制造业（不含汽车制造业）比重的14.64%、19.98%、26.72%和16.31%，并分别高于全国水平2.57个百分比、4.74个百分比、15.10个百分比和10.13个百分点。其中，吉林省专用设备制造业比重高于全国水平较为突出。吉林省电气机械和器材制造业的主营业务收入380.28亿元，计算机、通信和其他电子设备制造业的主营业务收入89.09亿元，仪器仪表制造业的主营业务收入49.97亿元，分别占全省装备制造业（不含汽车制造业）比重的16.37%、3.84%、2.15%，并分别低于全国水平6.03个百分比、25.83个百分比、0.68个百分点。其中，计算机、通信和其他电子设备制造业比重低于全国水平较为突出。除铁路、船舶、航空航天和其他运输设备制造业外，吉林省高端装备制造占比与全国水平差距较大。

二、传统装备制造转型升级步伐缓慢

一般来说，工业较发达的国家，装备制造业占工业比重比较高，例如：美国和新兴工业国家的装备制造业占工业比重分别能达到40%和30%以上，而吉林省装备制造业占工业比重较低。相对于全国而言，吉林省的装备制造业占工业比重仍然较低，层次也不高。吉林省装备制造业实现增加值占全省规模以上工业增加值的比重为10.7%左右，低于全国平均水平22.2个百分点。从装备制造业细分行业来看，在吉林省7个装备制造行业（不包括汽车制造业）中，金属制品和通用设备制造等传统装备制造比重较高，而电气机械、计算机信息和其他电子设备制造等高端制造比重过低。近年来，吉林省装备制造业得到了较快发展，产业规模也不断扩大，但原有产业结构不合理问题暴露得越发明显。传统装备制造转型升级步伐缓慢，致使原来享誉全国的吉林省"三机一车"，现只有"一车"（轨道客车）保持着竞争优势，而"三车"（东方红拖拉机、四平装载机和四平联合收割机）的竞争优势已经不复存在。除轨道交通装备制造业外，吉林省其他高端装备制造行业市场地位尚未建立。

三、智能装备产业发展相对滞后

智能装备是制造业智能化发展的基础，而吉林省智能装备起步较晚，智能装备产业规模较小，吉林省智能装备产业发展相对滞后，重点领域智能网联装备几乎依赖进口，核心关键配套装备受制于人，产业配套体系并不健全，面临关键核心部件技术缺乏等问题。吉林省装备制造业主要包括轨道交通装备、农机装备、食品加工成套装备、医药器械成套装备等。尽管轨道交通装备省内配套率较高，但网络控制系统、制动系统等关键核心部件大多从省外和国外采购。尽管吉林省农机装备基础较好，但也缺乏关键核心部件，智能化进程缓慢。食品制造是吉林省的优势产业，但吉林省食品加工成套装备发展相对滞后，而且食品加工智能装备依赖省外。吉林省医药产业基础较好，但产品生产所使用的设备和医药器械成套装备大多数依靠省外或者国外引进。

产业配套体系并不健全。近年来，吉林省制造业智能化水平不断提高，但是相关产业配套体系并不健全，尤其装备制造业产业配套体系。吉林省装备制造业主要包括航空航天装备、轨道交通装备、农机装备、医疗器械装备等，产业基础较好，但是制动系统、网络控制系统等关键核心部件大多从域外和国外采购。关键核心领域技术对外依赖度较高，多为引进吸收、模仿创新，拥有自主核心技术的智能制造装备企业较少。虽然一些园区已经进行了智能化建设，但与国内同行业相比，园区内信息化水平不高，园区内智能技术供应、设计服务、检测管理等相关现代服务业发展滞后，对制造业智能化发展不能形成强有力的支撑，产业链上下游企业智能化发展协同效应还没有形成。2020—2021年度通信产业榜及中国工业互联网50佳榜单中，没有吉林省企业。同时吉林省制造业配套企业中规上企业数量很少，龙头企业严重不足，配套率不高，制造业智能化建设持续改进能力有限。

第三节　产业关联度较低

一、生产性服务业与制造业产业关联度低

制造业转型升级中，生产性服务业的作用至关重要。目前，吉林省生产性服务业对制造业的支撑作用还没有充分发挥，根本原因是吉林省生产性服务业与制造业相互关联不高，尤其科技服务业。为了解生产性服务业对制造业增长的贡献情况，根据列昂惕夫的投入产出表，对吉林省制造业重点产业与科技服务业产业关联变化情况进行测度，并对比分析2007年和2017年的产业关联度。反映产业关联度最基础的参数是直接消耗系数，其

经济含义是：某行业一个单位产品的生产直接消耗另一个行业产品的量，这能够直接反映出两个行业间的依存关系。直接消耗系数数值越大，证明两个行业之间的技术经济联系越紧密。科技服务业主要包括研究与试验发展业、专业技术服务业。2017年，吉林省汽车制造业对交通运输、仓储及邮政业的直接消耗系数为0.034337，与2007年相比，增加了0.027576个单位，产业间的关联更加紧密。但是，2017年，吉林省汽车制造业、食品制造业、石油化工业和交通运输设备制造业对研究与试验发展业的直接消耗系数几近为0，与2007年相比，直接消耗系数分别下降了0.001138个单位、0.008709个单位、0.000002个单位、0.003621个单位，研究与试验发展业对制造业重点产业的贡献在下降，值得深入关注。2017年，吉林省汽车制造业、石油化工业、交通运输设备制造业和医药制造业对专业技术服务业的直接消耗系数分别为0.000123、0.005229、0.000013和0.000084，与2007年相比，直接消耗系数分别下降了0.000394个单位、0.008081个单位、0.00467个单位和0.003717个单位。

二、专业化配套能力不强

装备制造业的发展离不开相关配套行业的支撑和保障，但吉林省装备制造业配套行业滞后整机行业的发展，尤其核心关键零部件更是受制于人，产业配套能力相对薄弱。吉林省装备制造业产业链条主要包括轨道交通装备产业链、农机装备产业链、换热设备产业链、食品加工成套装备产业链、医药器械成套装备产业链等。在吉林省装备制造各个行业省内配套率中，轨道交通装备在吉林省省内的配套率相对较高，但目前吉林省省内企业仍然无法满足长客股份有限公司对齿轮传动轴、轴箱、牵引变压器、制动系统、受电弓、网络控制系统、空调系统、风挡装置和车钩缓冲装置等配套项目的需求，这些核心关键部件大多从省外和国外采购。吉林省规模以上农机装备制造企业160多家，但仍然缺少核心技术的产品。吉林省换热器制造产业基础较好，但仍然没有国家级研发中心。吉林省食品加工发展很快，规模较大，已经发展成为吉林省三大支柱产业之一，但是食品加工成套装备发展滞后，企业规模较小，多数食品企业所用的设备都以省外采购为主。吉林省医药产业基础良好，拥有修正药业、通化东宝、金马药业等多家知名企业，能生产片剂、丸剂和针剂等医药产品，但所使用的生产加工设备大多数依靠省外或者国外引进。

第四节　智能化、信息化水平需要进一步提高

一、两化融合发展水平不高

目前，吉林省两化融合工作较国家平均水平仍存在很大差距。吉林省生产装备数字化率为33.7%，全国平均为45.9%；数字化研发工具普及率为55%，全国为67.7%；关键工序数控化率为35.2%，全国为48.4%；两化融合评定方面，全国通过评定企业数量为4897家，吉林省仅14家。目前，吉林省两化融合发展存在的问题主要表现在以下几个方面：一是现有网络支撑能力不足。二是工业软件、应用开发等方面专业人才缺乏。另外，贯通工业和信息通信技术产业的复合型人才缺乏，工业企业缺少精通云计算、大数据等新一代信息技术的人才，互联网软件企业又大多不懂工业知识、流程、业务，这对工业互联网技术攻关带来很大的挑战。三是产业推广应用条件不足。吉林省大部分制造企业总体信息化水平不高，发展阶段也参差不齐，全面推进工业互联网发展缺乏基本的信息化基础。

二、智能化发展面临的成本压力较大

制造业在智能化发展的过程中，一般先要进行投资更新一些设备，与全国水平相比，吉林省重化工业结构特点明显，传统制造业比重较高，因

此，吉林省制造业向智能制造转型升级过程中，更新设备需要更大的资金，软件和硬件改造升级面临的成本较高。2018年，吉林省石油加工、炼焦和核燃料加工业，以及化学原料和化学制品制造业等六大高耗能行业增加值占规模以上工业增加值的比重为22.1%，高技术制造业增加值占规模以上工业增加值的比重仅为7.1%。因此，吉林省制造业智能化面临的人力、物力和财力等成本压力较大。近年来，尽管吉林省两化融合试点企业不断增多，政策性支持力度不断加大，两化融合水平也不断提升，但目前大多数制造企业得到政策优先支持有限，仍然面临着较高的智能化成本。2018年，吉林省工信厅公布了长春一汽富晟集团有限公司等29家吉林省省级两化融合（智能制造）示范试点企业，占吉林省规上工业企业单位数的0.48%。此外，融资难、融资贵也增加了制造业企业智能化成本。与全国相比，吉林省高技术产业比重较低。2020年，吉林省高技术产业营业收入分别为596.60亿元，占全省规上工业营业收入比重的4.51%，低于全国水平11.60个百分点。制造业智能化发展的过程中，会涉及设备的更新与改造。生物医药、电子通信等高技术产业比重较低，重化工业结构特点明显，石油化工、炼焦和核燃料加工业，以及化学原料和化学制品制造业等传统制造业比重较高，因此，制造业向智能制造转型升级过程中，需要较多的更新设备与改造资金，软件和硬件改造升级仍然面临较高的成本。此外，原油开采和炼化、钢炼冶炼和普通钢材加工等传统制造业处于价值链低端环节，智能制造生产设备、生产工艺、生产控制、运营管理改造升级过程中，缺少资金储备，融资难、融资贵也会增加这些制造业企业的智能化发展成本。

第五章

吉林省产业转型升级面临的形势

第一节　国际深度调整产业结构

一、发达国家重塑竞争新优势

2008年金融危机爆发之后，无论是发达国家还是发展中国家，都开始纷纷寻找自己的转型发展之路，尤其发达国家开始了产业转型发展。在金融危机后，发达国家都开始推出"再工业化"的计划和战略，开始寻找实体经济来重振，以这种形式来拯救自己国家的经济。与此同时，由于许多发达国家的经济开始转型，我国产业转型升级压力倍增，我国产业转型升级也迫在眉睫。发达国家所提出的"再工业化"并不是一项短期的经济发展任务，而是一项长期的、艰巨的、要依靠新的科学技术而发展壮大的产业转型升级。这种转型发展同以往传统的工业经济发展大相径庭，它并不是依靠劳动力的单方面输出，而是要以技术创新发展为主要的动力手段，从而使得产业可以得到最大限度的创新发展来达到创新升级的目的，其实质是科学技术支持和充足的高精尖人才的竞争。

发达国家通过科学技术来实现产业升级转变的相关政策纷纷出台。这也迫使世界上的各个国家必须紧跟时代的步伐，紧随时代发展的这股浪潮不断向前。所以各国也开始了智能大数据、AI人工智能、北斗导航服务等各大科技发明与创造的不断提升应用。逐科技浪潮，各国都在人类技术不断创新创造的大背景下，不断开发完善本国技术上的发展，都在不断努力地将本国的技术攀至世界前沿。这也更有利于带领和启发世界各国在科学技术上不断发展创新。美国发布了众多关于产业升级转型、复兴投资、清洁能源安全、加大制造业投入升级等方面的法律法规，从而更好地促进经济大规模发展。在美国发布的相关政策中，美国的国家科技委员会多次强调了在国家制造业中，以高端产业竞争为主要优势，积极率先取得明显的竞争优势。要用制造业代替传统的出口加工产业，为此，美国政府也在制造业的领域内，投入了大量资金和技术人才给予支持，政府也希望可以用最快的速度填补之前金融危机所带来的损失，并且可以更好地完成经济发展转型升级，重塑实体经济。美国政府为了能够在制造业的科学技术方面领先世界，也制订了相应的"先进制造业伙伴计划"，可以更好更快地发展和实现制造业的智能转型发展。在政策的推动下，美国实现了新一轮在"再工业化"道路上的转型升级，支持重振美国高端实体制造业，改变虚拟经济为主导的不良现状，重塑实体制造经济。

德国对于本国的经济发展状况出台了《2020高科技战略》，推动制造业转型升级，以此来巩固本国的科学技术水平。当然，德国并不依靠任何一个国家来发展自己本国的科技。德国政府又提出了"德国工业4.0战略"计划，这是完全根据德国的经济发展状况和科学技术的发现能力而精准制定的，也可以说是第四次工业革命。随着科学技术不断向前发展进步，德国也是相当重视在技术上的智能转型升级。欧盟也在各个欧洲国家制订的详细战略部署的前提下，提出了要加快欧洲各国智能化发展进程，推动产业技术转型升级，也就是我们常说的"数字化欧洲工业计划"。当然，欧洲各国都在积极努力改变本国的技术创新。强大的德国计划通过自己本国技术发展的强大侵占一些弱小的国家的经济，从而占领高端技术市场，抢占先机，但是，这次的再工业化战略并不是单枪匹马的战斗，而是要全世界的技术共同创新进步发展，并且此次的信息交流才是技术创新转型升级的重中之重。

地处亚洲的日本为了提高本国在世界高新产业上的竞争优势，开始调整本国的制造业规模和结构。2014年6月，日本颁布了《制造业白皮书》，该书中明确提出了日本在未来几十年的时间里，积极谋划和布局，在各个技术行业拔得头筹，重点开发尖端科技领域。其中包括新能源汽车、3D打印技术、卫生医疗事业等方面。为加快技术创新的脚步，掌握当前信息化时代的特征，日本提出了"创新工业计划"，将制造业转型升级的重点放在信息网络技术这一方面，从而推动制造业高端化发展。

二、发展中国家比较优势凸显

全球经济发展还具有不确定性，但在国际分工持续深化、产业转移步伐明显迅速这一国际背景下，由于发展中国家拥有较为丰富的人力资源和潜力较大的市场，因而相对产业转移拥有一定优势，因而选择主动承接发达国家，向发展中国家转移产业能够有效促进发展中国家产业升级与对外出口。中国作为全球最大的发展中国家，在承接产业转移方面具有一定优势，因此对中国未来发展而言，这也是一种机遇。可以预见未来国际分工将不断纵深延伸，深化细化各国产业链结构，针对发达国家向发展中国家转移产业类型，除劳动密集型以外，也会转移部分资本和技术密集型产业，当前已经进入多种产业转移并存的时代。由于发达国家出现国内产业金融化现象，且人力资本较高，因此技术和资本不断向外扩展，针对这一机遇，中国通过承接发达国家产业，不断引进相关产业技术，深化在国际分工中的占比，扩大对外出口的优势。国内产业结构也存在部分转移，传统制造业等产业正在逐渐从东部地区向中西部和东北地区转移。其中东北地区作为老工业基地，拥有较为成熟的生产模式与丰富的生产经验，因而在承接国内国际产业转移方面具有一定优势，且其产业结构与当前转移产业结构具有互补性。

除承接发达国家产业外，发展中国家也在积极深化国际产业分工，不断革新本国产业在国际分工中价值链地位，争取占据附加值较高的产业结构，从而在国际竞争中拥有一定技术优势和产业优势。2008年金融危机使得巴西等发展中国家的制造业受到严重打击，一方面，来源于国际的订单大幅减少，需求大幅缩水；另一方面，国内产业所需资金来源出现断裂，在这一基础上，发达国家汽车制造商入驻巴西，通过带动巴西产业，研发清洁能源等汽车，转换巴西产业优势，进一步帮助巴西产业结构升级。印度同样以此为策略，不断引进发达国家产业技术，加强与发达国家产业技术合作，吸取发达国家核心技术，推动本国产业结构优化，最终使得本国汽车制造、医药等领域获得了较强的国际竞争力，进一步吸引外商投资，为国内产业注入大量资金，形成良性循环。相比发达国家，印度制造业拥有丰富的人力资源，并引入高端技术，具有较低的成本与较强的技术这一双重特点，进而容纳了许多跨国公司的采购与制造工厂。"印度制造"要将本国打造成制造大国，占据制造业的核心产业位置，为全球源源不断地输送产品。东盟国家产业结构相对低端落后，通过承接产业转移，能够有效改善本国产业结构，升级本国产业技术，进而不断促进本国经济增长。

三、新一代信息技术与制造业深度融合

全球科技正处于不断快速变革与增长的新时代，信息革命和产业革命加速演进，基础学科推陈出新，学科之间交互与融合的现象更为明显，基础学科技术革新对应用领域的带动作用更为突出，传统制造业正在不断向智能化发展，以人工智能为代表的新技术正不断涌现，为制造业产业带来颠覆性变化，革新制造业生产模式，促进制造业与其融合。以人工智能为代表的信息技术引发制造业生产和发展革命性变化，也对制造业未来发展提出了挑战与要求，信息技术的出现使得制造业生产更为便捷与智能，如

3D打印等技术为传统制造业创新性生产提供了机遇，也有效促进了生产效率。制造业不断智能化这一趋势在国际范围内兴起，并且成为未来产业发展的趋势，智能技术为制造企业注入新技术与新思想，催生颠覆性商业模式，带来更为丰富的商机。"互联网+"模式的出现彻底改变了以往的产品销售渠道，为未来制造业发展提供新的可能与机遇，对制造业布局产业链具有全面影响。随着互联网产业兴起与智能制造的出现和发展，信息技术已经成为当前全球各国制造业企业较为重视的领域之一，各大型企业通过不断推进内部结构信息化，强化生产环节智能化，尽可能降低企业生产成本，提高产品附加值，为企业发展注入新动力。信息技术与制造业的融合，其实质是降低生产成本，节约企业人力资源，推进制造业产业信息化，扩大企业盈利空间，帮助企业构建智能化生产模式。

随着工业互联网及人工智能等新一代信息技术与制造业深度融合，制造业的生产模式发生了重大变革。工业互联网向多机互联协作创新，人工智能正在向CAD辅助设计、数字产线运维等方面延伸。工业互联网是新一代信息技术与制造业深度融合过程中的核心。2018年、2019年，我国工业互联网产业经济增加值规模分别为1.42万亿元、2.13万亿元，2020年，我国工业互联网产业增加值规模再创新高，达到3.57万亿元。2020年，工业互联网带动第一产业、第二产业、第三产业的增加值规模分别为0.056万亿元、1.817万亿元、1.697万亿元，带动增加值规模超过千亿元的行业已达到9个。如今，工业互联网已经成为促进我国GDP增长的重要因素。工业互联网占GDP比重由2017年的2.83%上升至2020年的3.51%，目前已延伸至40个国民经济大类，涉及原材料、装备、消费品、电子等制造业各大领域，以及采矿、电力、建筑等实体经济重点产业，正逐步成为国民经济增长的重要支撑。

产业融合日趋紧密。生物前沿技术加快突破，数字技术的进步和应用愈加广泛，给医药健康产业的发展带来了新的变革。医药健康产业与生物技术、大数据、互联网、人工智能等领域深度融合加快。随着生命科学和生命技术不断取得新突破，基因工程、分子诊断、干细胞治疗、3D打印等重大技术加速应用，大数据、云计算、互联网、人工智能等新一代信息、生物、工程技术与医疗健康领域的深度融合日趋紧密，远程医疗、移动医疗、精准医疗、智慧医疗等技术蓬勃发展，"健康+"呈现爆炸式发展，已经涌现如"健康+管理""健康+养老""健康+旅游""健康+互联网"等商业新模式、新业态。人工智能等信息化管理技术将与生命科学、生物技术、信息技术等一系列科学技术实现相互融合，且随着医药健康大数据工作的开展，人工智能在健康管理场景下的应用程度将进一步提高。

第二节　国内深化体制机制改革

中国经济增长的动力更加多元化，从当前的经济发展战略和创新的宏观调控思路来看，中国经济更多依靠国内消费驱动，经济韧性进一步增强，有能力应对各种可能出现的经济风险。此外，政府机构更加注重简政放权，进一步激发市场活力，为转型升级提供了多种便利。在注重发展机遇的同时，我国的经济发展和改革开放已经进入攻坚克难的阶段，过去粗放型的增长模式所积存的诸多问题日益突出，潜在风险逐渐浮出水面，这就要求新形势下的发展阶段把握经济发展阶段性特点，坚持深化经济体制改革，也对制造业转型升级提出了更高要求。

供给侧结构性改革侧重供给端产业结构改革，从而推动产业转型升级，大力减少无效冗余供给，避免部分产能过剩产业浪费材料。2015年，中央经济工作会议强调必须重视供给侧结构性改革，从供给侧进行结构性产业化改革。2016年，财经领导小组针对当前我国经济发展现状，明确给出有关供给侧结构性改革的具体实施方案，即必须去除产能、去除杠杆、去除库存，降低生产成本，对产业结构中的短板及时补足。这一方案的提出为我国产业升级指明了方向，有助于促进我国更好地参与国际分工。供给侧结构性改革是当前提出革新产业技术的一项重要举措，由习近平总书记正式提出。供给侧结构性改革本质上是提高创新能力、改善资源配置效率。更准确地讲，供给侧结构性改革要求激活市场创新，加快经济高质量发展，对不足的供给进行有效拓宽，去除冗余产能，对发展中的短板及时补足。具体地讲，在实际生产过程中，要求注重挖掘新产能，重视培育新产业，激活企业与个人创新意愿，消除传统制造业中产能过剩等问题，将有限资源投入高质量发展之中。

基于供给侧结构性改革，针对制造业去产能，当前应以制造业智能化为主，要提高制造业整体智能水平，在关键核心部件和领域的生产上积极创新，从而突破智能核心技术，改善老旧技术，提升制造业整体技术水平，重视对制造业基础技术的完善，进而向制造强国的目标迈进。2015年相继出台有关工业转型升级规划和《中国制造2025》，这为制造业转型提供了坚实的理论基础，促进我国智能化制造业相关理论体系的完善。针对制造业升级的相关方案，2016年提出的发展规划强调，应当重视工程发展，传感、控制等领域，加强其智能化水平，应当以智能化来节省资源，提高控制的准确性。2017年，《信息产业发展指南》将互联网行业纳入考虑范围，认为互联网是提高制造业智能化的重要因素，互联网产业下的人工智能等技术能够有效帮助制造业智能化，因此必须重视这两者之间的相互促进与融合。针对制造业智能化相关建设标准，2018年，国家公布了《国家智能制造标准体系建设指南》，基于当前实际情况，提出了基础共性、关键技术和行业应用三大应用标准，从而进一步完善了当前制造业智能化的相关执行标准。工信部又要求针对关键技术，寻找一批以人工智能技术作为产品标识的相关商品，以便激励广大厂商重视人工智能与制造业的融合。工信部联合发改、科技等七部门发布了《"十四五"智能制造发展规划》，明确提出智能制造是制造强国建设的主攻方向，到2035年，规上制造企业全面普及数字化。

我国制造业智能化产业政策逐步完善。2015年发布的《中国制造

2025》明确提出以发展先进制造业为核心目标，围绕重点领域关键环节，通过突破智能制造共性技术和基础技术，提升制造业智能化水平，并提出逐步实现我国制造强国的战略目标。此后，我国制造业智能化发展产业政策更加完善，支撑体系建设也更加完备。2016年的《智能制造发展规划（2016—2020年）》提出实施智能发展工程，研发智能传感、智能控制和智能检测等智能制造装备，推动制造业的生产方式向柔性、智能化方向转变。2018年，《国家智能制造标准体系建设指南》发布，提出了基础共性、关键技术和行业应用三类标准的国家智能制造标准体系，完善的智能制造标准体系初步建立。2021年，《"十四五"智能制造发展规划》提出，到2025年，规上制造业企业大部分实现数字化网络，重点行业骨干企业初步应用智能化。2021年，《中小企业数字化赋能专项行动方案》提出，助推中小企业通过数字化、智能化发展，增添发展后劲。2022年，《关于开展"携手行动"促进大中小企业融通创新（2022—2025年）的通知》提出，开展智能制造试点示范行动，遴选一批智能制造示范工厂，促进提升产业链整体智能化水平。

以医药健康产业为例，政策环境持续利好。在《"健康中国2030"规划纲要》中，发展健康产业被列为推进健康中国建设的主要任务。《中国制造2025》将生物医药作为重点发展领域。我国先后颁布《关于促进健康服务业发展的若干意见》《关于促进医药产业健康发展的指导意见》，对提升我国医药产业核心竞争力、促进医药产业持续健康发展都作出了部署，为产业发展创造了有利的政策环境。十九届五中全会上，再提"全面推进健康中国建设"，从产业角度看来，"十四五"期间，畅通国内大循环，全面促进消费，医药健康产业将迎来更大的发展空间。东北各省的医药健康产业发展政策长期向好。例如辽宁省出台了《健康辽宁行动实施方案》，在中医药振兴发展行动中，提出出台"关于大力促进中医药传承创新发展建设中医药强省的实施意见"，编制"辽宁省建设中医药强省'十四五'规划"。为推动落实吉林省"一主六双"产业空间布局实施，推动医药健康产业高质量发展，吉林省发布了《长辽梅通白敦医药健康产业走廊发展规划（2018—2025年）》《关于推进长辽梅通白敦医药健康产业走廊发展规划实施的若干政策》等一系列政策文件。为促进中医药产业发展，提升中医药科技创新能力，黑龙江省相继颁布了《促进中医药传承创新发展意见》《黑龙江省中医药条例》等。

医药健康产业的发展空间巨大。技术驱动与社会结构的变化将推动医药健康产业快速发展。医药产业是新一轮科技革命与产业变革中创新最为活跃、发展最为迅猛的新兴产业领域之一，也是生命健康产业的重要组成部分，事关人民生命健康和民生福祉。生物科技的不断发展提供了更多技术可能，老龄化社会的到来提供了庞大的消费群体、医疗体制改革和社会资本进入等政策利好，构成了医药健康产业长期稳定发展的有利因素。随着基因工程、细胞工程、生物芯片、基因测序、生物信息等技术广泛运用，生物医药与健康产业快速转型，发展前景广阔。随着新型城镇化加速、大众生活水平提升、人口老龄化加剧、健康教育普及、绿色低碳循环发展等长期趋势的不断深入，公众对医药产业的认知、关注度和需求明显提升，尤其在"双循环"新发展格局之下，医药内需市场将得到进一步激活。我国居民收入水平的提高、健康理念的提升、医药健康消费支出的增加，为医药健康产业发展奠定了基础。随着我国进入老龄化社会，老年人口比例越来越高，老年保健品服务市场需求在快速增长。国家医疗体制改革不断推进，也将推动我国医疗健康市场快速发展。

第三节　区域产业发展竞争加剧

当前我国智能制造业发展相对强势的为东部地区，西部地区发展较弱，呈现"东强西弱"。我国智能制造业的主要产业在长三角、珠三角、环渤海和中部地区，这些地区的智能制造产业园区数量较多，占全国总数量的2/3以上，具有较强的聚集效应。根据工信部统计，我国智能制造园区共有537个，其中江苏省最多，共计79个，其次为广东省59个，山东省43个，浙江省、河南省分别39个、38个，上海市13个，安徽省21个，湖北省22个，湖南省17个，陕西省17个，河北省18个，北京市18个，天津市13个，辽宁省12个，上述14个省（市）园区合计占总数量的76.16%。此外，国家级智能制造试点项目也主要分布于长三角地区、珠三角地区、环渤海地区和中部地区，位居全国前十的省份（直辖市）分别为山东省75个、北京市62个、江苏省57个、广东省57个、浙江省56个、上海市43个、福建省39个、安徽省39个、湖南省38个、陕西省35个，这10个省（市）试点项目共计501个，占总数量的61.39%。

表5-1 中国智能制造产业园区分布

省、自治区、直辖市	产业园区数量（个）	省、自治区、直辖市	产业园区数量（个）
安徽	21	江西	6
北京	18	辽宁	12
福建	17	内蒙古	10
甘肃	1	山东	43
广东	59	山西	5
广西	8	陕西	17
贵州	15	上海	13
河北	18	四川	22
河南	38	天津	13
黑龙江	8	新疆	4
湖北	22	云南	6
湖南	17	浙江	39
吉林	3	重庆	23
江苏	79	合计	537

表5-2 国家级智能制造试点项目分布

排序	省、自治区、直辖市	智能制造业类试点项目数量	智能制造试点示范项目数量
1	山东	75	34
2	北京	62	14
3	江苏	57	19
4	广东	57	24
5	浙江	56	25
6	上海	43	14
7	福建	39	15
8	安徽	39	15
9	湖南	38	16
10	陕西	35	14
11	河南	33	9
12	湖北	33	12
13	辽宁	30	9
14	重庆	28	3
15	四川	27	6
16	新疆	25	12
17	江西	22	11
18	河北	21	12
19	天津	12	2
20	内蒙古	12	4
21	贵州	12	7

续表

排名	省、自治区、直辖市	智能制造业类试点项目数量	智能制造试点示范项目数量
22	宁夏	10	3
23	甘肃	10	4
24	山西	9	6
25	广西	7	4
26	吉林	6	1
27	云南	6	1
28	黑龙江	5	2
29	西藏	3	1
30	青海	2	1
31	海南	2	1

　　国内智能制造区域分布不均衡。从我国智能制造行业产业链企业区域分布来看，智能制造行业企业多分布于我国经济较为发达的东南沿海地区，其中江苏省、山东省和广东省企业数量较多，西部地区智能制造行业企业的数量相对较少。2022年，中国电子技术标准化研究院发布的《智能制造发展指数报告》显示，在全国省级参与智能制造能力成熟度自评估且达到成熟度二级及以上的企业数量排名中，前五名分别为江苏省、山东省、广东省、湖南省和安徽省，前五名5个省份企业数量共计3105，占全国比重的63.46%；后五名分别为云南省、贵州省、青海省、海南省、西藏自治区，后五名5个省份（自治区）企业数量共计27，仅占全国比重的0.55%。全国排名中，前五名5个省份企业数量占比高于后五名5个省份（自治区）企业数量占比62.91个百分点。

表5-3 全国智能制造能力成熟度二级及以上的企业数量排名（2021年）

排序	省、自治区、直辖市	企业数量	排序	省、自治区、直辖市	企业数量
1	江苏省	1233	17	山西省	69
2	山东省	966	18	四川省	63
3	广东省	371	19	辽宁省	56
4	湖南省	313	20	内蒙古自治区	50
5	安徽省	222	21	黑龙江省	47
6	北京市	202	22	吉林省	38
7	江西省	180	23	甘肃省	33
8	浙江省	135	24	天津市	33
9	湖北省	134	25	广西壮族自治区	32
10	宁夏回族自治区	131	26	新疆维吾尔自治区	26
11	福建省	112	27	云南省	11
12	河北省	110	28	贵州省	10
13	上海市	84	29	青海省	3
14	河南省	79	30	海南省	2
15	重庆市	77	31	西藏自治区	1
16	陕西省	70			

新基建相关政策密集出台。2018年12月，中央经济工作会议首次出现新基建，会议明确提出要"加快5G商用步伐，加强人工智能、工业互联网、物联网等新型基础设施建设"。2019年7月，中共中央政治局会议提出"要稳定制造业投资、实施补短板工程、加快推进信息网络等新型基础设施的建设"。新冠疫情暴发后，中央对新基建的重视程度明显提升，2020

年1月3日，国务院常务会议提出"大力发展先进制造业，出台信息网络等新型基础设施建设投资支持政策、推进智能、绿色制造"。2月14日，中央全面深化改革委员会会议指出，基础设施是经济社会发展的重要支撑，要以整体优化、协同融合为导向，统筹存量和增量、传统和新型基础设施发展，打造集约高效、经济适用、智能绿色、安全可靠的现代化基础设施体系。2月21日，中共中央政治局会议强调，"加大试剂、药品、疫苗研发支持力度，推动生物医药、医疗设备、5G网络、工业互联网等加快发展"。3月4日，中央政治局常务会议再次强调"要加快5G网络、数据中心等新型基础设施建设进度"。

新基建需求增长潜力大。新基建可以稳定投资，弥补国内IT基础设施短板，还可以赋能经济发展，调整经济结构。以数字基建为主的新基建区别于传统基建，发展潜力巨大。新基建带来的更多是平台效应和对各个行业产业的赋能，在数字基建、新技术、新要素以及数字经济的作用下，国家治理现代化和高质量发展能够获得有力支撑。数字基建的本质是高科技技术的应用，以基础设施建设为根基，高科技的普及和应用能够大幅降低使用成本，通过规模效应，让更多居民享受科技红利。工业互联网、云办公、智慧医疗、无人驾驶、在线教育等新业态也有望随着新基建的完善而迅速发展，不仅应用前景广阔，而且市场潜力巨大，可以创造更多就业机会，充分激发社会创造力。新基建加速智能经济。无论是智慧医疗、智慧零售、智能制造还是智慧办公，智能科技均发挥了重要作用。随着5G时代的到来，5G技术、人工智能更加普及，这些先进技术不断融入消费者的需求之中，成为未来智能化发展的新引擎。在全球疫情、经济增速趋缓、新旧动能转换的背景下，随着技术和产业变革，新基建的内涵不断变化、丰富。人工智能作为新基建的重要一环，是新一轮产业变革的核心驱动力，能够催生新业态、新产品、新模式、新技术，助力传统行业转型，进一步释放产业变革和历次科技革命积蓄的巨大能量，为我国城市从信息化到智能化，再到智慧化构筑一条高质量发展之路。

各省份（自治区、直辖市）争相布局新基建。国家出台新基建政策后，各省份（自治区、直辖市）积极抢抓机遇，大力发展新基建。在2020年已经公开的26个省份（自治区、直辖市）的年度重点基础设施项目投资计划中，安徽、广东、浙江的新基建项目数绝对量较大，分别达到了280项、165项和109项，而河北、山东、广东的新基建项目数量占比较高，分别达到了43.5%、35.0%及34.1%。在信息基础设施方面，各地也在加紧布局。2020年，已有19个省份（自治区、直辖市）的政府工作报告将"推进5G通信网络建设"列入2020年重点工作，其中有6个省份（自治区、直辖市）明确规划了2020年新建5G基站的数量，合计超过17.8万个，广东、浙江、江苏计划新增基站数均超过5万个。数据中心方面，国内在运营的数据中心主要集中在京津冀城市群、长三角城市群、粤港澳大湾区等地区，共占据整体市场50%以上的份额。此外，各地也相继出台了一系列支持新基建的政策，例如《湖南省"数字新基建"100个标志性项目名单（2020年）》《福建省新型基础设施建设三年行动计划（2020—2022年）》和《上海市推进新型基础设施建设行动方案（2020—2022年）》等。

2019—2021年，国家共认定了三批专精特新"小巨人"企业，共计4762家，主要集中在浙江省、广东省、山东省。其中浙江省全国第一，共有475家；广东省第二，为433家；山东省第三，为368家；而吉林省为35家，仅占全国比重的0.73%，不足1%。在全国31个省份（自治区、直辖市）排名中，吉林省专精特新"小巨人"企业数量排名倒数第六。2022年，国家发布了第四批专精特新"小巨人"企业名单，共计4357家，其中吉林省为25家，占全国比重的0.57%，也不足1%。在全国31个省份（自治区、直辖市）排名中，吉林省专精特新"小巨人"企业数量排名倒数第九。

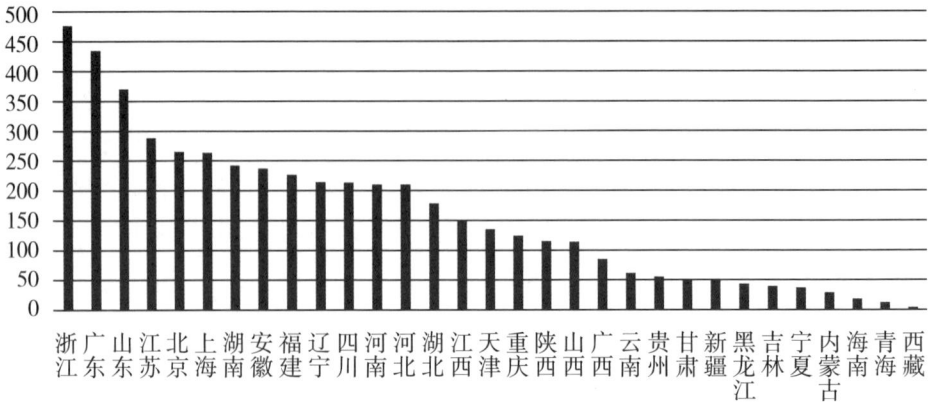

图5-1　2019—2021年全国各省份（自治区、直辖市）专精特新"小巨人"企业数量（家）

区域间医药健康产业竞争不断加剧。从国际来看，国外多数国家已将医药健康产业作为优先发展的战略性新兴产业，为提高国际竞争力，纷纷进行产业布局。从国内来看，北京、浙江、广东、安徽和广西等多个省份（自治区、直辖市）提出重点发展医药健康产业，纷纷瞄准生物医药、化学药、医疗器械、健康医疗旅游等领域，不断加大招商引资力度。例如北京市将加快医疗机构的医学实验中心、大数据中心、生物样本库、医学工程转化中心、药物临床试验基地等科研平台的建设；广东省提出加快发展生物医药与健康战略性支柱产业集群，促进产业迈向全球价值链高端，建成具有国际影响力的生物医药与健康产业高地；浙江省提出加快医药领域基础性、前沿性重大创新平台谋划布局，全力争取国家级重大科技基础设施、国家重点实验室、国家工程研究中心等在浙江布点与创建；江苏省提出发挥产业园区创新能力，建设长三角生物医药产业链联盟，加快构建长三角生物医药产业链高质量一体化发展体系，促进长三角生物医药产业发展成为全球有影响力的产业高地；安徽省将着力推动人工智能在生物医药领域的融入和运用，增强生物医药产业竞争力；广西壮族自治区提出，积极发展生物技术药物产业，大力发展海洋生物医药产业，推动广西生物医药产业跨域发展。

第四节　东北振兴政策相继出台

自2003年国家实施振兴东北战略以来，产业发展成果显著，但近几年东三省经济增速缓慢。为积极应对经济下行压力，振兴东北的政策陆续出台。根据经济发展的新形势，国家发布了新一轮振兴东北战略的政策文件，2014年8月，《国务院关于近期支持东北振兴若干重大政策举措的意见》发布，2015年12月，《中共中央　国务院关于全面振兴东北地区等老工业基地的若干意见》发布，2016年11月，《国务院关于深入推进实施新一轮东北振兴战略加快推动东北地区经济企稳向好若干重要举措的意见》发布，2016年12月，《东北振兴"十三五"规划》发布，这一系列振兴东北的举措对于深化国有企业改革、加快民营经济发展、推进行政管理体制改革和实施创新驱动具有重要意义。从城市群发展角度来看，列入国家规划的九大区域性城市群当中，东北三省就包括两个城市群，即哈长城市群和辽中南城市群。2016年2月，《哈长城市群发展规划》获批，国务院印发《"十三五"现代综合交通运输体系发展规划》中指出，辽中南将建设城际铁路。2016年2月，长春新区成立，2016年3月，哈尔滨综合保税区获批，2016年4月，国务院批复同意沈大国家高新区建设国家自主创新示范区，2017年3月，国务院印发了辽宁自由贸易试验区总体方案的通知，2021年9月，《东北全面振兴"十四五"实施方案》发布，提出以深化供给侧结构性改革为主线，以改革创新为根本动力，以满足人民日益增长的美好生活需要为根本目的，统筹发展和安全，从推动形成优势互补高质量发展的区域经济布局出发，着力破解体制机制障碍，着力激发市场主体活力，着力推动产业结构调整优化，着力构建区域动力系统，着力在落实落细上下功夫，走出一条质量更高、效益更好、结构更优、优势充分释放的发展新路，推动东北全面振兴实现新突破。

2015年12月出台的《关于全面振兴东北地区等老工业基地的若干意见》中，提出全面振兴东北地区等老工业基地，到2021年，经济增速继续保持中高速轨道，实现在结构性改革和经济发展方式转变取得重大突破，在经济发展的关键环节和重要领域取得重大成果，实现全面建成小康社会。

第五节　资源环境约束倒逼发展方式转型

资源的紧缺已经成为当前经济发展的重要约束之一，伴随工业经济的不断增加，对煤炭等化石燃料的需求也水涨船高，因此能源价格成为影响当今世界经济的重要因素，而这也对进口资源依赖较强的我国造成一定压力。基于经济社会可持续发展这一理念，必须将节能减排这一原则纳入经济社会的方方面面。从技术角度来看，一单位GDP所产生的二氧化碳排放量成为衡量经济发展与碳排放之间的关键指标，通过降低这一指标，迫使国内产业走向更为清洁、更为生态的发展道路。选择这一发展道路不仅是为建设可持续性发展社会，而且能够降低部分产业生产成本。吉林省作为传统老工业基地之一，重工业的发展往往需要大量的煤炭石油资源，吉林省重化工业的结构特点鲜明，资源环境的压力较大。

吉林省处在产业结构调整的重要时期，作为传统老工业基地，应对资源环境的压力较大，需要抢价值链高端环节，加速产业转型。同时，在国内、国际产业转移步伐加快的环境下，为吉林省扩大招商引资规模、主动承接产业转移带来了难得的历史机遇。吉林省地处东北亚腹地，而且正处于工业化快速发展时期，产业发展特点与国际和国内产业层次具有很强的互补性，具备承接国际和国内产业梯次转移的优势和条件。通过承接发达国家部分劳动密集型产业和少量资本密集型产业，有机会更深层次地参与国际分工。但这种产业转型也带来部分问题，部分制造业的生产和发展往往会影响周围生态环境。发达国家将高污染产业转移至发展中国家，会对当地生态环境造成严重污染。因此在国际分工中，需要重视产业承接和发展方式的革新，尽可能选择高附加值的产业承接。更重要的是，以创新驱动引领发展，用创新激活国内产业生产能力，从根本上改变制造业生产模式，走出具有创新与生态友好的和谐发展之路。在当前环境资源约束增强、生态问题加剧的世界背景下，产业转型升级迫在眉睫。

此外，随着我国城乡居民消费结构进入转型升级阶段，经济增长将逐步摆脱对投资和出口的依赖，扩大内需将成为未来推动经济增长的重要环节，同时越来越多的农村人口向城镇、非农产业转移，居民的生活方式也由"生存型"转为"发展型"，人们的生活方式和消费结构发生了明显变化，这也拉动了国内消费品需求的刚性增长。我国在城镇化步伐不断加快的同时，也掀起了基础设施建设的热潮，促进了建材、房地产等行业的发展，并且吉林省在农产品加工、汽车、装备制造、医药等产业具有良好基础，也将迎来更好的发展机遇。

| 第六章 |

国内地区产业转型升级的主要经验

第一节　着力改造提升传统产业

一、提升传统产业竞争力

在钢铁产能大幅减压、吨钢排放降低的情况下，河北省通过提高钢铁行业产品附加值，使钢铁行业实现了产品的迭代升级，工业产品含金量、含新量逐步提升。为进一步提升钢铁产业竞争力，河北省持续推动钢材产品多样化发展，加快提升特殊和优质品种钢材，推动建筑用钢、造船用钢、高铁用钢、汽车用钢、高速工具钢、高级管线钢、模具钢、电工钢等品种高端化发展，推动钢铁企业的生产链条向装备制造、汽车、家电、建筑钢结构等下游产业延伸。唐山市作为首批资源型和老工业城市转型升级示范区，全力提升钢铁产业竞争力，打造高附加值产品。其中，首钢京唐公司车轮钢国内市场占有率保持第一；津西集团拥有高强度型钢、耐低温型钢、耐候型钢等30余种高端产品，全力打造全球最大型钢的生产应用基地；河钢集团唐钢公司在家电用钢方面实现了美的、格力、海尔等知名品牌全覆盖，在汽车用钢方面能够直供一汽、宝马、吉利等高端汽车制造企业。钢铁高附加值产品占比39%，新能源等战略性新兴产业纷纷落地，环渤海地区新型工业化基地已初具规模。

为了提高传统优势产业的竞争力，围绕"全产业链"的发展思路，通过延伸拓展产业链，多个省份（自治区、直辖市）扎实推进供给侧结构性改革，精准发力去产能，全面淘汰落后产能。立足新发展阶段，江西省准确全面贯彻转型升级发展理念，统筹资源约束和经济社会发展，奋力推进传统产业转型升级。萍乡市通过持续整顿淘汰落后产能，钢铁产业链条逐步完善，旭阳焦化项目成功落地。通过陶瓷产业集聚化发展，芦溪电瓷、湘东工业陶瓷快速发展，并获批全省新型工业化产业示范基地。对349家烟花爆竹企业协议退出，其中80家企业退出后进行了转型转产，上栗县也成为全国烟花爆竹转型升级集中区。江西省萍乡市以"政+企"的模式，以"湘赣边"为依托，为入园企业"量身定做"规模超过200万平方米的标准厂房，提升了工业承载力。2021年，萍乡市规模以上工业增加值增长10.8%，固定资产投资同比增长10.9%，高新技术企业增加值占规模以上产业增加值比重的41.6%，三次产业结构优化为7：44.9：48.1，全市地区生产总值同比增长8.3%。湖南省株洲市坚持以产业延伸和产业替代相结合，针对有色金属"一业独大"的现实情况，在改造和提升传统优势产业的同时，确立了"抓住铜、延伸铜、不唯铜、超越铜"的产业发展思路，构建"铜冶炼—深加工—高端产品研发"一系列产业融合、多元一体的完整产业链。做大做强战略性新兴产业，探索"标准引领+会展经济+清洁改造"的新发展模式，形成了陶瓷机械、陶瓷材料、陶瓷制造等一体化的产业集群。

四川省自贡市建设了川南新材料产业基地，大力推动"盐卤—工业盐—新材料"产业链建设，自2017年被列为全国首批老工业城市和资源型城市产业转型升级示范区至今，自贡市加快传统产业转型升级，推动更深层次改革和更高水平开放，走出了一条老工业城市转型升级之路。以自贡市富顺县晨光经济开发区为核心，培育一百亿级机械制造产业集群，吸引了一批又一批高端制造、新材料化工项目相继落地。目前，自贡全市工业园区集聚规模以上工业企业415家，建成面积65.81平方公里，产值实现1077.12亿元，占全市规上工业总产值的84.4%。自贡市立足盐卤资源、工业基础和空域条件，实施"工业强市"战略，凝聚合力打造二百亿级化工及新材料产业集群和二百亿级绿色消费品工业产业集群。自贡立足自身空域条件，在新型化工、新能源和无人机通航3个领域建立3个千亿级产业集群，全力推进转型发展项目实施落地。在四川自贡凤鸣机场，一款大型四发无人机实现首飞，这是自贡航空产业园落户企业四川腾盾科创股份有限公司自主研发并拥有完全自主知识产权的产品，此次首飞的背后正是"四川智造"的体现，也是无人机及通航产业发展的"加速度"，推动了"点式"效应向"链式"发展。此外，自贡市累计排查整治"散乱污"企业1000余家，其中7家危化企业搬迁改造、62家砖瓦企业对标提升、42家烧结砖瓦企业置换压减产能、52家企业实现清洁原辅材料全部替代，2021年，全市单位工业增加值能耗超出全省平均降幅2.6个百分点，工业园区污水处理实现达标排放，并且东锅公司完成了世界最大干煤粉辐射废锅气化炉项目，在国内市场中的占有率已超过1/3。通过优选细分领域开辟新赛道来实现"建圈强链"，实现发展方式由"跟跑式"向"领跑式"转变，走好老工业城市高质量发展之路。

黑龙江省大庆市把提高产业竞争力当作中心工作，积极推进产业布局、产业能级，产业转型升级步伐不断加快。通过加大协调力度，支持石油石化企业加快低效气井开发，组建油气资源产业技术创新联盟。把重点放在发展实体经济上。重点打造10个"雁阵式"工业品牌，形成了多点支撑多个行业发展模式。大力推行"油头化尾"。坚持"五个一块"抓"油头"，多链"化尾"，加快建设国家石油化工工业基地的步伐。联合开发现代服务业。坚持现代服务业与传统服务业并肩同行，积极推动服务业发展提速、比重提高、水平提升。近年来，黑龙江省大庆加大力度深化技术研发和成果转化，多维时空3D打印、大悟开疆无人机、卓创多媒体软件开发等一批创新能力强、科技含量高的科技型企业应运而生。重庆长寿区在重庆钢协的基础上，通过对高强韧性的冷轧带肋钢筋及钢绞线的开发，发展高端管道材料及汽车用钢，使钢材品种多样化，提高了钢材的增值能力。要实现钢铁业的提质增效，必须进行产品结构性改革。长寿区以重庆钢协为基础，结合西部地区的最终需求，在承接高韧性的冷轧带肋钢筋、钢渣资源化利用和钢绞线等工程的同时，将业务拓展到了更高附加值的齿轮、轴承、弹簧、高端管道材料和车辆用钢材等领域。

二、促进资源节约循环利用

老工业基地重工业和能源资源产业较集中，节约资源循环利用是传统产业转型升级面临的一项重要任务。山西省按照"减量化、资源化、再利用"的原则，对产业存量进行循环化改造，对产业增量进行循环化构建。为了降低产业转型升级中的能源消耗，坚持从实际情况出发，在钢铁产业升级重组的同时，打造了千万吨级绿色精品钢焦基地，着力发展废钢回收加工利用。长治市全年废钢加工产量实现465万吨，工业增长7.65个百分点；电力产业单机60万千瓦及以上机组比重达到56.4%，其中潞光电厂2×66万千瓦机组、晋控电力2×100万千瓦机组的运行参数和效率达到了世界领先水平；现代煤化工产业以高端化、多元化、低碳化为发展方向，为了推进科技创新和核心技术产业化进程，长治市潞安集团30万吨烯烃分离项目、60万吨异构脱蜡项目建成投产，为工业尾气的高值化利用提供了新途径；焦炭产业中，潞安140万吨、潞宝200万吨、鸿达254万吨等7个大型焦化项目投产，在产业集中度和装备水平上明显提高，2021年，工业固废综合利用率达73.9%、万元GDP能耗下降3.9%、煤炭先进产能占比达到78%。同时，长治市加强了新型基础设施建设，注重生态资源的保护和修复，对城市中废弃露天矿山的生态修复全部完工，规范了矿山环境治理恢复基金的提取和监管，健全了矿产资源有偿使用制度，加快实现生态、社会和经济效益相统一。

为了促进资源节约循环利用，贵州省在产业升级改造的过程中，坚持集约化发展，通过新一代信息技术，全面推进钢铁、电力、煤炭等传统产业低碳转型，全力培育高端产业。六盘水市按照"立足煤、做强煤、不唯煤"的发展思路，对正常生产煤矿实施"两化"改造，其中发耳煤矿和山脚树煤矿入选国家首批智能化示范煤矿建设名单。在全省率先实现煤矿井下5G通信，全面完成火电机组超低排放改造任务，有力提升了传统工业的战略性、基础性地位，循环利用发展的基础越夯越实。此外，坚定不移淘汰低效供给和低端产能，全市生态利用型、环境治理型、低碳清洁型、循环高效型的经济增加值比重不断提高，中心城区空气环境质量连续1350天100%优良，在全省率先完成"十三五"绿色矿山建设任务。依托现有资源和产业基础，六盘水厚植含绿量，坚持循环发展原则，全面推进煤炭、电力、钢铁等传统产业转型升级，在经开区铝及铝加工产业园，冷却后的铝被加工成铝线杆、铝合金棒等初级产品，再经下游企业精深加工成电子元件、汽车配件等高附加值的产品，实现了电解铝的就地转化，铝及铝加工产业园是六盘水推动传统产业转型升级的一个典范。

广东韶关在产业转型升级中，注重产业园区建设，优化新能源产业结构，逐步提高生物质能、风能、太阳能等可再生能源占比，并建成诸多项目投产，如乳源发布、华电南雄、韶关新丰等。韶关市推进华南数谷大数据中心、大数据产业园区的建设，目前已建成移动5G基站17座，以及成功建设完成"一杆多用"智慧灯杆的试点项目，并且促进大数据、装备制造、生物制药等新兴产业技术，设立半开放道路测试环境，建立智能网联新能源汽车试验检测中心，创立封闭测试场地，成功成为智能网联汽车新能源电子产业企业的龙头。为了促进有色金属企业的发展，通过集合资源，采取"炼金—法治—研制—深化加工—销售"为一体的完整产业链，韶关市的钢铁产业正在智慧化、绿色创新改造道路上加速前进。韶关市的智慧中心体现了全方面集控和智能数据的决策以及没有边界的协同，把平时普通的生产改造成制度化、智慧化、数据化的生产。同时，依靠现有的产业资源和基础，根据差异化、智慧化的发展原则，建成众多生产基地，例如：万达合金车模和中国制笔研发基地等，获得"国家专用工程机械及关键零部件高新技术产业化基地"，不断优化高新区产业结构空间建设，根据实际情况规划并扩展产业园区的空间规模，持续优化相关配置，大力促进产业城市联合开展，建成华南前沿配套制造业产业区标准化厂房11万平方米，成为韶关重点产业园区。

三、推动传统产业绿色转型

作为北方重要生态安全屏障和国家重要能源基地，内蒙古自治区承担着绿色转型的重任，在保障国家能源安全中具有举足轻重的地位，合理控制"高污染、高能耗、高成本"产业规模，强化工业节能技术改革，严格控制能耗指标，围绕新的产业链部署创新链和服务链。素以"煤都"扬名国内外的鄂尔多斯则是转型重任中的重要一环。鄂尔多斯深入贯彻习近平生态文明思想，始终坚持产业绿色转型，扎实践行绿色发展理念，推动实现"碳达峰、碳中和"目标，争当全国零碳产业发展的先行者，努力实现碳中和目标。鄂尔多斯煤炭及相关产业占全市经济总量的50%以上，是鄂尔多斯最主要的经济增长源，煤炭探明储量约占全自治区的1/2、占全国的1/6，能源结构相对单一，产业转型升级任务非常艰巨。"双碳"目标提出以来，鄂尔多斯以煤炭相关产业的转型带动现代产业体系建设。为了推动煤炭产业向精细化、深加工发展，鄂尔多斯依托先天环境优势，发展构建集能源生产、装备制造、应用示范于一体的"风、光、氢、储、车"产业集群，政府通过政策引导企业引进专业技术人才、不断创新技术，稳步提升煤炭产业能效。2021年，鄂尔多斯全市规模以上工业中，高技术投资同比增长90.4%，高新技术企业收入达到1820亿元，同比增长46.4%，占规模以上工业企业收入总额的27.2%；绿色能源形势向好，全市可再生能源发电（光伏、风、水电）总装容量占比14.1%；非煤产业增加值同增长8.0%。伴随产业绿色转型的同时，鄂尔多斯生态环境也在持续改善，羊绒、生态旅游等产业多样化发展，产业结构更加均衡，切实为乡村振兴和共同富裕提供了坚实助力。2021年9月，内蒙古自治区第一家"双碳"研究机构——"鄂尔多斯碳中和研究院"成立；2022年，"鄂尔多斯零碳产业峰会"召开，此次峰会的主题是"新能源、新产业、新业态"，远景红杉碳中和基金、神东煤炭集团、隆基绿能科技股份有限公司等创新团队和领军企业分享了碳减排的主要做法和经验，共同探讨了低碳、零碳智能技术发展。通过建设"鄂尔多斯零碳产业园"，以绿色新工业集群、零碳数字操作系统、新型电力系统三大创新支柱为支撑，打造全球首个零碳产业园，助力推动鄂尔多斯成为"双碳"先行示范区，标志着鄂尔多斯"双碳"工作迈上一个新台阶。

宁夏石嘴山立足自身资源禀赋，根据实际情况做相关项目。由于钛合金为石嘴山市的主要产品，占全国产能的20%、占全区产能的46%，石嘴山充分利用这一资源优势，与贝利特等多家企业建立合作项目，落实四大创新工程。自国家实施"双碳"政策以来，吉元集团与北京科技大学科研团队合作，成立"资源化利用与生态材料低碳制备"项目，由于凝石等相关胶凝材料用硅锰渣生产比普通水泥要好得多，这大大提高了新产品的附加值，同时硅锰渣得到了充分的利用，不仅节约了资源，而且为企业降低了成本，并取得了区级优秀成果以及政府支持鼓励资金，实现了固体废物零排放的目标。宁夏石嘴山通过优化产业结构、调整转型方式，对企业设立综合评价制度，扫清"僵尸企业"及懒散企业，淘汰落后产能，大力发展具有优质潜力的企业，不断创新优化产业结构。为了做强优势产业，石嘴山加大技术创新力度，成功取得发展东西部科技创新项目重点培育库，其中有多个项目成功获得国家"优秀"等级，从资源即将枯竭转型成功，成为产业蒸蒸日上的地区。

同处宁夏的平罗县坚持绿色低碳发展，加强新材料、新能源的工业产业发展，其中贝利特化工有限公司已研发出一批关键性技术，即氰基亚氨酸乙酯微通道连续反应，攻克了晟晏集团大容积富锰渣矿热炉项目，获得了103个区级重大项目支持，并申报区级重点创新技术项目12项，被自治区认定新材料、新能源企业17家，18个产品成为区级研发计划的新产品，这使平罗县工业产业的增长值比以前增加了4.2个百分点。同时平罗县大力促进传统产业升级转型，越来越多的企业通过改革创新技术走向高端市场，并在其中发挥着重要作用。为了降低成本、提高资源利用率，坚持低碳、绿色发展的环保理念，平罗县加快从实验室向生产线聚集，企业主体地位在不断创新的同时也在不断加强，全县围绕"成长、上市"工程发展工业企业对标工作，对标率达到100%，目前平罗县已有8家企业被评为区级绿色工厂、3家企业被评为国家级绿色工厂示范企业；同时开启了全面清扫"僵尸企业"的工作，成功处置129家"僵尸企业"，并且收回土地上千亩，45万吨落后产能被淘汰。为了加快产业转型升级的步伐，通过调整产业结构、改变转型方式、调整策略等创新方法，成功让龙头转型项目福瑞硅烷偶联剂、首朗吉元燃料乙醇等达到投产标准。平罗工业园区因培育科技型企业和规上企业众多家而成功获评国家级产业转型升级示范园区。平罗县加强对标对表、技术不断创新与转换战略重组等方法，吸引了高性能等新材料的重点项目70个，同时实行围绕煤气综合利用、整改卡迪硫酸工业产业链等200多个技术创新项目，大大推动了高新技术产业和传统工业转型升级的步伐。

第二节　积极培育壮大新兴产业

一、着力强链、补链、延链

山西省立足现有产业基础，围绕产业链的协调发展，强链、补链、延链，重点培养"链主"和"链核"企业，吸引上游和下游的相关企业，促进新兴产业规模不断壮大，延伸产业的链条，推动产业集群化发展。2021年，长治市战略性新兴产业实现了高达90%的产值增幅，其中，制造业增加值占比达31%，是推动城市经济社会发展的"主引擎"。光伏行业由潞安太阳集团、山西日盛达集团等公司牵头，围绕上游原材料生产、中游光伏产品生产、下游光伏发电等环节，构建了"硅石—工业硅—多晶硅—单晶硅—电池板—光伏模块—光伏发电"的完整产业链，光伏行业在2021年度实现了产值70亿元的目标，超过了全省的半数。以中科潞安公司、高科华烨公司为先驱，在国内率先建立了世界上第一条3000万级的UVLED芯片制造线，同时引进了华微等相关公司，启动了UVLED工厂的项目，并基本完成了基底、外延、芯片、封装、照明、显示的完整产业链。2021年，公司的产值已经超过了50亿元，LED的包装和屏幕的制造已经进入了国内的前三强。在信创方面，引入北京"龙芯中科"，建立以"龙芯CPU"为中心的"信创园"，同时引入"清华同方""神州数码""量子芯云"等12个相关的配套公司，形成从"芯片—硬盘—主板"到"系统集成"和"整机制造"的完整产业链。

　　本着"绿色、低碳"的环保理念，内蒙古自治区转型升级的步伐不断加快，通过高端化、智能化、数字化、绿色化新理念改进传统产业，重点培育战略性新兴产业，着力促进基础产业的高级现代产链化，持续增强产业的创新能力，使产业结构不断优化。围绕新能源产业和稀土产业，包头市促进20个千（百）亿级工业产业项目形成。其中以通威、美科、弘元、双良、新特、协鑫、大全为龙头的百亿级投资项目以及天和磁材、韵升强磁、金力永磁、大地熊等一批稀土产业转型升级项目有明显成效，2021年，稀土产业比之前增加31.8%。通过推动新旧动能源转化，2019—2021年，包头市高新技术制造业成效显著，增速达到1.2倍。其中2021年战略性工业新兴产业总值占产值规模比重的21.2%。通过建设国家重要的新型材料产业基地，打造稀土新材料、高性能纤维及复合材料和前沿新材料等产业集群，完善新型材料产业配套体系，延伸产业链条，推动实施新型材料产业项目落地，新型材料产业产值已经突破千亿元。大力发展现代化新型装备制造工业。围绕汽车制造、通用设备、专用设备、轨道交通设备、安全应急救援设备等领域，延伸产业链条，推动北奔公司与顺丰运力、青岛普天公司、湖北中远汽车等公司合作，以一机、北重和北奔为龙头，推动应急工程、应急救援装备、高机动应急救援装备和社会治安保障装备的集群发展。通过建设一批先进的智能化模拟实验室、大数据研究所，以及相关的产业链骨干公司，开展云计算、物联网、人工智能等产业的研发。通过技术创新和成果转化，新能源、绿色环保、新一代信息技术、新能源汽车等战略性新兴产业快速发展。

　　宁夏宁东区根据产业结构的特点，推进"六新六特六优"企业产业，促进产业延链、补链、强链，优化产业结构，尤其在纤维产料高效能方面，鼎力推进生物基纤维、芳纶纤维等绿色纤维制品，并获得"中国氨纶谷"称号。宁东区计划投资上千亿元上百个产业工程以及多个基础设施工程，这加快了宁东区大项目的建立实施，有众多著名企业接踵而来，形成了深化产业链发展建设的产业新形态。作为全国最大的煤基烯烃及煤制油生产基地，宁东区煤化产业占全部产业比重提升至50.7%，这是因为宁东不断开拓创新煤化工产业，并与清洁能源产业、新材料的化工产业及一些靠前的化学品企业相互补充、相互融合，与生产服务行业与制造行业相互协作，让清洁能源及新材料产业等产业成为宁东光伏产业的顶梁柱，并为其设计了可再生能源电解水制氢项目，这快速推动了宁东地区的产业建设，并使得宁东的新能源及电子等材料产业蒸蒸日上。宁东区为了让改革创新这条路走得稳、走得长久，计划并实施煤制油可以提升经济效益的项目工程，2021年，R&D投入强度达到2.25%。以"双碳"为目标，领先发展CCUS、绿氢耦合煤化工等相关项目，实行创新技术、节约成本、减轻煤炭、增加氢燃料利用率的五年行动。宁东区成为国家氢燃料电池新能源汽车示范群体。围绕"现代煤化工、精彩在宁东"品牌行动，发布创新二十条：创新新型示范产业、工业产业互联网、"小巨人"等新型创新企业产业的模式，并同"金三角"、新材料、新能源联合促进发展全国性顶尖论坛，进一步提高创新驱动发展战略的效果。

二、发挥龙头企业的带动作用

四川省依靠龙头企业推动产业链招商打造智慧园区，一批新兴产业不断涌现。宜宾市依靠龙头企业打造智慧园区，重点打造以"白酒产业园区""锂电产业园区""汽车产业园区"等为代表的智慧工厂、智慧车间，均不断提升企业的数字化、信息化及智能化水平，这都是宜宾市通过龙头五粮液集团、天原集团、四川时代、凯翼汽车等企业建造的。被工信部列入工业领域数据安全管理试点企业的五粮液集团同时入选四川省第一批数字化转型促进中心；在青岛世界工业互联网产业大会上荣获金晖奖"数字化转型先锋"称号的天原集团股份有限公司，基于数字化转型的智慧工厂模式入选四川省企业数字化转型优秀成果；宜宾海丰和锐公司被国家应急管理部纳入第一批"工业互联网+危化安全生产"试点单位。通过引进29家大型企业落户，宜宾市积极建设动力电池主体、电池结构件、电池材料、电池回收循环利用以及动力电池科技研发全产业链。为了把科技企业培育壮大，推动企业发展，宜宾市加大动力电池产业领域高新技术企业和科技型中小企业培养的认定力度，并分级建设后备培育库，从而引进被认定为国家高新技术企业的凯翼汽车、宜宾锂宝等10家企业。

通过依靠龙头企业打造轨道交通产业群体的湖南省株洲市，轨道交通产业也带动了设备交流传动和控制系统产品约占80%的国内市场份额，相关轨道交通产品已远销全球70多个国家和地区，先进的轨道交通设备群体也在制造业群体比赛中胜出，轨道交通产业的发展水平不断彰显。以龙头企业为牵引的辽宁省沈阳市推行华晨宝马新工厂重大项目，把汽车以及零部件制造业产业做强做大，从而培养了千亿级汽车以及零部件制造业产业的群体。通过龙头企业的带领，以沈飞、沈鼓、北方重工、机床、华晨宝马为首的龙头骨干企业共推动建设龙头企业配套园区10个、主要特色工业园区20个，并且设置市、区及企业互相联合的工作制度，拟订并实施头部企业配套园区和特色工业园区建设的行动计划和招商方案，开展沈鼓集团整零共同体示范建设，并招进重大企业项目落户，例如宁德时代、苏州美德航空航天、上海艾斯凯变压器等。2022年，头部企业配套率为37%，比上一年增加了5.1个百分点。

重庆长寿是我国西南最大的化学工业生产基地之一，以往长寿新区以生产基础钢铁、化工原料及中间产品为主，在过去的产业发展中，工业结构相对单一，产业持续增长乏力，对生态环境造成了很大影响。为了扭转不利局面，发挥龙头企业的引领作用，着力推动技术研发和科研机构建设，已有23家高技术企业和12家研发机构在此落户。中国石油工业重庆川维化学股份有限公司是20世纪70年代在全国范围内建立的4家主要的化学纤维生产企业之一，历经多年发展，现已成长为全国最大的燃气化学公司，聚乙烯醇（PVA）的出口总量在全国排名第一。以川维化工为代表，重庆长寿以油气化工新原料为核心，聚集了扬子江乙酰化工、双象集团、云天化等多家油气化工新原料行业的领军企业，并向外延伸了纤维、聚甲醛、醋酸酯、塑料光纤、聚氨酯等多种产品。新材料是一个具有良好发展潜力的战略性新兴行业，长寿区在发展传统产业链的同时，更加关注新材料发展方向，以新材料前沿领域为主招商引资。近几年，以"新物质高地"为核心，通过对一次化工产品、钢铁等原材料的深加工，不断拓展其产业链条。在新物质技术研究的基础上，通过加速技术的研发和应用，促进园区的产业结构调整和优化。企业的生命力来源于技术创新和产业转型，作为制造塑料制品的一种重要原料，以前我国甲基丙烯酸甲基纤维素需要大量进口，经过近年来不断的研发和创新，重庆奕翔化学股份有限公司在相关技术上取得了突破性进展，自2020年年始，公司的产量一直保持在35亿元左右，较上年同期增加了47%，不仅能消化本地的甲醇和液氨，还能解决当地对甲基丙烯的大量需要，并计划下一步继续增加新的光电功能，比如有机玻璃等延伸化学工业的链条。恺迪苏（重庆）公司依靠着不断的技术革新，成功地利用了煤气发酵的方法来制造蛋白。一块块厚度只有7微米的洁白薄膜正在重庆恩捷新材料科技有限公司的厂房内成型。长寿区正依靠以上海恩捷为首的锂电池隔离膜分公司的恩捷项目，促进锂电隔膜、光电膜、反渗透膜等功能性膜材料产业发展。位于长寿高新区的重庆市中润化工股份有限公司总部设在广东，之所以选择在长寿区开工建厂，是因为长寿区有一个专门的化工厂，具有很好的商业氛围，同时具备资源、原材料、市场条件，在长寿区以新能源车用锂盐的关键原料NMP（N-甲基吡咯烷酮）为主要原料，实现了人民币5亿元的利润，再加上刚完工的第一条生产流水线投产，公司将实现人民币30亿元的利润。

2021年，重庆长寿规模以上工业企业中约有200家新材料企业，集中签约18个重大项目，合同引资163.8亿元，新材料产值超过700亿元，总产值突破1100亿元。长寿区还加快形成"高端研发平台+链主企业+骨干企业+配套企业"的产业生态，做强金属材料、硅基材料、功能性膜材料、合成材料等核心产业链，当地天然气化工新材料、硅基新材料、新能源材料及装备集成示范等产业规模和技术进入全国领先行业。随着工业的发展，重庆市地方环保法规也随之提高，到现在为止，长寿经开区已经建立起了5个层次的污水截留系统和环境事件的紧急控制系统，已经投资了近百亿元用于建设污水处理厂、工业废物处置场地等，并在关键地区铺设了地下网络，以便检查原料和污水有无跑、冒、滴、漏，极力将环境危害扼杀在摇篮里。目前，长寿新区已经在"燃气化工新材料""硅基新材料"和"新能源新材料"3条主要的产业链条上聚集了200多个新材料生产基地，全市规模以上的新材料产品将达到1201亿元。从传统的化学工业、钢铁工业到新兴建材工业，重庆长寿将继续完善园区的各项基础建设，营造优良的投资创业氛围，力争成为一个产业发展新龙头。

第三节 大力发展特色优势产业

一、立足资源禀赋，发展壮大特色优势产业

在产业转型升级过程中，安徽省依托资源禀赋，坚持产业链延伸和产业替代结合，打造特色优势产业，构建现代产业体系。铜陵市是安徽省唯一的国家老工业城市和资源枯竭型城市转型示范市，面临着产业转型升级的压力。依托较好的铜产业基础，按照国家产业转型升级示范区建设要求，以项目为王、发展为要，真抓实干，紧紧围绕科技创新、园区建设、城市品质和特色发展，实现了旧资源上长新枝，在老产业上开辟新亮点，走出了新兴产业不断发展壮大、传统产业转型升级"双引擎"的特色发展新路。在产业转型升级的路上，为实现年度目标任务，铜陵市坚持特色，对标先进，补短锻长，提高质量，扩大产量，提高优势产业竞争力。针对铜陵市原有的"铜业独大"局面，铜陵市确立了"抓住铜、延伸铜；不唯铜、超越铜"的总体产业改造升级发展思路，在改造升级铜产业等优势产业的同时，大力发展特色优势产业。在"双引擎"的特色发展思路下，铜陵市不仅形成了完整的铜产业链，在铜产业主营业务收入达到2200亿元的规模的同时，铜产业在铜陵市的地区生产总值比重由原来的90%下降到现在的55%，而特色优势产业的产值则占到规模以上工业产值的30.6%，服务业增加值占地区生产总值的比重也达到了35.4%，产业结构更加合理，总产值增加显著。

铜陵市之所以能发展迅速，同加强科研院所的合作密切相关。近年来，铜陵市与中国科学院合作，成立了中国科学院皖江技术发展中心；同中科大合作，成立了科技创业园；同清华、北大、上海交大等国内20多所

高校建立了合作关系，积极引进了11个高层次科技人才团队。引智行动成效显著，全市高新企业占比（占规以上企业）达到27.5%，省级以上企业研发平台75个，其中4个国家级企业研发平台，有力推动了产业改造升级。坚持以抓园区、抓项目为手段推进产业加快转型。坚持把园区发展和项目建设作为推进产业转型的重要载体，先后创建2个国家级开发园区、3个省级开发园区和1个省级承接产业转移示范园。坚持以精准招商和产业链招商承接产业转移。围绕PCB产业、先进制造业等成功引进一大批有重大集聚能力的新兴产业项目。2021年，在产值方面，铜陵市铜基新材料产业基地突破819.3亿元，增长26.5%。高标准建设国家先进结构材料产业集群，形成"1个国家级集群、1个省级基地、6个省级工程（专项）"的发展格局。

近年来，铜陵支持规上企业、高新技术企业和科技型中小企业组建市级研发平台、申报省级以上研发平台。实现了我国以铜业为工业基础的新材料制造业的省级自主创新，对原国家印刷电路板、铜、铅、锌质量管理监督与检查追溯系统、产品质量的监督和检查管理系统进行全面优化。2021年，铜陵成功获批建设国家创新型城市，全年净增62家高新技术企业，高新技术企业总数达322家。安徽省铜陵市全面开展全市省级以上开发园区循环化改造，加快资源综合利用，强化尾矿、磷石膏等大宗工业固体废弃物综合利用，建成全省唯一的国家"无废城市"试点市。坚定不移、持之以恒地培育和开发扩大优质铜，制订了优质铜产业三年倍增行动计划，优质铜基新型材料亟待发展，成立了新型材料产学研结合技术创新促进会联盟、先进金属结构材料产业园（东陵新材料）技术研究院。安徽省铜陵市实施了科技创新倍增行动方案——国家级高新技术企业倍增工程计划试点和工业企业。工业企业覆盖率将达到43%，高新技术企业在"十三五"期间增长75%左右，科技创新发展成效显著。通过科技创新，铜陵市坚持绿色发展，不断挖掘和开辟高新产业，产业转型和城市品质双提升。对促进新兴技术产业者的加快成长发展和推动传统优势产业升级的技术改造政策实行"双支撑"管理。坚持科学抓控铜促扩控铜，全力推动铜加工铜陵业全产业链建设。2021年，建成铜陵国家级示范区，已形成铜箔、铜带、铜杆电缆、铜合金、铜、稀有贵金属等重点产业链。

新型有色技术装备十分先进，先进有色金属国家集群已经形成。在产业技术创新的项目（专项）下，新型冶金产品省级特色工业基地年产值规模累计达到942亿元，增长年均超过35%，约占上年全区工业产值比重总和的35%。先进水平的新型结构材料产业及创新发展集群的76家高新技术企业在2021年预计实现总规模产值分别为人民币1366亿元，年均约增长34.4%。新增加了经典技术和制雅2家上市公司。全市共有9家上市公司，这些公司所带来的制造业附加值在全省居首位，在GDP中占有很大的比值，上市公司的数量全省排名第四。安徽省铜陵市通过制定积极稳妥的政策，多措并举降成本，深入推行"暖企行动"，全年减少税收等成本总计35亿元，对具有长远意义并且增长后劲强的产业落地运营，全市工业经济效益综合指数位列全省第一。目前，铜陵市已经具有完整的铜产业链，战略性新兴产业产值占规上工业比重达30.6%。

依托自身的资源，在产业转型升级的同时，辽宁省抚顺市积极培育发展壮大特色产业。以"工业立市、工业强市、产业兴市"为发展思路，精准发力，实现了产值增长与特色发展双丰收。在传统产业升级改造上，推进产业精深化、特色化发展。纵深推进传统产业向特色化工产业发展，打造有机化工、精细化工、合成新材料和橡塑蜡深加工四大产业特色产业集群，行业产值达到543亿元。以望花经济开发区的抚顺特钢等重点企业为核心，推进冶金建材产业的深加工，打造冶金新材料和深加工产业的研发产业基地，行业产值达到102亿元。通过推动工业与现代服务业深度融合，特色优势产业不断壮大。以医药健康产业融合发展为切入点，通过引进上药集团头孢曲松钠医药中间体项目，医药健康产业快速发展，产值规模达到10亿元。通过引入跨境电商、应急、通航等领域的重点项目，中国（抚顺）跨境电子商务综合试验区申报工作取得突破性进展。以旅游业融合发展为突破口，推进特色文旅产业发展，推动区位的自然优势转化为产业转型升级的动力，旅游收入达到330亿元。以培育龙头加工产业为引擎，加快农产品加工聚集区的建设，推进农产品加工产业的发展，行业产值达到31亿元。以清原抽水蓄电项目为中心，重点推进氢能源汽车等新能源产业发展，总投资额达到109亿元。以产业上下游产业协作为纽带，增强应急、救援、军用特种车辆等装备制造业间配套协作关联度，推动相关企业集聚，建设高端装备制造园区，行业产值达到25亿元。

通过构建"1+2+N"的产业，江西省萍乡市积极培育电子信息产业、节能环保产业和装备制造业等新型产业，其中，电子信息产业增加值同比增长27.2%，节能环保产业增加值增长19.3%，高于规上工业增加值增长16.4个百分点和8.5个百分点，对经济增长的贡献率分别为18.7%和32.5%。莲威新材料产业园一期工程，联锦成科技、深圳贵德、全康电子一期工程等一大批工程已竣工并投入使用。

二、推动产业技改扩能，提升特色优势产业

作为老工业基地和国内典型的资源枯竭型城市，要实现产业转型升级，对传统产业的技改扩能尤为重要。通过和依靠技改扩能，一批传统产业焕发生机，老工业企业实现了转型升级。大冶特钢作为湖北省黄石市老工业基地的典型企业，其发展史就是半部黄石的工业史。黑色金属、有色金属是黄石市工矿业的代表，其发展高潮时，产值达到黄石市工业产值的60.9%。但从2011年开始，由于全国传统制造业产能过剩，黄石市工业产值受到严重影响。在产业转型升级过程中，黄石市坚持淘汰落后产品，把改造传统产业的重点工作放到了技改扩能上。黄石市推行"百企改技"计划，累计实现300余个工业技改项目，投资总额逾900亿元，实现了对传统制造业的改造升级。通过技改扩能，淘汰了落后产能，提升了生产效率，环保节能这一方面得到改善，产品质量和工艺技术达到了国际一流水平。大冶特钢中棒线的连铸连轧工艺处于世界领先水平、劲牌在国内首创了智能化数字酿酒工艺、东贝第八代变频压缩机生产工艺达到了国际领先水

平，等等。作为国内重要的制造业基地和工业之城，黄石有色金属、冶炼等产业在传统产业的改造升级中实现了二次腾飞。

通过产业技改扩能，黄石市印刷电路板产业快速发展，特色优势产业竞争力明显增强，区域协同，"产业同链"，产业转型升级成效显著。武汉城市圈同城化发展的总体思路就是以产业协同为基础、以科技创新为动力源。2018年，湖北省政府开始实施"光谷科创大走廊"的一体化科技创新战略。其具体做法为以东湖高新区为引领，黄冈、黄石、鄂州四地联动，合力将大走廊战略向纵深推进，力求发展成为我国创新发展的一个高地和世界级科技创新区。黄石市位于武汉百公里经济圈的东端，是湖北省打造的中部崛起战略支点的东大门，处于推动区域协同发展的重要战略支撑点。作为湖北产业和生产要素最为活跃、密集型最多的武汉城市圈，它以占全省1/3的面积和1/2的人口创造出了湖北省生产总值的3/5。黄石作为武汉城市圈的东大门，凭借着自身的区位优势，积极融入"武汉城市圈"，在"产业同链"过程中，发挥自身的原有优势，以自身的印刷电路板优势产业为支撑，主动作为，延伸产业链条，向上延伸玻纤布、铜箔等相关产品，向下延伸显示模组、触摸屏、驱动芯片等相关产品，上下游联动。主动融入武汉"光芯屏端网"万亿级产业链。在电路板上成为武汉烽火通信、华为等企业的配套供应商；在显示屏上成为武汉京东方、华星光电等企业的配套供应商；在激光产业上，锐科激光发展成为头部企业，尚河电子、科为晟电子等企业成为产业链上不可或缺的重要链条；在终端生产上，闻泰科技是集成发展的典范，协同产业链发展上的企业也为数众多。目前，黄石经济技术开发区在产业链条上的规模以上企业有170多家，其中与武汉城市圈协同配套发展的企业就有121家，黄石已经发展成为电子信息产业集群，是武汉"光芯屏端网"产业链条上不可或缺的重要部分。

被称为"电子产品之母"的高精度铜箔是印刷电路板的最主要原料。黄石市印刷电路板产业从无到有，产业规模不断壮大，欣兴、星河、上达、宏广、定颖、竞业等印刷电路板行业领头企业相继设厂，从硬板到软板,从最初的代加工厂到自主研发、附加值不断提高,走出了一条黄石市的技改扩能新路。经过十几年的发展,黄石市的印刷电路板业发展规模不断扩大,初步形成产业集群,具备了极高的产业竞争力。目前,黄石市有全球百强印刷电路板企业10余家,拥有湖北省2/3的印刷电路板企业数,包含了覆盖PCB、显示终端、半导体、激光等印刷电路板的产业核心聚集区,并辐射大冶市、阳新县、西塞山区、下陆区等周边市区。如今,黄石市的印刷电路板产业销售规模居世界前列,全球每销售3台智能手机就有1台的印刷电路板是黄石生产的,全球每100台新下线汽车就有15台车的印刷电路板是黄石生产的。随着年产10万吨高端锂电铜箔及5G高频高速电路板用铜箔的诺德锂电铜箔和铜基材生产基地项目落地,黄石市的印刷电路板产业将再上一个新台阶,产业聚集和引领效应将更加凸显。

湖北黄石滚动实施100家企业技术改造计划,两年来,实施工业技术改造项目300多个,总投资1000多亿元,促进了传统产业转型升级。围绕主导产业建立了10个产业研究院进行研发;规上制造业研发机构覆盖率达到76.4%。产业从产品创新向系统集成创新升级,高新技术产业增加值占GDP比重居全省第二。推动光芯板屏网全链条发展,电子信息产业年均增长30%以上,成为全国第三大印刷电路板集聚区。围绕工业互联网推动全市工业企业智能化转型。大力发展工业设计、检验检测、现代金融等生产性服务业,促进制造业和服务业、工业化和信息化融合发展。黄石市在既有制造业的基础上,由传统的原材料加工产业向新材料和高科技产业转型升级,形成了特色化的新材料产业集群。黄石新材料产业主要由铜精深加工、钢铁精深加工、铝型材、绿色建材等重点产业组成,其中获批特钢、有色金属两个国家火炬特色产业基地。黄石市根据自身原有的铜产业优势,瞄准具有引领作用和更高价值链的高精度铜箔产业,实现了产业的升级改造,实现了产业的突破性发展。通过对市场的考察和结合自身优势,黄石市从电子信息产业的空白地带发展成为产业升级改造的引擎产业。

三、加速产业数字化改造

加快大力培育并发展数字经济，促进数字产业化建设。在山东省淄博市，为了大力开展数字经济，全省全市齐心协力，在产业重点培育新兴金融产业链上大下功夫，涉及谋划布局工业、互联网医疗教育等11个领域，一系列产业配套相关的支持政策的出台大力推进了全市1万多家云企业的发展，智慧工厂的数量激增。北京市石景山区则是将重心放在虚拟现实产业上，十大产业转型升级项目以工业互联网产业园区为依托、以北京城市大数据研究院基地为基础，积极培育发展虚拟现实产业，有效利用好区域资源。在辽宁省，数字城市沈阳不断打造自身实力，星火链网络平台和技术不断成熟，智慧城市的建立在全国领先。在全省齐心协力下，大量接收智能基站升级改造项目，5G智能基站项目取得了成果，建立起了沈阳超级节点。河南省洛阳市也毫不示弱，解析认证系统国家的二级节点得到了全国的肯定，我国全省和境内的唯一的工业互联网标识在河南省和洛阳市都获得批准。利用工业互联网平台系统逐步加紧进行建立开发调试和建成投入生产使用成为可能。平台的获准建成有力推动了互联网的发展。河南省鹤壁市加快规划培育大云数据、5G、人工智能网络等十大新兴产业，在中国现代农业与大农业数据、社区数字化智慧服务、工业互联网技术等新兴领域内形成新形态。湖北省襄阳市在智能制造和智能改造上大下功夫，无愧于"千企登云"的称号，作为全国示范企业，在数字化生产线上取得了极大成功，数字化车间、智能工厂和机械换人技术也十分先进。在湖南湘潭，工业成就和现代数字经济模式密不可分，二者协同发展，使得全市规模限额级以上大中型工业企业取得了极大成果，在一览表中，数字化全过程超过85%。重庆沙坪坝：创新驱动赋能产业蝶变。数字化、智能化改造，提高制造业全行业要素生产率，发挥现代数字技术进步对产业发展规模的整体扩大、叠加、倍增带动作用。年销售额2亿元，利润1000万元，运营成本降低15%以上，人力成本降低25%以上，产品生产率提高30%以上。这些数据都是沙坪坝数字经济技术与虚拟实体经济模式的一种深度交叉融合、是传统产业转型升级的缩影。

为了推进信息化与工业化的深入融合，湖南邵阳以智能提升效能、以信息化激发产业创新活力。湖南邵阳积极探索和创新智能制造，推进了"新一代IT"和"制造"深度结合，加速智能制造的发展。首先，贯彻以"智能"为核心的发展理念，建设"智能家居""特种玻璃"和"智能机械"等智能工业园区，推进并实现"邵阳制造"向"邵阳智造"的转化。以"云网融合"为主线，加快实现数字技术的转变，彩虹特晶科技将企业的信息管理与产业网络对接，建设了一条每年可加工400余万平方米的特晶科技智能流水线，并在重要工艺环节实现了全过程的数字化控制，被列入了湖南省"新一代数字基础设施"的重点工程。加速推动企业的工业装备与业务体系向云端、更高层次发展，拓展与之相适应的信息网络的深度与广度，为企业的数字变革提供有力支持。其中，湖南圣菲达服装有限公司、湖南万脉药业有限公司、湖南广信科技有限公司被评为2021年湖南省"上云上平台"示范单位。其中，衡科铝合金和宏晶电子厂被评为2022年湖南省制造业数字改造工程的重要单位。圣菲达服装将建立起一套先进的智能化的装备和信息管理体系，通过对这些装备的实时感知、分析和预测，结合材料的生产时间长度，进行生产和购买，提高了存货的周转率，以及企业的经营效益。其次，邵阳市以创新驱动为核心，重点关注平台赋能。引进国家级平台，比如国家数控系统工程技术研究中心、数字制造装备与技术国家重点实验室，着力为企业提高良品率及生产效率。在此基础上，建立先进制造技术研究院、特种玻璃研究院、智能制造研究院等18家省级以上研发平台，基于产业需求，帮助传统制造企业实现从"手工车间"到"自动化化工厂"的信息化更新。以生产提升为目标，大力推进企业的信息化、智能化转型，例如拓浦精工智能制造业是一家专注智能小电器的企业，以工业4.0为基础的智能化厂房引入了全自动的冲压设备、全自动的表面处理设备、全自动的注塑设备等，用于自动化的装配和生产，并利用可视化的检测设备对其进行了检测，从而达到了对整个生产流程的智能化管理；亚洲富士有限公司引进软性钣金加工流水线以及瑞士和德国库卡机器人等联合形成的自动标准化流水线，启用全智能的管理平台，制造湖南省全智能化的车间示范区；三一专用汽车有限公司对底盘、搅拌车以及一些自动化产品的装置配备等全部进行了系统化、自动化的升级，涵盖多个生产环节的管理。

　　湖南娄底根据自身实际情况，发挥工程机械和钢铁新材产业的优势，把信息化当作工业转型升级的突破口，加快制造产业的转型升级步伐，并且全方位提升了智能化标准。首先，促进工程机械制造"智"变，打造"灯塔工厂"。娄底市通过新能源企业充分释放"灯塔工厂"和路机"灯塔工厂"的产能，加强执行智能化的创新改造工程，并研制出一类别养路器械、混凝土器械等工业产品，设计了一批数据化车间、智能化工厂及机械化生产线。娄底市相关工业公司根据智能创造"灯塔工厂"的准则，建立了自动化液压油缸生产厂房，总面积24万平方米，有力促进了工业生产制造由局部智能跨向全面智能。三一路面机械有限公司根据大数据平台，达到了从产品质量、生产状态及全流程制造的监控三方面监督，产成品的效果比传统工业工厂提升了4倍，这一切都归于三一公司把全自动化、智能化、数字化的仓储、运营和物流配送管理系统引进公司，生产线上的流程近70%都由机器人完成，成功地把传统工业转型成智能化工业。其次，将钢铁制造业与数字化相结合，建立"智慧钢厂"。增加工业机器人和智能设备的应用，通过除渣机器人实现自动除渣、精细过滤和快速除渣，并在高温、高尘、高噪声等恶劣条件下实现自动化操作，降低了生产过程中的操作风险，生产效率得以提升。热处理板材厂建成了数字化、智能化的样板车间，以及集成自动化系统的生产线，板材、团队、设备、能耗等资源数据得以清楚直观看到，达成了安全生产、标准管理和施工的目的。湖南华菱涟源钢铁有限公司重点关注品质管理、生产工序、提高效率等，通过信息化、智能化、数字化的途径，达到钢铁生产制造与智能制造相融合的目标，在自主研发的大数据跟踪分析平台上，从"一键炼钢"升级为集成炼钢模型、合金模型等的"智能炼钢"。建成10个智能化生产车间和42条智能化生产线，高附加值产品占比从25%提高到65%，品种钢累计效益超过38亿元。最后，湖南娄底主动发展工业互联网，创造"产业云"平台。推进新信息技术与实体经济相互融合，例如引进浪潮云创信息科技有限公司等通信企业，以华菱安赛乐米塔尔汽车板有限公司为首等企业、三大运营企业联合开发工业产业网上云平台，引进一些龙头企业项目试点。湖南省新化县的鑫星电子公司和金峰机械科技公司就因为智能化生产制造产品及智能化制造企业一体化的网上云平台，成功被列入湖南省工业产业互联网平台的建设计划。这大力促进了工业互联网与产业云平台的建立，为促进产业智能化发展起到了推动作用。

第四节　注重产业技术创新驱动

一、围绕产业链布局创新链

重庆沙坪坝在"链"上发力。拥有重工业基地的沙坪坝精心选择未来主攻工业方向，以高端、智能、绿色环保为产业目标，大力发展战略性新能源、智能网车联网汽车、高端装备、医药食品等优势新兴产业，重构产业链，创新技术链、供应链、价值链，实现主导产业集群发展。金钢电源是江浙集团子公司，专业从事新能源汽车用电池、电机、电控设备的研发，是当前国内为数不多的一批拥有发电机、电控、传动系统生产线设备的企业数码工厂之一。自行设计的高度自动化、智能化、集成化的电机、电控生产线、电池模块、包装生产线都达到了世界先进水平。加入重庆金江电力新能源有限公司后，全自动机器人的生产线，以及高度自动化、智能化、集成化的生产线引人注目。

　　沙坪坝区回龙坝镇的惠利明汽车配件公司加紧研发生产新能源汽车配件。总部的领先技术支持和专业服务。在沙坪坝区，企业采用"总部+龙头+配套"的发展模式，这是拥有26家金美汽车电子企业的小康汽车连锁企业。2021年，这些连锁企业已实现年产值23.14亿元，年营业收入18.27亿元。加快沙坪坝区补、稳、强链条步伐，促进汽车等传统产业升级。沙坪坝区抓住了机遇。重庆国家智能网互联与汽车核心电子零部件国家特色产业重点建设试验基地聚集着46家大型汽车配套制造和规模企业。目前，形成壮大了区内以小康汽车公司为典型代表的大型汽车配件制造龙头企业，以及康明斯以发动机企业为主要代表、以博泽汽车有限公司为典型代表企业的关键零部件重点整车配套产品供应商。同时，加快渠道、港口、保税服务等优势资源的创新发展，构建汽车零部件全球物流服务体系。沙坪坝区延伸产业链和产业集聚，目前全区规模以上工业企业236家，比2021年增加20家。

　　以"智"赋能，助推产业转型升级。在沙坪坝转型创新和服务升级向"智造"的方向快速发展，融合推进数字经济与服务实体经济，数字化车间、智能工厂、无人生产线不断涌现。数字与实体经济的深度融合，发展质量和效益显著。2022年，全区15家企业入驻重庆成为"双百企业"，比2021年多1家。沙坪坝区正在向"制造先进"转变。《重庆市沙坪坝区支持制造业高质量发展若干举措》围绕强化制造业科技自主与创新能力、推动重点制造业企业优化升级、支持重大工业科技设计装备创新项目发展、鼓励外资引进发展先进现代制造业企业、加强重点制造业人才战略引进支持五个方面提出了具体措施，注入能量。在四川自贡，与浙江大学的协同创新，为建立创新空间，建设成渝科技成果转移转化基地，自贡市与浙江大学、清华大学、理工大学等高校密切合作，紧扣创新链、产业链布局，加强创新科技成果的转化应用，实现川渝科技成果转移转化基地的建成。

二、培育壮大创新主体

重庆沙坪坝坚持创新驱动，瞄准发展的最佳路径，打造"创新智核"。引进创新主体，包括全国各省市18家大型高科技的研发或投资型公司，与中国航天科工、中国电子科技以及中国机械工业等6家中央企业公司，以及华中科技大学、中国石油大学等9所高校签署战略性的合作发展协议，加快建立了构建中电光谷、武汉光电工业研究院、北京英诺等6家高校科技要素创新及转移的服务平台，不断探索建设与强化高科技企业转型平台。新增市级新型高端研发机构1家，院士专家工作站2个，国家高新技术企业中心入驻11家，科技型企业战略联盟成员137家，产业基金投资孵化器落户3个，两院外籍特聘院士、领军学者专家团队等吸引海外归国高层次科学技术人才19名，R&D科研创新投入贡献率平均占全区科技进步的2.95%。每一万千人申报的中国发明技术专利的累计拥有量每年均一直保持着全市排名第一。

发展先进高技术制造业，向世界高端方向发展。是全球制造业活动中活动最广泛活跃、成果含量最丰富多样的工业领域，价值链条中边际利润空间和经济附加值比重较高的经济领域主要是全球先进制造业。2018年，引进国内先进机床制造业项目61个，投资约347亿元；亿元产值以上技改项目达到36个，如大连和杨光精密数控机床、小康三轴电、触摸控制技术机床等。

搭建创新载体，万普龙新能源科技产业园、中科纳通电子材料产业园项目群一期等近4个高端产业园项目均已经相继开工并启动投资建设，望城科技、徐克生物医药科技园项目等近4个重点产业项目皆已正式投产，高端智能装备及研发技术等一批相关高新技术特色产业项目已逐步集中得到规划及开发建设，宇信芯片设计研究院继续教育、东威科技集成电路国家软件服务业研发制造产业基地建设项目等项目共涉及5个项目，新建工业企业25家，实现工业总产值2000亿元，增长11%。

建设高校周边创新主体是沙坪坝区建设平安校园的重要内容之一。目前沙坪坝区集中开展四大工程整合、创新生态系统提高效率、全面振兴嘉陵创意谷等六项重点工作。系统改造、创新推进新优势、创新推进示范区建设、创新推进、高质量发展新趋势加快形成。产业转型升级，科研成果的实现是重点。重庆大学队获得了5600万元的风险投资，自主开发了光纤多维智能传感技术及应用。检测直径130公里、20米以内的微米级变形可对油罐和精密仪器的运行进行实时监控和警报。该技术打破了外国技术封锁，应用于重庆、山东等地。该技术现已成为重庆大学最大的技术权益转移项目，也是沙坪坝区高校周边创新项目中最大的科技成果转化项目之一。

为完善知识结构，重庆沙坪坝选派干部赴北京、上海、天津、浙江等地考察学习，"高校+研发机构+科技服务平台+高新技术产业企业"成为基础模式。此外，为建设重庆科学城、物流园、微电园，沙坪坝区将充分利用好大学城等资源，战略平台不断优化，"创新"和"开放"两大核心动能逐步加强。同时，引领高质量发展的"科创智核"是沙坪坝建设的主要目标，"创新"和"开放"两大动能要通过坚定不移扩大开放集聚海内外优质创新要素，以开放为纽带，推进大开放、促进大流通、集聚大产业、实现大发展。要素升级为发展提供原动力。要素资源升级是提升全要素生产率的重要通道，沙坪坝区就采取了此做法。重庆大学国家大学在技术创新、人力创新、模式创新、组织创新和管理创新上大力推进科技园改革，全国性科技企业孵化器主任培训班，使得市场主体大力发展。依托搭建沙坪坝区技术成果转移服务平台，高校创新能力顺利激活，450多名专家、30个成果入库重庆大学。周边业态升级和环重庆大学、环重庆师范大学创新创业生态圈建设。此外，孵化服务能力有效提升。

湖北黄石发展飞地经济，借智借脑，协同创新。武汉作为华中地区的教育中心，高校、科研院所众多，武汉东湖新技术产业开发区是首批国家级高新区。背靠科教腹地，黄石市"近水楼台"，主动借力光谷科教和创新资源，率先在光谷成立了黄石（武汉）离岸科创中心，更方便、快捷地实现校企合作、科研成果转化和项目外溢合作等，为黄石的发展注入新智能。借助黄石（武汉）离岸科创中心，初步构建了"研发在武汉、生产在黄石，孵化在武汉、加速在黄石，引才在武汉、用才在黄石"的"飞地创新"发展模式，更好地利用了人才智能，解决了黄石市高科技人才不足的实际问题。以此为依托，黄石市还加快了引智的步伐，在大冶湖核心区筹建了黄石科技城，规划占地面积1700亩，总投资达到100亿元。目前，科技城一期已经投入使用，科创大厦已经验收完成，即将投入使用，首批签约客户达到20家，成为鄂东地区最大的产业技术创新中心，与光谷科创园完美对接。此外，黄石经济技术开发区还同武汉高校积极开展合作，实现产学研的一体化发展，合作的院校涵盖了武汉大学、华中科技大学、湖北工业大学等湖北省内多所高校。目前科创园已经初具规模，拥有2家国家级研发机构、19家省级研究平台、9家国家级众创空间（孵化器）和24家省级众创空间（孵化器）。

通过"飞地协同创新"发展模式，科技创新成为产业发展的新引擎，真正实现了老工业基地的改造和升级。2021年，黄石市电子信息产业行业产值同比增长59%，是2019年的2.5倍，获批国家先进电子元器件创新型产业集群；高技术制造业增加值同比增长51.1%，高新技术企业数量实现3年倍增，高新技术产业增加值占地区生产总值比重达23%，居全省第二。当年，黄石科技创新发展指数进入全国百强。2019—2021年，黄石电子信息产业产值年均增长30.5%，连续三年被评为国家产业转型升级示范区优秀等次。老工业基地调整改造和培育接续替代产业等工作多次获国务院通报表彰。国家商务部公布2021年国家级经济技术开发区综合发展水平考核评价结果，黄石经济技术开发区跃升至第49名，跻身全国50强，成为湖北省进位最快的国家级经济技术开发区。

湖北省黄石市在与武汉"光谷"合作的基础上，以"零"为基础，大力发展"零"的电子信息产业。广东省韶关市充分发挥省内优势，大力实施对口帮扶政策，快速推动了"广韶同城"和"深韶对接"，并使产业合作共建加快速度，同时实施莞韶共建产业园。湖南省娄底市与长株潭城市群形成了紧密的联系，并与其结成了工业同盟，已有200余家企业在此进行了产品供应方面的协作。山西省长治市已和国内160多所高等学校和科研机构建立了关系，并突破了深紫外LED、超级碳纤维、第三代0.5导体材料碳化硅、生物储氢等一大批核心技术。山东淄博市突破瓶颈科技与共性技术共同形成的产学研联合模式。社会投入占GDP的比例位列山东省第一，2020年培养的硕士及以上研究人员约4.5万人。河南省平顶山市是研究生技术平台产业基地和普及科学技术型中小企业计划。建立研究生技术平台产业基地、焦炭煤炭资源开发和国家重点实验室。重庆永川区坚持打得好职教牌会改变任何一个城市，优化并整合或扩建全省17所民办职业院校，每年免费培养本科生4万多名技术技能人才，学生年均就业率保持在96%以上；研究所省级及以上公共服务（孵化）共享平台培育引进50家区级以上省级产教度融合发展示范企业。

三、优化创新生态系统

第一，发挥企业在科技创新中的主体作用。企业是市场竞争的主体，也是科技创新的主体，只有调动企业的积极性，才能把科技成果转化为生产力。在培育发展高新技术企业和科技型企业方面，福建省建立省级高新技术企业培育库，出台《福建省省级高新技术企业扶持办法》，设立省级高新技术企业培育库和专项资金补助，坚持精准施策和精准服务，规定入库给予补助20万~200万元，省级高新技术企业通过国家高新技术企业认定给予20万元补助，省级高新技术企业从2018年的903家增加至2020年的3748家，政策实施效果十分显著；福建省重点打造小巨人领军企业方面，共有2816家企业加入"科技小巨人领军企业培育发展库"进行培育，对企业享受加计扣除政策实际减免的所得税额进行奖励，减多少，税财政就补贴多少。在高新技术企业和科技型企业扶持方面，深圳市充分发挥出企业科技创新主体的作用，提出了"4个90%"，即创新主体90%是企业、创新人才90%来自企业、创新研发机构90%来自企业、科技创新的成果90%来自企业;针对科技型企业设立"同股不同权"制度,极大地避免企业在起步阶段,投资机构会用少量的资金占有大量股份,进而稀释企业股份,未来将会影响企业的发展方向。

第二,推动产业链与创新链互动融合。作为长三角原始创新的"策源地",安徽省着力推动创新链,紧扣产业链,让更多前沿科技研发"沿途下蛋",形成"成果—产品—企业—产业集群"转化孵化链条。启动了"高新基"全产业链项目,组织实施"卡脖子"关键核心技术攻关项目13项,既获得一系列重大科技创新成果,又通过引导研发主体"沿途下蛋"加速产业化进度,让更多前沿科技研发"沿途下蛋"。"沿途下蛋"提醒科研工作者,科研起始就要有产业化的意识和行动。为推动前沿科技研发实现"沿途下蛋",安徽积极打造"创新愉快"的科研生态。把扶持高层次科技人才团队创新创业作为创新驱动的重要举措,提出完善首席科学家、科研人员股权激励、柔性引才等制度政策。通过打造"创新愉快"的科研生态,构建起从实验室到车间的完整生态链条。安徽省战略性新兴产业占规上工业产值的比重由2015年的22%攀升至2019年的35%。南昌在现有产业基础上面向高端升级,围绕产业链布局创新链,深入开展铸链、强链、引链、补链工程,做实做优做强做大航空、电子信息、装备制造、中医药、新能源、新材料等优势产业;抢抓机遇发展VR、移动物联网、5G、北斗应用等数字产业,推动产业链、供应链、创新链、价值链相互作用、融合发展、迈向中高端。

第三,完善科技创新服务体系。加强金融机构与科创企业之间供需渠道建设,通过服务机制的"软创新",实现对科技企业融资需求的精准对焦,为科技企业发展提供服务。抓科技企业,精准化、清单化管理。一方面,建立科创型小微企业金融服务清单,根据浙江省6.2万家科技型企业清单,指导银行保险机构建立名单制管理和备选企业库,"一企一档",优先支持国家级高新技术企业、省级科技型中小企业发展。另一方面,实行企业帮扶"白名单"制度，量化、细化民营企业发债需求清单、上市公司股权质押纾困帮扶清单、困难企业帮扶清单等，着力化解民营企业流动性风险和股权质押平仓风险。安徽省完善创新发展支撑体系，建设安徽科技大市场，打造"政、产、学、研、用、金"六位一体的科技成果交易市场。还设立总规模300亿元的省级"三重一创"产业发展基金，发起或参股设立新能源汽车等14只子基金。目前，安徽省科技融资担保已覆盖所有县城。安徽将打造创新链、产业链、资金链"多链协同"的发展生态，让创新业态、创新模式、创新人才、创新技术加速聚集。

第四，着力推动体制机制创新。湖北省推行"一网通办""一事联办""松绑减负""公平竞争"等14条工作措施，深化了科技领域"放权、松绑、减负"。围绕促进科技成果转化深化改革创新，给经费管理松绑，给项目管理放权，给科技人员减负，给人才流动清障，进一步提高科研人员开发和转化科学技术的积极性。搭建促进科技成果转化平台，健全完善科技投融资体系，推动科技成果市场化应用，让科技人员在科技创新及成果转化中真正实现"名利双收"。太原市创新财政科技投入机制。加大财政科技投入，市、县两级财政把科技投入列入预算保障重点，建立财政科技投入稳定增长机制。调整优化财政科技投入方式，重点围绕基础性、公益性以及重大共性关键技术的研究开发和公共服务平台建设，提高科技财政投入的公共化水平。改革科技投入绩效评估方式，分类制定公益项目、公共项目、产业技术项目和工程项目的不同考评方式，引入"第三方评估"和公告制度，提高财政投入透明度。

四、梯度培育"专精特新"中小企业

浙江省通过建立"专精特新"企业培育库，推进"专精特新"中小微企业培育工作，浙江省《关于推进中小微企业"专精特新"发展的实施意见》《关于开展"雏鹰行动"培育隐形冠军企业的实施意见》相继发布，系统地提出了中小微企业梯度培育的目标任务和具体工作举措。2020年，浙江省印发了《关于促进中小企业健康发展的实施意见》，提出将培育一批"隐形冠军"和专精特新"小巨人"企业作为壮大市场主体、促进经济高质量发展的重要举措。2022年，浙江省累计认定"隐形冠军"企业205家、"隐形冠军"培育企业1069家。山东省通过建立健全梯度培育体系，对1万多家"种子"企业实施"建档入库"精准培育，广泛引导中小企业升规和改制发展。建立山东省"小升规"企业培育库，吸纳近5000家"种子"企业入库培育、动态管理、精准帮扶。江苏省通过梯度培育，2022年已培育1998家省级"专精特新"中小企业，其中80%以上集中在先进制造业和战略性新兴产业领域。

第一，搭建中小企业公共服务平台。浙江省采用浙江中小企业服务热线"96871"（谐音是"就来帮企业"），在全省建设统一呼叫平台，为广大中小企业客户提供在线的应答咨询和电话咨询服务。通过成立培育服务机构，完善投融资服务体系，增强平台功能，为中小企业提供专业化的政策咨询、科技创新咨询等各类服务。江苏省建立了企业咨询诊断服务平台，为"专精特新"企业提供银企对接等活动，分类指导、分类培育。2022年，山东省通过成立"专精特新"公共服务平台，专为"专精特新"企业集聚资金和人才等要素资源。

第二，提供高效精准金融服务。北京市印发《进一步完善北京民营和小微企业金融服务体制机制行动方案（2021—2023年）》，为"专精特新"企业发放服务券，组建金融服务团队，实行金融顾问制度，优化金融产品，完善奖补形式，金融服务精准性不断提高，融资成本不断降低。重庆市推出"专精特新"中小企业专属信贷产品"专精特新信用贷"，为"专精特新"中小企业提供无抵押、纯信用、低利率融资服务，国家级"小巨人"企业最高可获得1000万元的信用贷款，市级"隐形冠军""小巨人""专精特新"企业分别可获得最高700万元、500万元、300万元的信用贷款。山东省工信厅、省新动能基金公司与中泰证券联合组建上市培育共同体，分"后备潜力圈""重点培育圈""冲刺核心圈"三个圈层为高成长性企业提供全流程资本市场服务。浙江省鼓励各地设立为中小微企业服务的政府性担保机构，构建覆盖全省、服务中小微企业的政策性担保体系；引导各类创投机构对接小微企业，对小微企业新三板上市、股交中心挂牌；对于投资"专精特新"企业的风投机构给予一定比例补贴。

第三，推动"专精特新"企业上市。北京市通过建立"专精特新"企业上市挂牌服务库，推动信息技术、医药健康等领域的骨干企业上市，同时挖掘优质的后备力量。山东省通过建立专精特新、瞪羚、独角兽、制造业单项冠军企业等多层次的上市培育库，借助基金投资和券商上市辅导资源，集中发力推动上市培育库，形成对接资本市场能力的"后备潜力圈"、具有优质上市的"重点培育圈"、快速成长能力的"冲刺核心圈"。江苏省针对科创板企业不同的阶段，培育企业上市。按照申报企业、储备企业、"金种子"企业，推动"专精特新"企业上市。对"金种子"企业实行名单制动态管理，并建立科技、工信与金融部门的联动发掘培育"金种子"企业机制。

第五节　持续加强体制机制建设

一、加快推进全面深化改革，激发转型升级内生动力

黑龙江省大庆市作为第二批产业转型升级示范区，在转型升级方面取得了进展和成效。其做法和经验如下：在要素配置上、合作空间上、创新创业活力上极大推动质量变革、效率变革、动力变革。各类改革的实施全面深化。例如，在国资国企改革上，市属国有企业数量大大减少，仅仅剩下了21户，"三供一业"作为驻庆央企正式签订协议，分离移交全部拓展区域合作空间。有7个领域24个合作项目与惠州对口合作确定，并全部落

实。组织惠州企业积极参加各项经贸活动。创业创新进一步协同发展。非公经济三年行动计划和中小企业成长工程进一步向前，创业专项扶持资金在市级安排下发放，有17个市级创新企业得到发展。营造更加宽松透明的市场准入环境，降低企业制度性交易成本。构建企业开办和企业注销最佳服务链。"证照分离"进一步改革，放宽市场准入条件程度增加，市场主体准入服务越来越好，对住所登记申报承诺进行宣传，打造"3+0.5"服务模式（一个平台、一次填报、一次办理、0.5日办结），使企业业务办理更加便利、高效。

辽宁省沈阳市着力完善体制机制，打造国际一流投资营商环境，全面创新改革试验继续深化，建设自主创新示范区和自贸试验区。《关于打造国际化营商环境的意见》出台，围绕打造廉洁高效的政务环境，规范诚信的市场环境，加强互利共赢的开放环境建设、优质的要素环境建设、功能完善的设施环境建设、温馨包容的社会环境建设、公平公正的法治环境建设这七大环境的一系列政策举措，推动沈阳市的营商环境在3年以内能够达到世界银行营商环境排名前50经济体水平。营商环境建设大力推进，"一网通办"实力迈上一个新台阶，实际网办率大大提升。工程建设项目总体审批时限大大缩短，40个工作日的审批效率在全国处于领先水平。国资国企改革不断深化。在沈阳区域内，93户市属全民所有制企业公司制改革完成，国资国企综合改革试验让沈鼓集团入选全国国有重点企业管理标杆企业。依托全面创新改革试验，国企改革不断推进，成效显著，这主要归功于东北制药集团三项制度改革、沈阳机床综合改革、沈鼓集团股权结构优化改革等。工业项目"标准地"制度的制定和对创新型产业用地的支持使得落地PPP项目数量大增，总投资超过500亿元，位列全省首位。开发区改革持续深化。承诺制审批改革的实施为中德（沈阳）高端装备制造产业园带来了新的机遇，率先在市场化选人用人、采用"管委会+平台公司"运营机制，审批时限大大缩短，全国审批改革百佳案例中，该案例便是其中之一。沈阳经开区在国家级经开区中居东北地区首位，综合排名有所上升，成为"科创中国"的试点园区。全面深化行政审批制度改革。公布目录清单，比如行政事业性收费、经营服务性收费等。实行动态管理，审批事项全覆盖、全流程、全封闭、全监督，实现一平台办理，政务服务平台更加完善，行政审批事项全部进入其中。推行无偿代办、现场办公、延时服务、并联审批，成为创新举措。商事制度改革成果丰富，"五证合一"和"一照一码"大力普及，进一步保护和激发了全社会创业活力，大力推进"双随机、一公开"抽查。不断完善政策支撑体系。20多份政策文件相继出台，为老工业基地振兴营造了良好的发展环境。3次大的区划调整依次开展，中心城区发展空间增大，不再受限，产业布局平衡，各区发展均衡。

辽宁省鞍山市借鉴德国及"双元制"等标准，政府统筹引导，企业主体、平台共同支撑，辽宁和大连公司正在积极大力发展高科技新兴产业，建立完善了公司一系列科研创新资源平台，包括人工智能研究院、中国科学院能源学院实验室等。辽宁省沈阳市、大连市推动与北京和上海相对应的合作方案，设置年度推进制度，加速了新兴产业的发展。山西省长治市也在工业用地上积极改革，2021年以来，"标准地"方式供应在新增共度项目用地中已经普及，纳入"标准地"前置条件增加，例如项目施工"三通一平"以及节能评价、环境影响评价等，企业入场施工拿地即可。山东省淄博市的行业综合许可"一证化"改革卓有成效，全领域"无证明"城市建设开始普及，以淄博市为起点，通过了大量免提交证明事项。湖北省黄石市所开展的企业投资项目"先建后验"改革试点为全省开了先例，竣工验收的简化报建事项的精简、事中事后监管的强化多图联审的开展为企业发展创造了良好环境。

二、持续优化营商环境，加快构建投资兴业新高地

优化营商环境，激发改革活力。湖北黄石先行探索改革，开展先行先试的优化营商环境改革，凸显营商环境优势，创建起了许多先行区，在多个环节有所突破，主要经验在全省得到推广。工作开展以来，黄石市试点

创建成为所有人关注的焦点。申报的21项试点项目大部分成功，创建率接近100%，比全省平均率还高，阳新县还成功获批自主开展的"建立税收营商环境'负面清单'机制"改革试点。黄石市的试点得到了人民检察院的支持，在全市6个县的齐心协力下，都获得批准。

"黄石优化营商环境60条"以服务民营企业发展为己任。"先建后验"改革试点在全省进行。黄石率先缩减企业投资项目审批时间，体制机制不断改革创新。作为全国首批产业转型升级示范区，黄石不断优化营商环境，大幅度提高了项目建设效率，最快一周就能开工建设，只要满足了土地、规划、环评3个要件，其他审批实行企业承诺、过程监管、事后验收。开展千名干部进千企服务活动，解决了企业招工、主体减税等问题，"一网通办""先建后验"等改革一直进行，营商环境评价、城市信用状况在全省稳居前列。

2015年以来，黄石企业科研成果加速转化，项目和企业实行全过程、保姆式、精准化服务，推出上门办、商量办、缺着办、联着办、省着办、带着办的"六办"服务模式，"千名干部进千企"活动取得显著成果。企业实施技改，开启绿色通道容缺审批，促进企业提高自身创新能力成为首要目标，效率也不断提高，为企业审批时限的缩短提供了极大便利，使得"一窗受理、一门办公、一对一全程"代办各类审批事项成为现实。黄石市企业投资项目审批服务分中心，每家企业都确立了一名专门的代办员主动送审批上门。

重庆沙坪坝以企业减负为目标，持续改善营商环境。深化"放管服"改革，推进供给侧结构性改革，为产业转型升级发展赋能。此举使得制度动力大增，取得了极大成果，大量年度重点改革任务完成，行政审批事项取消，优化审批流程。审批时限压缩，审批效率提高，项目核准内部办理时间工作日缩短了一半，备案时间"立等可取"，"僵尸企业"零容忍，市场主体公平竞争，重庆市网上行政审批平台标准化。

黑龙江省大庆市十分重视营商环境，将此作为战略性任务。优质高效的政务环境也越来越得到体现。市级服务事项"最多跑一次"的实现、"网上办"的实现体现了其根本性、持久性。企业和群众办事不再浪费时间，政务服务中开展"5+X"等深入人心，营造了利企惠企的市场环境。固定资产投资项目审批事项大量压缩。为了实现宽松便利的融资环境，小微企业所得税、增值税优惠政策都得到了落实，城镇土地使用税税额标准和等级范围也大大增加；用好用活基金、债券等金融工具，提高金融资源配置效率，把握重大项目出资，各类周转基金达到37.65亿元。辽宁抚顺市以"一牌两卡"等惠民利企措施，全面推进实体经济发展，优化工作程序，取消和精简多个审批事项，对于无法精简的事项，由"代办中心"实行全程代办，全市政务服务事项网上可办率达到100%。

为了持续优化引资环境，湖南省湘潭市重大招商项目开展"奋力奔跑合力攻坚"项目竞赛，推动产业发展。在持续优化引资环境方面，"零跑腿"和"快落地"服务是重要途径，为实现重点项目的突破，效率是关键，审批、用地、资金都必须进行严格的要求，做到精简，在引进战略投资者投资片区开发方面走出了市场化融资新路。

三、深化政企合作产教融合双创联合

通过"政企、产教、双创"三大合作，湖南省湘潭市全面实施"精英人才"战略和"领军人才"战略，强化政企、军地、校企合作，由《莲城人才行动计划》促成的各类创新能力平台、院士工作站、产学研合作项目，建立起"前端研发人员+中端工程化工程师+后端产业化团队"的创新链条，军工、科教融合方面十分突出。推动汽车及零部件、智能装备制造与新一代信息技术深度融合发展，完善产业集群化发展模式，以龙头企业为引擎、以中小微企业配套为基础，11条工业新兴产业链集中"火力"攻克产业链共性技术瓶颈，每条均有对应高校进行全方位产学研合作。同时，有机整体耦合发展效应取得了极大成就，新兴优势产业链条在这个过程中不断涌现。为加快产业转型升级，以及产业联动发展，湘潭"智造

谷"着力打造"双创+智造谷",从育种期、初创期、孵化期、加速期实现全链条覆盖,并成立了"双创平台"。"智""造""谷"即院士创新产业园和创新创业型高新技术企业,以湘潭高新区为代表的全国双创基地营造了创业创新氛围。通过"三长"联动推动产业转型即"链长+盟长+行长"的模式,大量汽车制造的组建、特色产业联盟的成型以及机器人产业链及时解决了工作困难,同时提供金融服务。由链长引领每月"三长"见面会,定期组织召开量身定做信贷计划。通过链长联点产业链推进核心企业,推进重大科技创新项目,带头联点产业链、产业联盟和一批重大产业项目、重大产品创新项目,把新兴产业、传统优势产业的核心企业、上下游企业引导到产业链条中来,把相关产业发展资源积聚到产业联盟中来,配套企业合作协作、抱团发展。全市多家规模以上工业企业、中小微企业的数据持续向好,2020年,在地区生产总值中,湘潭高新技术产业增加值占了36%,高新技术企业数量大量增加,增速达到接近50%;科技型中小企业入库也十分可观,其增速在全省最快。为建立产学研创新发展基地,全市科技型企业,中国科学院、清华、北大等科研院所、高校相互之间建立起各种合作关系。湘潭作为全省唯一、全国10个城市之一,改造力度大,老工业基地改革成果显著,各种新产业、新业态、新模式层出不穷,产业转移和产业合作取得了巨大成果。

第七章

吉林省产业转型升级的发展方向

第一节　推动产业高端化发展

一、提升产业创新发展能力

科技创新是提高社会生产力和综合国力的战略支撑，是推动产业发展的动力。把企业创新作为重点，加大对企业创新的金融支持，对高新技术产业和小微企业提供税收优惠政策，加强人才、技术流动，引导创新资源向企业聚集，从而强化企业在技术创新中的核心地位。同时，还应健全政府、企业与科研机构的协同关系，重视政府资金投入和产出效率，规范企业和科研机构对研发基金的使用，把资金投入重心放到新兴技术和重大技术上，改变传统科技发展策略，加强创新手段和方法，营造良好的创新环境和氛围，真正使科技创新成为产业高端化发展的新驱动力。创新能力的提升最关键的是拥有核心竞争力，主要体现在引导企业创新模式的转变，加速建设以企业为主体的产业自主创新体系。推动"产品优势"转变为"产业优势"，进而完成从"制造能力"向"创造能力"的转变。以设计技术、控制技术以及关键总成技术为技术支撑，高度重视技术研发，坚持核心技术自主可控的发展战略，针对关键性、前瞻性技术进行重点攻关，以达到产业所需的技术要求。鼓励企业开展产学研联合，与大学、科研院所及国外研发机构合作进行产品的开发、设计，建立专业化、智能化技术研发平台，组织关键性技术攻关。鼓励企业加大创新研发投入，推动企业研发机构建设，积极创建国家和省重点实验室、产业技术创新中心等创新平台。引导企业的技术引进，鼓励企业进行成果共享，促进企业的技术进步，提高企业消化吸收再创新能力。加快科技成果转化速度，让更多科技成果转化为现实生产力，推动产业高端化发展。

二、紧扣产业链价值链的高端环节

当前新生产关系和新生产要素引发数字经济变革，信息化对经济的影响日益凸显，以数字化、网络化、智能化为特征的信息化正在兴起。历史经验表明，每一轮技术革命与产业变革，不仅深刻改变传统工业的生产方式和生产组织模式，还会引发新的产业形态的形成。吉林省正处在转变发展方式、优化经济结构、转换增长动能的攻坚期，在科技方面更应该加大要素投入，加速传统产业的技术升级，注重信息技术与传统产业的融合发展，大力开发有利于开拓国内外市场和有竞争力的新产品，提高产品的质量档次和附加值，开发和应用先进制造技术、工艺和装备，大幅度提高国产技术装备水平。数字化制造以信息和知识的数字化为基础，以现代信息网络为主要载体，运用数字化、智能化、网络化技术来提升产品设计、制造和营销效率的全新制造方式，同时数据资源日益成为关键的生产要素，能够为高质量发展提供新的动力。目前，吉林省累积的结构性矛盾依旧存在，如传统产业比重过高、产能过剩、投资率过高等，去库存压力大，资源性行业发展被制约。破解结构性矛盾的任务主要有：调整产业结构，遵循产业结构规律，加快供给侧结构性改革，优化投资结构，淘汰落后产能，化解产能过剩，调整资源流向，引导生产结构调整，推进需求结构和产业结构有机融合。提高质量并增加效益，注重信息技术，加快传统企业转型升级，盘活企业资产，推进资源性开发向精深加工转变，使产品实现高附加值，精加工和开发高新技术产品，从而使吉林省制造业做强做优。不仅要推动传统产业向中高端转型，还应该加快高端制造产品的商业化和产业化发展，提升高端装备制造业水平，巩固和提升吉林省轨道交通设备、卫星及应用、航空航天等高端制造产业在全国的地位。

第二节　推动产业绿色低碳发展

一、对标实现碳达峰、碳中和目标任务，推动产业转型升级

加快推进农业绿色循环发展。制定能源、钢铁、有色金属、石化化工、建材、交通、建筑等重点行业和领域碳达峰实施方案。严格落实国家产业结构调整指导目录。巩固钢铁、煤炭去产能成果。加快数字技术赋能重点行业和领域绿色化转型。全面推进传统行业节能技术改造，加快行业结构低碳化、制造过程清洁化、资源能源利用高效化、园区建设绿色化。推动全省服务业高质量发展，做大做强科技服务、软件和信息技术、现代物流、现代金融等竞争力强的服务产业新体系。

坚决遏制高耗能、高排放、低水平项目盲目发展。新建、扩建钢铁、水泥熟料、平板玻璃、电解铝等项目要严格落实产能等量或减量置换。未纳入国家有关领域规划的，一律不得新建或改扩建炼油和新建乙烯、对二甲苯、煤制烯烃项目。严格落实国家产业政策、标准，加大关键技术攻关力度，积极发展煤基特种燃料、煤基生物可降解材料等。

发展壮大绿色低碳产业。推动新一代信息技术、新材料、新能源、高端装备、新能源汽车等战略性新兴产业提质增效。以装备制造等重点产业

链为引领，推动工业高质量发展，努力培育形成一批世界一流、全国领先、吉林特色的产业集群。抓紧布局人工智能、氢能、未来通信技术、医药健康等新兴产业。加速关键节能环保技术装备产品的研发攻关和产业化。建设绿色制造体系。构建高速、移动、安全的新一代信息基础设施和共性技术赋能平台，支撑各行业绿色发展。

二、加快形成绿色低碳的现代产业体系

工业是碳排放重要领域，积极推动工业绿色低碳发展对实现碳达峰、碳中和目标意义重大。基于我国制造业大国的国情，实现2030年前碳达峰和2060年前碳中和的目标，关键在于尽快形成绿色低碳的现代产业体系，将"双碳"目标统筹在产业高质量发展的目标体系内。加快形成绿色低碳的现代产业体系需要处理好四个平衡。首先，要处理好发展与减碳的平衡。我国要在尚未完成工业化和城市化进程的条件下倒逼实现碳达峰，要求我们既要坚定推进"双碳"目标实现，又要保持稳健发展，兼顾发展与减碳，避免顾此失彼、损失合理的增长空间。其次，要处理好结构优化与产业链安全的平衡。尤其在面对日益复杂的国际竞争和经贸环境背景下，要做好减碳目标下结构优化调整与产业链、供应链安全之间的平衡，避免制造业占比过快下降和产业链过早外移风险。再次，要处理好双循环之间的平衡。实现"双碳"目标必须着眼于全球，以开放的视野考量不同领域、环节、技术、资源的互补，在立足国内市场和资源的基础上，加强国际交流合作，实现资源、市场的国内国际双循环，避免"闭门造车"。最后，要处理好东中西部地区之间的平衡。东中西部地区资源禀赋、产业结构和发展层次存在差距，减碳突破口、重点领域、阶段任务差异较大，应正视各区域技术基础、能效水平、环境承载等减碳条件的不同，制定适合本区域的特色化方案，东西协同并进，避免国内区域"碳转移"。

碳达峰与碳中和目标为工业绿色低碳发展赋予新使命，带来新机遇。建立绿色低碳产业体系应围绕五个着力点。一是坚定推进能源绿色化，打

造产业绿色供应体系。鉴于能源在碳排放中的核心角色，应将产业用能绿色化放于首位，逐步减少对化石能源的使用比例，坚持化石能源"原料化"方向，探索加大绿氢、绿电（光伏、风电等）等绿色能源使用比例。二是坚决淘汰落后产能，优化升级产业结构。要调整好三个层面结构：在产业结构层面，调整降低高耗能产业比重，提升新兴产业比重，严格执行能源"双控"政策，降低整体碳排放强度；在项目结构层面，坚决限制"两高"项目上马，淘汰落后产能；在产品结构层面，提升产品整体价值层次，强化质量、功能、品牌提升，降低价值链低端产品比重，以实现单位效益碳排水平降低。三是重点开展科技赋能，提升产业技术装备和管理水平。大力推动重大节能技术研发投入，组织资源进行关键技术攻关，提升专业技术装备水平。四是推进资源深度循环利用，强化产业末端治理挖潜。在产业源头控制住用能的同时在末端深度挖潜，深入推进循环经济，同时考虑以集群化方式强化不同产业之间的协同衔接，降低产业全生命周期碳排放。五是大力发展公共服务体系，营造低碳绿色产业生态。产业的绿色低碳化建设起点是用能、原材料，末端是再生利用循环发展，中间要素是结构优化、技术赋能。整体过程充满挑战，需要汇聚技术、人才、信息、政策、资金等多方面要素，整合政府、企业、专业服务机构、行业协会、科研院所等各方资源，构建面向产业、企业的公共服务体系，设立相关平台载体，为产业绿色低碳发展打造生态、优化环境。

健全绿色低碳循环发展的生产体系。推进工业绿色升级，加快农业绿色发展，提高服务业绿色发展水平，壮大绿色环保产业，提升产业园区和产业集群循环化水平，推动构建绿色供应链。健全绿色低碳循环发展的流通体系。打造绿色物流，加强再生资源回收利用，建立绿色贸易体系。健全绿色低碳循环发展的消费体系。促进绿色产品消费，倡导绿色低碳生活方式。加快基础设施绿色升级。推动能源体系绿色低碳转型。构建市场导向的绿色技术创新体系。鼓励绿色低碳技术研发，加速科技成果转化。完善法规政策体系。强化法律法规支撑和执法监督，健全绿色收费价格机制，加大财税扶持力度，大力发展绿色金融，完善绿色统计标准体系，培育绿色交易市场机制。

第三节　推动产业集约化发展

一、推动工业生产集约化

工业生产集约化是指采用先进的科学技术和先进的管理方式，提高生产力各个要素的素质，改善生产力的组织，不断开发新的生产能力以发展工业生产的方式。加快技术创新，加强产业协作，以更大力度招引扩链补链强链项目，不断提升产业能级和核心竞争力。大力开展技术创新，加大科技研发投入，以更大力度的技术改造推动企业转型升级。加强产业协作，本土上下游产业链企业要齐心协力，增进交流合作，在科技研发、市场拓展等方面抱团发展，实现互利共赢。要充分发挥企业资源优势和行业协会牵头作用，针对产业链薄弱环节加大招商力度，不断扩链补链强链。

加大技改扶持力度，聚焦高端型、龙头型、带动型的技改项目，统筹用好财政专项扶持资金和上争扶持资金，鼓励引导企业加大技术改造投入，推动工业向产业链和价值链高端攀升。要深化金融服务，充分发挥科技创新基金、工业技改基金等政府引导基金杠杆作用，以市场化运作方式，支持企业技术研发以及科研成果产业化；鼓励金融和风险投资机构提供适应高技术、高投入、高附加值、长周期特点的金融资本和产品服务，提升金融服务的精准度。优化发展空间，依托现有产业园区平台，加强产业功能配套，提升公共服务水平，集聚更多项目落户；推动产业集约集聚发展，最大限度满足企业发展空间需求，把握产业链垂直整合发展趋势，加快形成大中小企业相互促进、研发生产销售一体发展的格局。

二、提高企业创新发展的能动性

企业是经济发展的重要组成部分，企业创新意义重大。首先要提高生产质量，大力鼓励企业技术创新，提高企业对科技的重视程度，以企业转型升级带动产业转型升级。企业转型升级的主要因素和内生动力是技术创新。技术创新驱动转型升级涉及投入和产出有机结合，因此，企业主观能动性对转型升级的影响非常重要。通过研发符合市场和企业需要的技术成果，提升企业转化效率，生产出高技术产品，进而巩固技术研发的重要地位。可以从创新管理、研发投入、制造和产出能力激发企业创新的能动性。此外，还应该加强企业管理，加大创新资源的投入，强化人才引进和交流，促进企业之间的研发合作和技术交流，建立完善的企业创新激励机制，提高研发能力，切实提高企业自我学习能力，形成自我学习机制，营造良好的创新发展环境和氛围，不断提高企业的科研实力。

三、推动技术改造升级

技术改造是实现自主创新、推进产业集约化发展的重要途径，对促进产业转型升级、提质增效、实现高质量发展具有重要意义。以创新驱动为导向，加快推进技术改造升级，优化技术结构，增强全省工业企业综合竞争力，推动产业加快迈向中高端。当前，全球先进制造业正从自动化、信息化阶段向数字化、网络化阶段升级。从特点上看，这种升级并不需要大规模替换掉已有生产设备，而是通过对设备进行数字化改造来实现"软硬结合"。吉林省制造业特别是重点企业的装备水平都比较高，通过加强技术改造实现转型升级是可行的，在国家实验室、创新中心布局上给予倾斜，形成新的优势产业集群。培育发展新兴产业是推进产业结构优化升级、促进发展方式转变、培育新的经济增长点的重大举措。聚焦新兴产业发展需求，着力实施重点领域关键技术攻关、重要前沿科技成果转化、重点产业集聚集群发展、重要环节招商引智工程、重大项目压茬推进、重点解决"急难愁盼"问题六项重点工作，推动生物与新医药产业深化创新、电池及新能源产业跨越式发展、节能环保产业"规模+效益"双提升，完善新一代信息技术产业链，把新兴产业打造成为产业发展的生力军和经济发展的新引擎。

第四节　推动产业规模扩张向质量提升转变

一、构建市场与要素深度融合机制，提高投入产出效率

技术创新推动产业转型升级，技术的投入和产出也发挥着至关重要的作用。科研人员和资金的投入，并没有给生产效率带来很大的提升。当前，吉林省的科技投入和产出并不匹配，生产效率不高，经费高投入没有带来高产出，说明要素投入并没有促进产出增长。创新作为发展新兴产业，利用改造传统工业，促进价值链升级的手段，拥有高素质的科研创新人才，科学的育才机制能够带来新的动力。重视创新人才队伍建设，尊重当地的文化，营造良好的创新氛围，吸引高水平科研专家和人才，将企业的研发项目与市场需求有机融合，提高技术创新成果转化效率，切实提高创新资源的转化能力。加强技术创新与生产要素的有机融合，加大创新资源的投入力度，优化投资结构和合理配置资源，加强科研成果的市场转化，理论与实际相结合，建设开放共享型科研服务体系，加大对知识产权的保护力度，不断推进技术市场与生产要素有机融合，不断提高创新产品的高质量产出。

二、推动产业间互动发展，聚焦服务型工业

当前，吉林省处于产业转型升级的关键阶段。应加快发展现代服务业，推动生产性服务业与制造业有机融合发展。提高生产效率，对技术

的进步起着至关重要的作用。同时应提高现代服务业的科技含量和创新水平，以工业园区为中心，建设生产性服务业发展示范区，促进服务企业集聚化发展，从而推动服务业与制造业共同发展。不断推进装备制造业的发展，建设服务型工业体系。还应加快适应现代工业与服务业共同发展的模式，如加大资金投入，重点开展研发设计、项目管理、现代物流、金融、保险等服务业，降低市场准入门槛，提升外资质量和水平，推动生产性服务业内部垄断行业的市场化改革，不断促进产业转型升级的高质量持续发展。

重视生产性服务产品的供给。生产性服务业具有知识密集、资本占用高的专业化特征，是非市场化的生产性服务，与工业、农业发展的联系紧密。从地域特点来看，吉林省中部地区产业发展基础较好；从价值链的分工角度看，吉林省中部地区制造业价值链为低端环节，发展生产性服务业意识不强，需要提高生产性服务产品的市场补给量。因此，应该鼓励制造企业将非核心的生产性业务进行包装，节省资源投入到核心技术的研发和攻关，加强生产性服务业对产业转型升级的积极作用，增加生产性服务产品的供给量。另外，应加快信息技术在生产性服务业与制造业发展中的作用，加强企业之间的联系合作，大力支持企业生产外包加工。

三、推动产业价值链向高端延伸

随着工业化水平日益提高，深加工方向和研发设计与营销、品牌等价值链高端方向持续发展。由于技术进步和管理理念的不断改进，新产品生产制造的时间越来越少，大部分时间处于研发、采购、销售、存储和售后服务等领域。制造业由生产型向服务型转变，不断发展进步。吉林省产业特征为产业链条加工，主要集中在制造环节，以汽车、石化、农产品加工为主的重化工业。因此，在工业化后期阶段，商务服务、研发设计、金融、信息服务、企业工程服务为主体的生产性服务业会迅速高质量地蓬勃发展。

第五节　推动产业比较优势向竞争优势转变

一、以建立产业优势重塑机制为引领，提高产品质量

波特是比较早的产业竞争分析家，他指出了产业竞争力的含义，是在一定的贸易条件下，产业拥有并占据广阔的市场，以此获得更多的利润。他强调，产业竞争力的根本是比较和竞争优势，比较优势是指某一地区产业在生产要素占有以及管理方面与其他地区产业相比具有的优势；竞争优势是指产业在市场竞争中比其他产业所具有的开拓市场的能力。产业竞争力与区位地理条件、发展环境、技术创新、人才技术资金等有关，但关键因素是技术创新，产业不断发展和竞争力提高的源泉是科学技术的进步与创新。

充分发挥比较优势，优化科技资源配置。明确企业创新主体地位，加强科技立法，提升全要素生产率，避免在生产中由于管理不当导致资源利用率低的问题。鼓励企业充分发挥比较优势，凸显比较优势在创新中的积极作用，加大资金、技术、人才投入，实现比较优势在技术中的突破和进展，提高创新成果转换效率。利用自身的优势攻坚技术难关，完成技术商品化，不断提高技术创新能力，开拓市场，获取竞争优势和资源，从而获得新的产业比较优势，为产业转型升级可持续发展提供坚实保障。

随着经济全球化，国际交流与合作广泛深入，一件产品不仅有原产地的开发设计、生产销售、售后服务、回收利用等环节，商品流通也不仅是在同一地区或者同一国家，还可能涉及全球多个企业，企业间国家分工合作不断加强，产品分工成为产业内和产业间分工的新模式。科学技术推动产业转型升级，也对产品的工艺和功能等提出了新的更高的要求，同时也

带来新的机遇。全球价值链体系的重构，促进企业引进新的技术和工艺，提高了企业生产效率，淘汰落后产能及落后生产方式，推动企业内部的生产经营活动向高附加值发展。发展重点向研发设计、效率提升转变，向产业链价值链升级等促进产业转型升级转变，不断提升企业发展的新活力。

二、以发展先进制造业为方向，走新型工业化道路

把握先进制造业的发展趋势，不断吸收电子信息、计算机、机械、材料以及现代管理技术等方面的高新技术成果，并将这些先进制造技术综合应用于制造业产品的研发设计、生产制造、在线检测、营销服务和管理的全过程，实现高附加值生产。以智能制造、精密制造、绿色制造为发展方向，强化自身比较优势，提高产业核心竞争力，打造竞争优势，走科技含量高、经济效益好、资源消耗低、环境污染少、人力资源优势得到充分发挥的新型工业化道路。积极利用两种市场、两种资源，加速信息化与先进制造业的深度融合，做大做强支柱优势产业，构建以先进制造业为主体的产业配套体系，加速形成产业集群竞争优势、规模效益。以优质、高效、低耗、无污染或少污染工艺技术为基础，进一步巩固提升吉林省汽车制造、农产品加工、石化、轨道交通设备、医药制造等先进制造业等在全国的地位，壮大产业规模，实现规模报酬递增。发展壮大一批具有国际竞争力的龙头企业，打造一批具有国际影响力的产业基地，形成具有国际竞争力的现代产业体系。

三、以改造提升传统产业为动力，加快工业转型升级

吉林省工业体系中传统产业仍占较大比重，且技术结构大多是中、低等技术行业，面对激烈的市场竞争，转变工业发展方式、加快改造升级、实现转型发展已刻不容缓。重点推进和深化钢铁、煤炭、水泥等传统产业跨区域、跨行业、跨所有制的兼并重组和资本联合，改造提升传统产业，淘汰落后产能；加快推进集成创新和原始创新，着力突破关键性技术的同

时加强技术型、创新型人才队伍的建设，鼓励企业成为技术创新的主体，增强企业的自主创新能力，为工业转型升级提供支撑。此外，还要加快装备产品的升级换代，提升关键基础零部件、基础工艺、基础制造装备研发和系统集成水平，抓住产业升级的关键环节，培育发展新能源汽车、轨道交通装备、智能制造等高端装备制造业的同时，积极适应全球经济变化的新形势，注重引进先进技术装备，提高工业领域利用外资的水平，鼓励企业在全球范围内配置资源，提高企业产品的附加值和竞争力。

四、以培育战略性新兴产业为引擎，优化产业结构

瞄准国际技术发展前沿，把握市场需求变化和产业发展趋势，增强自主创新能力，提升产业核心竞争力，抢占未来发展制高点，努力把吉林省的战略性新兴产业打造成支柱产业，推动产业结构整体素质和效率向更高层次演进。在这一过程中，以龙头企业为主体，以核心重大项目为抓手，以技术人才为支撑，集中资源、形成合力，突破关键技术环节，打造上中下游密切衔接、配套完善、具有核心知识产业支撑的战略性新兴产业体系。依托吉林省在轨道客车、风电装备制造、生物化工、电子信息、新能源汽车、生物医药、新材料、新能源的比较优势，优化资源配置，发挥区域比较优势，着力打造具有国际影响力的轨道客车制造产业基地、国内领先的风电装备制造产业基地、生物化工产业基地和新能源汽车研发和生产基地。此外还要开展非粮生物质资源高端化利用，设立国家级承接产业转移示范区，承接国内外产业转移，增强战略性新兴产业对产业结构升级的推动作用。

五、以提升农产品加工水平为纽带，拓宽"两化"联动发展空间

充分发挥吉林省农产品资源丰富的优势，加快先进技术在农产品加工各个环节的应用，突出发展精深加工，实现农产品由初级加工向精深加工

转变、由数量增长向品质提升转变，做大做强农产品加工业。积极推动先进装备在农产品加工领域的推广应用，支持农业产业化企业改造，提升生产线装备水平，走机械化、自动化、规模化生产加工之路。力求在扩大产业规模、提升技术装备水平的同时，拓宽"两化"联动发展空间，使工业化带动农业现代化、农业现代化支持工业化，重点培育一批产业关联度大、技术装备水平高、市场竞争力强的农业产业化龙头企业，使之成为两化联动发展的支撑主体。还要加快实施一批产业链长、关联度大、带动力强的大项目，重点引进世界500强企业、全国食品工业百强企业和发达地区转移产业，推动农产品加工业向下游和外延拓展，促进产业链延长变粗，形成一批特色优势产业集群；加强与资源禀赋、产业发展等方面互补性强的省内外重点区域之间的战略合作，集聚更多的优质要素和资源支撑"两化"联动发展。

六、以转变发展方式为导向，淘汰落后产能

加快淘汰落后产能是转变经济发展方式、调整经济结构、提高经济增长质量和效益的重大举措，是加快节能减排、积极应对全球气候变化的迫切需要，是走中国特色新型工业化道路、实现工业由大变强的必然要求。为确保实现节能减排目标，要抑制高耗能、高排放行业过快增长，加快淘汰落后产能。涉及的重点行业包括炼铁、炼钢、焦炭、铁合金、电石、电解铝、铜（含再生铜）冶炼、铅（含再生铅）冶炼、水泥（熟料及磨机）、平板玻璃、造纸、制革、印染、化纤、铅蓄电池等15个工业行业。为加快淘汰落后产能，工业和信息化部每年都公报工业行业淘汰落后产能企业的名单，其中吉林省部分企业在列。吉林省淘汰落后产能在部分领域取得了明显成效，但是长期积累的结构性矛盾比较突出，重化工业比重较高，淘汰落后产能形势依然严峻。

第六节　推动"吉林制造"向"吉林智造"转变

贯彻落实《中国制造2025》，实施创新驱动发展战略，以加快新一代信息技术与制造业深度融合为主线，以提升智能制造能力为主攻方向，以构建智能制造支撑体系为目标，以破解人才、资金、技术瓶颈制约因素为重点任务，结合吉林省情，聚焦重点发展领域，大力培养智能制造所需的复合型应用人才，充分发挥政策及专项资金的引导作用，构建智能制造公共科技创新平台，壮大智能制造项目，加快发展工业互联网，完善智能制造服务体系建设，重塑吉林省制造业竞争新优势，打造国家重要的智能制造基地。

一、加强智能制造人才引育，发挥专项资金引导作用

面对新一轮科技革命和产业革命，吉林省制造业智能化发展应该坚持人才创新驱动的理念。研发人才短缺，尤其是复合型应用人才短缺问题一直制约着吉林省制造业智能化发展，为了应对人才短缺问题，把握智能制造发展趋势，须主动调整转变相关产教研体系。完善高端人才培养体系，优化人才发展制度环境，推进高等院校、科研院所实施人才分类评价和绩效评价，发挥政策导向在人才培养中的作用，通过制定有效的政策来鼓励智能制造人才培养。吉林省教育资源相对充足，制造业产业基础较好，应发挥各自的优势，推动教育优势与产业优势深度融合，破解瓶颈因素，释放关联效应。围绕高端装备制造、新材料与新能源、生物与资源环境等产业发展需求，对课程设置和学习实践做出相应调整，进一步推进产教研融合，有针对性地培育高层次、创新型人才，大力培养智能制造发展所急需的复合型应用人才。

依托国家技术转移东北中心人才培养基地，举办智能制造企业负责人培训班、企业创新人才培训班等活动，为企业智能制造培育人才打造优质学习交流平台。依托国家海外人才引进平台，不断加大急需、紧缺和高端人才的引进力度，吸引更多的高层次人才。将同时具备理论基础和实践能力的高端智能制造复合型人才输送给企业，加强科研成果在企业实际生产中的应用推广，发挥技术和人才在企业智能制造中的关键作用，提高企业技术和产品的核心竞争力，有效推动吉林省制造业智能化发展。

吉林省制造业处于智能化发展的关键时期，在研发设计等核心环节，需要进一步发挥政策支持和专项资金的引导效用，聚焦重点发展领域，设立并健全吉林省智能制造财政专项资金体系，如高校产学研引导基金、产业投资引导基金、创业投资引导基金、中小企业民营经济发展基金等，提高专项资金使用效率。同时，对智能制造中的重点企业和项目，在税收、金融、公共资源使用等方面给予相应的政策支持，围绕长春和吉林地区建设智能制造产业示范基地，推动新一代信息技术与制造业深度融合，全力助推吉林省制造业智能化发展，采取合作、引进等多种方式，探索智能制造产品和技术的解决方案。

二、深入实施创新发展战略，为智能制造提供科技支撑

通过强化基础前沿研究，搭建科技创新平台，培育技术创新主体，构建吉林省智能制造发展的科技支撑体系。提高科技创新中心、省级重点实验室的技术创新能力，加强人才储备，不断深化研究前沿领域。同时，还要加强吉林省的科技创新平台建设，围绕医药、航空航天等重点发展领域，部署重大研究项目，提高基础科研创新能力。全面落实重点高校、科研单位建立的战略合作协议，加快吉林省工业技术研究院、产业公共技术发展中心、智能制造创新中心建设，通过对核心技术的研发和攻关来突破发展瓶颈的制约。此外，增强企业在技术创新中的主体作用，激发企业家精神，通过"干中学"、技术溢出等方式，整合创新资源，鼓励高新技术

企业和科技创新型企业不断加大研发投入，重点突破并掌握行业核心技术，激发各类型企业的智能制造潜力。营造创新发展的环境，形成企业自我学习机制，积极承接技术外溢。

开展省级科技创新中心与地区企业对接活动，根据地区企业实际需求，由已建科技创新中心提供技术支撑，为企业打破技术壁垒的同时，增强各中心智能制造发展能力。加大厅地共建科技创新中心建设力度，根据"一主六双"整体布局，做到省内各市厅地共建科技创新中心全覆盖。加大跨区域合作科技创新中心建设力度，以省内高校、科研院所、企业为主体，与国内高技术水平的机构合建科研平台，以此带动吉林省智能制造业发展。

三、加速完善产业链条，推动智能制造服务体系建设

关键核心部件发展相对滞后，势必会削弱整机及装备制造整体的竞争力。基于吉林省装备制造业产业链条不够完整的现状，在加快发展整机的同时，还需大力发展中场产业，营造有利于中小企业发展的良好环境，完善原材料制造与最终产成品之间的链条，增强装备制造配套生产能力。应进一步发挥装备制造行业协会的作用，组织产业链条的上下游企业集聚在装备制造园区，延伸产业链条，扩大产业集聚效应。依托装备制造产业园区，瞄准价值链的高端环节，积极承接国内外先进装备制造配套产业转移，扩大关键部件产业规模，加快轨道交通装备、农机装备、电力设备、卫星及应用等产业链条配套体系建设。

随着智能制造发展步伐的加快，制造业发展模式已从过去"生产型制造"转向"服务型制造"，因此，推动服务型制造发展是完善吉林省智能制造支撑体系的必然要求。吉林省加强服务型制造对智能制造的支撑作用，可以从以下三个方面展开：一是建立智能制造服务生态园，鼓励社会资本进入智能制造相关的服务、管理企业，重点发展高端知识、科技成果转化服务。支持长春"璀璨"产业园做大做强。对园区内成长性好、掌握

核心技术的光电、智能装备企业给予科研经费支持。开展"产用金"协同创新。重点培育壮大骨干标杆企业，为企业提供更多应用场景。二是打造智能型的网络生产平台，在吉林省现有装备制造的基础上，加快"互联网+装备制造业"平台建设，提高研发、设计、生产、经营和管理效率，构建完备的装备制造服务体系，解决企业技术来源不足、人才缺乏和资金短缺等问题。优化资源配置，集合更多企业优势资源，形成发展合力，提高企业资源的利用效率。随着互联网在制造业各个领域的渗透，加速互联网技术与吉林省制造业的深度融合，强化基于互联网的协同设计、协同制造、协同服务，构建"互联网+"协同技术创新体系，激发吉林智造活力。充分利用互联网资源优势，建立开放创新和在线设计的互动平台，从需求出发开展众创、众包等研发设计新模式，推动建设基于"互联网+"的个性化定制、云制造、网络协调制造等新型智能制造的发展模式。三是在智能机器人领域，应充分发挥吉林省产业和技术优势，加大实用型、服务型产品开发力度。利用吉林省智能机器人产业发展战略联盟，汇聚现有六十多个成员企业力量，推动联盟内企业联合开发、定向开发生产各类智能制造机器人或智能服务设备等。重点开发推广智能教育、娱乐、家庭清洁、养老陪护、无人机等消费服务机器人等。充分利用长春光华微电子在精密机械仪器和激光微细加工设备技术方面国内领先优势，引导支持该企业与国内大型医疗设备企业合作，开发智能医疗设备。对机器人研发企业的相关研发和生产、销售环节的一些活动进行税收方面的减免或优惠，或适时提高机器人进口关税等。谋划布局机器人交易平台与市场，提供机器人交易评估、场景展示、工程设计、维修保养等综合服务。

四、加快信息技术与制造业深度融合，提升两化融合发展水平

通过采用信息化和智能化实施企业技术改造，持续加快智能产业化规模，不断壮大智能化项目，在政策引导、资金扶持、要素服务、载体建

设、平台搭建等方面给予企业力所能及的帮助，着力打造一批产业研发中心、服务平台和制造业创新中心；通过建立产业扶持引导基金、战略性新兴产业投资公司、中小企业融资担保公司，为战略性新兴产业融资提供服务，提升企业的研发水平和能力。

着力发展智能装备和智能产品，推进生产过程智能化，培育新型生产方式，全面提升企业研发、生产、管理和服务的智能化水平。强化应用牵引，建立智能制造产业联盟，协同推动智能装备和产品研发、系统集成创新与产业化。加快发展智能制造装备和产品。组织研发具有深度感知、智慧决策、自动执行功能的高档数控机床、工业机器人、增材制造装备等智能制造装备以及智能化生产线，突破新型传感器、智能测量仪表、工业控制系统、伺服电机及驱动器和减速器等智能核心装置，推进工程化和产业化。加快汽车、食品、机械、纺织等行业生产设备的智能化改造，提高精准制造能力。统筹布局和推动智能交通工具、智能工程机械、服务机器人、智能家电、智能照明电器、可穿戴设备等产品研发和产业化。推进制造过程智能化。在重点领域试点建设智能工厂、数字化车间，加快人机智能交互、工业机器人、智能物流管理、增材制造等技术和装备在生产过程中的应用，促进制造工艺的仿真优化、数字化控制、状态信息实时监测和自适应控制。

工业互联网平台对于制造业转型的支撑作用将会越来越强，吉林省应加快工业互联网建设。一是重点支持吉林工业互联网产业联盟。推动联盟聚集省内各工业领域龙头企业、科研院所和科研创新企业，构建吉林省工业互联网产业生态，通过联盟驱动，形成全省工业互联网产业创新发展形势，打造具有吉林省地域特色的工业互联网产业生态体系。二是推动成立工业互联网研究院。依托国内信息技术龙头企业以及高校科研团队，推动成立吉林省工业互联网研究院，开展工业互联网创新发展战略研究、规划、政策制度、标准、组织机制、资源保障等工作，并开展对工业互联网创新中心、工业互联网安全监测平台等支撑工作。三是加快打造吉林省工业互联网平台。推动省内相关企事业单位建立以工业经济全要素、全产业链、全价值链全面连接为目标的吉林省工业互联网平台体系。平台将支撑制造资源泛在连接、弹性供给和高效配置，推动吉林省制造业数字化、网络化和智能化发展。四是着力保障工业互联网安全建设。加大对暴露在互联网的工业控制系统、物联网设备的网络安全监测力度，完善通报预警机制，切实减轻吉林省工业互联网安全隐患；开展吉林省工业互联网安全防护中心重大项目建设，完善顶层设计，建立集监测预警、应急处置、沟通协作、教育培训、人才培养于一体的省级工业互联网安全防护中心。

五、推动传统产业向智能化方向转型升级，拓展域外产能合作空间

吉林省制造业中传统制造比重过高、产能过剩、投资率过高等累积性结构仍然矛盾突出，资源性行业发展受到严重制约，去库存压力很大。因此，应遵循产业结构演进的规律，积极调整产业结构，以智能化发展为方向，加快供给侧结构性改革，优化投资结构，淘汰落后产能，化解产能过剩，调整资源流向，引导生产结构调整，促进需求结构和产业结构协调发展，将是破解结构性矛盾的紧迫任务。以提质增效为目的，加快农机装备、电力设备、煤矿采选设备、石油机械和换热器等传统装备向智能化方向转型升级，盘活沉淀资产，进一步推进资源性开发向精深加工转变，寻求行业价值链的高端环节，使产品实现低附加值向高附加值、粗加工向精加工、普通产品向高新技术产品的转变，实现吉林省制造业高质量发展。推动传统制造业向中高端转型的同时，应加快高端制造产品的商业化和产业化步伐，壮大高端装备制造业，提升吉林省轨道交通设备、卫星及应用、航空航天设备制造等高端制造业在全国的地位。

当前，吉林省制造业依赖资源型产业特征明显，高端制造业发展相对滞后，固定资产投资后劲不足，转型升级内生动力不足，因此重塑吉林装备制造竞争新优势，还需进一步扩大对外开放水平，积极参与国际分工，

嵌入产业链上的高端环节。深入推进与中国科学院、中国工程院的合作，持续开展院士进吉林、中国科学院院所进吉林等活动，充分发挥院士在技术创新、创业发展、战略咨询等方面的高端引领作用，为吉林省制造业智能化发展建言献策；持续加强省与省之间科技合作，探索实现吉浙两省科技创新全方位合作，逐步提升与上海、天津、江苏、广东、辽宁等省市科技创新合作的水平；响应落实国家"一带一路"倡议，进一步拓宽国际合作交流渠道，推动智能制造项目联合研发、人文交流、搭建合作平台，促进"项目—人才—基地"一体化发展。

吉林装备制造业应积极适应国际产业结构深度调整的新形势，提高装备制造领域利用外资水平，促进技术外溢，注重引进先进技术装备，鼓励装备制造企业在全球范围内配置资源，提高产品的附加值和竞争力。在经济"新常态"背景下，积极融入"一带一路"建设，加快建设吉林省与东北亚国家间互联互通工程，推动东北亚区域装备制造产能合作，为吉林省制造业产业结构调整提供更多新的机遇。鼓励装备制造企业"走出去"，充分利用东北亚区位优势，整合国际国内资源，优化与东北亚国家之间的贸易结构。广泛开展多层次的装备制造研发学术交流活动。拓展投资领域，深化政府间的合作，为吉林省制造业智能化发展、国际产能合作提供便利条件。

第八章

吉林省产业转型升级的重点领域

第一节　打造万亿级现代汽车产业

一、建设世界一流企业和世界一流国际汽车城

　　吉林省是中国汽车产业的大省，省会长春市是汽车产业的核心区域，一汽集团作为新中国第一家整车制造企业，其中大众、奥迪、丰田等著名的汽车厂商为一汽集团的合资企业。全球汽车产业深刻变革，给全球汽车产业带来一定的影响和变化。当前，长春市与一汽集团都在通过加快产业转型升级，打造万亿级现代汽车产业，推动体制上的优势向高效发展转变。吉林省全力支持一汽创建世界一流企业，推动长春市建成"长春国际汽车城"，建设世界性的汽车和零部件研发、生产和销售基地，形成万亿规模的汽车工业，以此来促进长春市汽车产业高质量发展。

　　以一汽集团为中心，依托长春国际汽车城建设，推进汽车产业的电动化、网联化、智能化、共享化，致力把它建设成一个世界级的国际汽车城。积极推进"六个回归"进程，促进汽车产业核心技术的自主发展，促

进关键产业链的短板补足,实现新能源与智能网联汽车的共同发展,建立起集设计研发、零部件制造、品牌文化及市场服务于一体的现代汽车产业链,力争将其建设成为新能源与智能网联汽车基地,全球顶级汽车技术研发基地,以及具有国际竞争力的区域协调联动发展基地。预计到2025年,红旗自主品牌的销量将会突破一百万辆,其他自主品牌的销量将会超过二百万辆,本土配套率将会达到70%,汽车工业的产值将会突破万亿元大关,从而让汽车产业的高质量发展得到全方位的提高。

以长春公主岭同城化为依托,拓展产业发展空间,以一汽为核心,加强政企合作,加快推进排产、产能、配套、结算、创新及人才"六个回归",持续增强产业配套能力、研发创新能力、融资支撑能力和人力保障能力。持续推进重点项目建设,如红旗新能源工厂、红旗绿色智能小镇、红旗学院等项目。为了打造新能源与智能网联汽车运营基地,应该加强智慧城市基础设施与智能网联汽车协同发展,创建国家车联网先导区。推进产城融合,完善公共服务体系,打造国际化新城、历史街区和特色小镇同产业有机结合相互关联协同发展。建设工业旅游示范区,推动汽车、文化、旅游有机融合,协同发展。打造宜创、宜业、宜居的世界一流国际汽车城,加快建设世界一流企业。

依托长春市国际汽车城、吉林市汽车园建设,将吉林省打造为国家的重要汽车工业基地,以一汽集团为核心,不断拓展配套,并逐渐向多家国内主机厂的方向发展,既要满足整车的需求,也要满足后市场的需求,从而进一步参与到全球的分工中来。在支持一汽整车发展的前提下,尽快在国内建立起汽车行业的领先地位;加速发展特种客车,加强市场细分,以提高特种客车的竞争力。坚持"一个龙头",建设"两大基地",构建"三大支撑体系",突出"四个重点"。第一,为一汽提供服务,为一汽提供强大的发展支撑。第二,把重点放在长春市和吉林市汽车工业的发展上,以促进汽车工业的发展。第三,要构建三个支撑系统,即技术支撑、人才支撑、服务和文化支撑,以支撑汽车工业的发展。第四,要做大做强做优，发展自主品牌，发展产业集群。

二、打造现代新型汽车和零部件产业集群

吉林省已经成为国内规模较大，竞争、实力较强的汽车以及零部件研发、制造基地。目前，已形成了富奥汽车、一汽富维、吉林通用等多家汽车产业龙头的发展格局。在"十四五"期间，吉林要在振兴发展中率先取得新发展、新突破，其核心是要加速建设现代化、新型的汽车及零部件产业集群。当世界汽车业发生变化并持续发展时，吉林省汽车产业链条机遇和挑战并存。吉林省汽车零部件产值仍低于整车产值，随着汽车电动化、智能化、网联化背景下，省内汽车产业缺少汽车电子高端产业、高附加值产品等，在省内汽车零部件企业产品价值链的地位仍然有待加强和提高。

近年来，从深入贯彻习近平总书记在吉林的重要讲话和指示精神来看，全省上下对汽车工业的发展给予了极大的关注。以此为契机，以中高端产业链为重点，积极推动产业结构调整，推动现代化、新兴的汽车零部件工业集聚建设。《中国制造2025吉林实施纲要》《关于进一步促进新能源汽车加快发展的政策意见》《吉林省汽车产业转型升级三年行动方案（2017-2020）》《关于加快建设汽车零部件产业体系政策措施的通知》等一系列政策的相继发布，对吉林省汽车行业的迅速发展起到了巨大的推动作用，对其崛起起到了强有力的保证与支持作用。现代化的新兴汽车及零部件制造业正加快发展，向建设世界第一的国际汽车城目标不断迈进。

三、抢抓汽车"新四化"机遇，构建产业生态体系

全力支持一汽打造世界级的企业，推动吉林省汽车产业朝着"万亿级"的发展目标迈进。重点突破行业的核心技术与核心产品，建立中国汽车产业供应链，促进行业可持续发展，加速建立自主品牌，促进汽车电动化、智能化、网联化与共享化的协调发展。以国际化视角，打造长春国际汽车城。依托一汽奥迪新型能源车项目启动，大力推进新能源汽车产业基

地建设。创建东北亚汽车产业研究机构，大力推进汽车产业转型升级，重塑行业发展竞争新优势。2025年一汽红旗将有17款新车上市，其中15款是新能源汽车；中国一汽红旗新能源生产基地，中国一汽技术开究中心，新能源、智能化实验基地正式启动；一汽-大众汽车新技术研发中心（NDC）的建设工作进展良好；一汽红旗繁荣工厂已经实现了一批试生产；一汽解放J7的智能化生产基地已经竣工并投入使用；通过"旗E春城、绿色吉林"项目推进，加快提高市场竞争力，加快推进新模式的推广应用等，并转化为助推中国汽车产业链供应链、发展的新动力。

要紧紧抓住未来的移动出行生态和产业价值链，对新出行工具进行创新，塑造新的商业模式，并对"出行即服务"和"一体化出行模式"进行示范，将汽车跨界融合的价值链进行扩展。激发内生动力，积极发展新产业，培育壮大新动能。以汽车产业为核心，充分发挥企业带动作用，集聚与汽车关联的人工智能、互联网、大数据、信息通信、车路协同等新兴产业优质资源，融会技术、标准、产品和服务，整合集成覆盖广泛的应用场景，打造集代步工具、学习平台、工作载体、生活单元、娱乐中心于一体的高技术集成智能移动空间，探索建立以"移动出行+"为核心的汽车产业新型生态系统。加快形成以创新为主要引领和支撑的经济体系和发展模式，激发高质量生态发展新活力。重点促进汽车向轻量化、电动化、智能化发展，围绕轻量化工艺、材料、产品及开发技术加强汽车研发应用，进一步提升汽车自主品牌影响力。在经济全球化趋势越来越明显的情况下，要积极打造出口品牌，提高出口创汇的能力，从而更好地促进产业结构调整，整合资源，实现技术升级，增强在世界范围内的竞争力，并在世界范围内占有一席之地。吉林省要继续"走出去"，进一步提高汽车工业与国际市场的一体化水平。在这一点上，要把握好机会，以国内和国际两个市场为依托，对汽车及其零部件进行研发和生产，使其成为具有一定生产规模的研发产业集群，从而使我们的出口实力得到更大的提升，并在国际上占据一席之地。

四、壮大汽车产业发展新动能

强化创新能力。坚持把增强创新能力作为打造世界先进制造业集群的动力源，建设世界一流企业和一流国际汽车城。提高科技创新能力。促进理念与实践相结合的创新模式，加速形成"企业出卷、研究机构答卷"的新模式。同时促进长春各高校、研究院所把诸如重大科技设施和测试检测平台这样的优秀资源，构建成一个科学的利用体系，推动资源共享和利用。以企业为主体，形成与科研人员共同协作的创新生态系统，同时给予科研人员足够的权利，使得科研人员能够对企业技术遇到的问题进行精准科研攻坚。精准创新攻克技术难关。以围绕发展新能源汽车和研发网联汽车与核心零部件为中心，打造现代新型汽车和零部件的产业集群。根据环境因素，加速研发适合高寒地区的全太阳能电车和燃料电池汽车。充分发挥产业政策的引导作用，支持并鼓励汽车行业的发展，从而推进科研机构与企业共同突破核心技术的创新。推动构建创新平台。建设汽车强省、制造强省，打造创新平台，坚持"以我为主，为我所用"的理念。推动一汽集团与中科院长春光机所等单位或吉林省高校及科研院所联合建立智能网联汽车创新中心。建立可以检测是否具备东北地理因素和环境特征所需的新能源汽车的试验场。加大人力、物力及资金等方面支持力度，共同打造世界级先进制造业集群。

强化服务能力。通过建立服务平台、机构培养和商业产业同盟的措施来构建并推动产业体系。通过搭建机构资源共享服务平台，促进大中小企业的共同发展，共同推进科技创新，技术成果转化，降低企业的创新成本和风险，加快产业集群转型升级，从而完善新能源汽车和智能网联汽车的技术体系，形成高技术、高服务的系统能力。通过促进机构人才培养，加强技术创新能力，搭建企业和科研院校的集群体系，并通过政府根据实际情况给予的鼓励与支持，推进实施机构服务的项目投资额、相应的资源配套额、供货合同额等。推行商业与产业联合措施。通过商业商会自愿、自聘、自筹等团结协作，充分发挥相关产业机构的职能作用，举办招商引资、行业标准和商务模式等的推介活动，根据相关标准给予有突出成绩的商业协会一定的支持。通过商业与产业的联合协作，与诸多品牌合作共赢、共享，形成利益共同体的模式。

第二节　打造农产品加工产业集群

一、打造十大产业集群

依托资源优势，立足全产业链发展，依托骨干企业，全省正在打造十大产业集群。（1）玉米水稻产业集群。"吉林鲜食玉米""吉林大米"品牌影响力较高，糙米、胚芽米、方便营养食品等全链条，玉米精深加工业升值发展潜力大。（2）杂粮杂豆产业集群。白城和松原为全国重要的杂粮杂豆生产制造产业基地，"吉林杂粮杂豆"公共性知名品牌影响力较高，粥饭、饮品、休闲零食等营养食品享誉国内外。（3）生猪产业集群。养殖、饲料、加工、货运物流等有关产业链齐全，精深加工业较发达。（4）肉牛肉羊产业集群。"延边黄牛""草原红牛"等特色产品远近闻名，肉牛肉羊屠宰加工、皮革制品、生物制药等产业优势明显。（5）禽蛋产业集群。全省拥有一批种雏繁育、规模饲养、深度加工、冷链物流产业链行业龙头企业。（6）乳制品产业集群。围绕婴幼儿配方乳清粉、奶酪、浓缩乳蛋白、奶粉等产品，打造乳品产业新高地。（7）人参（中药材）产业集群。北药产业基地、人参产业基地闻名国内外。食品类、保健品、药物类产业区位优势明显。（8）梅花鹿产业集群。吉林省梅花鹿产业全国闻名，主要分布在长春双阳区、东丰县、铁东区、四平市、敦化市。（9）果蔬产业集群。长白山葡萄、长白山寒地蓝莓、高品质蔬菜水果、草莓等产业优势明显。（10）林特（食用菌、林蛙、矿泉水等）产业集群。靖宇、抚松、安图等长白山矿泉水，汪清、蛟河等北方地区高品质黑木耳，梅河口干果生产远近闻名。

农业农村现代化发展过程中，农业产业集群建设已成为引领其发展的一个重要引擎。全力推动农业产业集群建设，释放产业集群效能，挖掘农产品全产业链的增加值与附加值，是快速推动农产品产业做大做强的有效途径。吉林省作为农业大省，应立足于资源优势，统筹规划，重点做好"粮头食尾""农头工尾""畜头肉尾"等工作，全力推进"玉米水稻、杂粮杂豆、生猪、肉牛肉羊、禽蛋、乳品、人参（中药材）、梅花鹿、果蔬、林下及林特"十大产业集群建设工程，努力发展全产业链生产，打造规模化产业集群发展模式。统筹规划，完善顶层设计。实施"三个一"工作模式：一个牵头部门、一个负责同志、一套工作专班，充分发挥农产品加工企业和粮食产业工作小组的自身优势，建立和完善集群长制度，统筹推进集群建设。地区联动，加强组织推动。为整体推进、加强协调，各地区应成立相应组织机构，实现上下联动，确保全省一盘棋。将产业集群的发展情况纳入年终考核，定期组织开展农产品加工业的评比表彰工作，以此调动地方的积极性和创造性。个性化发展，培育市场主体。积极培育市场主体，不断壮大企业的规模和数量，重点做好省级龙头企业、农业产业化联合体、农业领域"专精特新"中小企业的认定等工作。

二、构建特色现代食品产业体系

近年来，吉林省食品产业一直保持快速稳定的发展态势。坚持"突出特色、精深加工、集聚集约、质量安全"的发展理念，以十大产业集群为主体，坚持"三深一转"，做强粮食精深加工、做大畜禽乳蛋深加工、做响特色资源深加工，加快原料型产品向终端化食品转变，提升食品深加工全产业链水平，构建特色的现代食品产业体系，打造东北亚地区具有吉林特色的产品产业基地。全面推动绿色食品产业高质量发展，加快实施创新驱动绿色食品产业发展，大力推动绿色食品科技进步，着力推进信息化建设，积极搭建产业服务平台，加快补齐发展短板等举措。积极引导绿色食品生产经营主体与大专院校、科研院所合作，强化多学科融合和产学研协同创新，集成研发一批产地清洁、品种培优、节肥节水、病虫害绿色防控、废弃物循环利用、冷链物流、检验检测等绿色生产技术。充分发挥政企融合发展优势，建立新型平台，形成新型技术体系。以科研院所、大专院校为中心，加快技术产品转型升级，提高绿色食品的科技含量，为产业发展注入新动能、新活力。大力发展地方特色食品工业。以吉林省优良的自然资源条件为基础，在东中西部地区开展差异化、错位发展，以玉米稻米、畜禽奶蛋等为核心的中部食品产业，以矿泉水、人参、梅花鹿、食用菌等为核心的东部特色食品产业，以粮食大豆、肉类和淡水水产品等为核心的西部食品产业，提升粮食和畜禽特产深加工比例，推动粮食和畜产品深加工，推动东中西部粮食工业协同高质量发展。促进关键技术的突破，为产业发展提供有力支撑。建立起一套完整的政、产、学、研、用产业合作创新体系，利用生物技术、超临界萃取、超高压、冻干、3D打印等技术，解决一批食品精深加工中的发酵工程、食品保鲜、功能因子提取等关键共性技术问题，从而提升食品产业的创新能力，提升产业的核心竞争力。促进其与新一代信息技术的深度融合，构建一个全产业链的食品质量和安全可追溯体系，从而提升食品的质量和安全。

优化产品结构，提升产业链的末端化程度。积极适应多样化、高端化、营养化和绿色化的消费需要，持续延伸食品的终端化产业链。强化谷物深加工产业链，开发多种新型食品添加剂，开发谷物类主食化产品以及全谷类营养品；大力发展吉林大米、鲜食玉米等地方化品牌，在全国各地推广；提高肉类、蛋类和乳类的深度加工水平，开发以调理肉为主的餐桌食品，开发以婴幼儿配方奶粉和奶酪为主的高端乳制品，加快建设"中国蛋谷"的步伐；重点开发长白山天然矿泉水、人参和梅花鹿等高端饮料、保健食品和特医食品，推动食品产业链向中高端方向发展，形成高附加值的食品产业链。

农业产业化发展，龙头企业和特色品牌的建设必不可少。龙头企业和特色品牌是打造农业全产业链和构建特色现代食品产业体系的关键一环，承载着区域内上下游企业协同发展的重大作用。吉林省建设农产品加工产业集群过程中，应以地域特色为抓手，以农业供给侧结构性改革为着力点，重点打造吉林省地域公用品牌下的区域品牌和企业品牌，通过龙头企业的带动作用，在区域内实现整体联动，走"规模化、产业化、品牌化、效益化"发展之路，从而提升吉林省内农业产业链的整体发展水平，构建起特色现代食品产业体系。构建特色现代食品产业体系应加快转变农业生产方式，发展数字农业、智慧农业，不断延伸农业产业链，增加价值链，拓展农业多元化功用，推进电商营销、配送物流及综合服务网络的建设进程，拓宽和丰富销售渠道。

第三节 打造石化产业全产业链

一、提升化工园区集聚能力

吉林省石油化工产业主要分布在长春、吉林、松原、四平等地区。长春市拥有长春北湖精细化工新材料产业示范园区和榆树生物化工园区。长春北湖精细化工新材料产业示范园区落位长春市北湖科技开发区，国内外精细化工企业较多，拥有一批"长春北湖制造"的精细化工品牌。园区以精细化工、化工新材料、化学制药等产业为主导，重点发展合成材料制造、专用化学产品制造、化学药品原料制造及化学药品制剂制造等细分行业。榆树生物化工园区位于长春市榆树市，现有中粮生化能源（榆树）有限公司、灿盛生化中间体（长春）有限公司等企业，重点发展以聚乳酸、L乳酸、淀粉糖为重点的玉米深加工产业和医药中间体、生物医药产业。

吉林市拥有吉林化学工业循环经济示范园区、吉林经济技术开发区及磐石冶金化工新材料产业园区。吉林化学工业循环经济示范园区位于吉林市龙潭区，园区内吉林石化、吉林神化化工等规模企业，炼化一体化程度较高，重点发展石油化工、化工新材料、精细化工、医药及农药中间体等产业。吉林经济技术开发区位于吉林市西北郊，吉林化纤、吉林康乃尔等企业为园区骨干企业，园区未来重点发展精细化工、生物化工、医药化工、化工新材料四大主导产业。磐石冶金化工新材料产业园区位于吉林市磐石市红旗岭镇，园区核心企业是吉林吉恩镍业、吉林亚融科技股份等，重点发展有色金属冶炼、动力电池、镍氢电池和锂离子电池正极材料。

四平市拥有四平新型工业化经济开发区生态化工园区和双辽化工园区。四平新型工业化经济开发区生态化工园区位于吉林省四平市梨树县，园区依托应化实验中心，同中国科学院长春应化所合作，重点发展医药中间体、农药中间体、原料药、化工新材料产业。双辽化工园区位于吉林省双辽市东西两翼，未来主要发展氯碱化工、电石下游产品，兼具发展生物化工、精细化工、医药化工产业。通化市化工产业园区坐落在吉林省通化市二道江区，依托长白山药物、山珍等资源优势，依托冶金、医药、机械加工制造等产业优势，向上游发展化学原料药、医药中间体，重点发展医药化工、精细化工、化工新材料产业。松原市拥有松原石油化学工业循环经济园区、长岭天然气化工产业园区及乾安化工园区。松原石油化学工业循环经济园区位于松原市东南部，园区以原前郭石化分公司厂址为核心区，以松原地区石油和天然气资源为依托，整合周边境内外原油资源，重点发展石油天然气化工、精细化工和生物化工产业，推进上下游一体化发展，构建循环经济产业链。长岭天然气化工产业园区位于松原市长岭县，最大的资源优势就是天然气，园区将推进天然气制二硫化碳、氢氰酸、BDO、热塑性可降解塑料等天然气化工项目，重点打造轻烃综合利用产业基地。乾安化工园区位于乾安县城郊，集中区内现已建成无水酒精、蛋白饲料、乙酸乙酯等一批重点项目，以玉米化工业为主的特色产业已初步形成。重点发展高性能合成橡胶、特种聚酯类、高性能聚合材料等化工新材料产业。

白城市的吉林西部（大安）清洁能源化工产业园位于大安市两家子镇西南，园区功能定位吉林省西部以氢能源生产及利用为特色的清洁能源化工产业园，兼具生物化工、精细化工和环保及新材料化工等化工产业聚集区。重点利用风能发电优势，形成吉林省西部以氢能源生产及利用为特色的清洁能源化工产业园，打造"中国北方氢谷"。兼具发展生物化工、精细化工、化工新材料产业。延边州的图们化工新材料循环经济产业园区位于吉林省延边州图们市，园区企业可以通过图珲铁路或朝鲜铁路从俄罗斯进口燃料油、天然气、液化石油气、煤炭或汽运本市及通过铁路、公路运进珲春、和龙、黑龙江煤炭等化工原材料发展石油化工和煤化工。可利用延边本地丰富的玉米秸秆、废弃菌袋发展生物基材料或生物质化工。重点发展精细化工、新材料化工及应用化工等产业。敦化市化工产业园区位于吉林省延边朝鲜族自治州敦化市。产业园依托地区资源优势重点发展医药化工和精细化工产业。

从产业资源和材料产业入手，优化乙烯产业链、丙烯产业链发展，全力提升可降解塑料等新材料产业的核心竞争能力，发展ABS、乙丙橡胶、碳纤维和二氧化碳基等材料，推动新材料在汽车、轨道交通、航空航天等领域的产业应用。优化产业链布局，打造"减油增化"示范工程。积极面对当下炼化行业转型升级与绿色低碳发展等新趋势，进一步提升效率效益，停运一些能耗高、规模小、技术落后、效益低的装置，以提升企业炼化一体化运行水平和安全绿色低碳发展水平。坚持绿色低碳发展，打造环保型项目。打造国内传统炼化企业绿色低碳转型示范工程、数字化智能化示范工程长期以来是吉林石化转型升级项目的目标。联动实施吉林石化转型升级项目与吉林油田风光发电项目，统筹推进产业转型升级，绿电保障，有效降低碳排放。

二、建设一流的碳纤维及复合材料产业基地

碳纤维被称为"黑色黄金"，是推动汽车、高铁与石油化工产业融合发展的战略性新材料。加快完善碳纤维全产业链条，聚力打造"中国碳谷"。支持碳纤维产业平台建设。建设省级碳纤维及复合材料检验检测中心，争创国家级中心；支持组建省碳纤维及复合材料产业研究院，建设众创空间、孵化器、加速器等平台。争创国家级创新平台。推动吉林化纤与吉林化工学院等驻吉高校和职业技术（中等专业）院校联合办学，设立碳纤维及复合材料相关专业，建设省级技能公共实训基地，专项培养产业人才。发挥吉林省碳纤维及复合材料领域的领先优势，支持碳纤维重点企业对外合作，提升碳纤维全产业链发展水平，建设一流的碳纤维及复合材料产业基地，打造中国碳谷。支持碳纤维原丝、国兴碳纤维碳丝等新材料生产企业向"单项冠军"迈进。发挥吉林省碳纤维及复合材料领域的领先优势，支持碳纤维重点企业对外合作，提升碳纤维全产业链发展水平，努力打造世界一流的碳纤维及复合材料产业基地。

三、做大做强精细化工产业链

巩固提升石油化工的产业核心地位，重点建设吉化公司转型升级系列项目，打造吉林市千亿级化工产业。支持吉林油田建设风、光、气、地热、页岩油等开发项目，为炼化转型升级项目提供清洁能源。通过构建完整的生态化产业体系，完善化工材料产业集群。加快吉林省石化产业全产业链转型升级发展，并保持产业技术创新能力的领先，降低成本，提高附加值。依据地理因素、环境因素，开发适合本地区的自然资源，比如页岩油、地热等资源的开发，从而形成自身稳定的能源供给，同时，加快自然资源的转型升级，促进新能源的开发，优化资源产业基础，实现多能源并重；同时，做好人才引进，与科研机构合作，与相应品牌协作，形成一条由内而外优势互补，合作共赢的全方位链条产业群体。做大做强石油化工产业，推动产业转型升级，扩增化工产业规模；新增ABS专用料、聚乙

烯混配料、EVA、PMMA等高附加值产品，实现产业群体的差异化、特色化。做好全方位布局，以及一些高端化的产业链建设和受生态环境、地理因素等影响的防护。在天然气化工方面，由于烯烃严重短缺，可以利用吉林省的天然气储量优势，来丰富产品产业链，通过石油化工与天然气化工的产业链的有效联合，形成双链产业局面，并形成一体化循环经济的发展模式，形成省内原料互供，资源共享，这样既保护环境，又在降低成本的同时提高了资源利用率。在化工新材料方面，通过推进聚醚醚酮、聚酰亚胺等高分子材料和树脂类复合材料领域的初期市场培育，支持有机电子原材料的扩建，并促进大丝束碳纤维的产业链发展，通过攻坚新一代碳产品技术，打造研学一体化，根据我国工业生产对新材料产品的需要，通过技术创新发挥碳纤维原料的优势，建设中国碳纤维产业高地。根据实际情况给予支持，为建设一流碳纤维及复合材料产业基地提供帮助。在氯碱化工方面，根据吉林省的实际情况，充分发挥氯碱资源优势，生产有优势、有特色、市场需求量较大、技术含量较高的含氯相关产品，采用环保技术，对现有的一些装置进行完善，用来节约成本，提高含氯产品的竞争力。在生物化工方面，由于玉米资源丰富，所以可以发展以玉米、秸秆等为主要原材料，通过长春高校与科研院所技术成果相结合，建设实现聚乳酸、赖氨酸等市场产业链技术的突破，加强酶制剂、碳材料科研投入等产业创新能力，不断满足市场需求。在精细化工方面，打造具有竞争力的电子信息及人工智能产业的全产业链，大力发展电子化学产品。推进高品质生活的配套产品的发展，例如化妆品添加剂、香料和一些营养强化剂等。发展绿色安全产品，促进新型农药和环保型染料生产，满足高质量生活发展需要。通过绿色安全发展的理念，形成精细化工，积极完善我国绿色健康产业的发展，让传统精细化工产业进一步转型升级成功。

第四节 推动医药产业创新发展

一、提高企业自主创新能力

围绕产业链布局创新链，支持医药健康重点企业瞄准关键环节和核心技术，鼓励企业增加研发资金和人才投入，提升研发投入强度，加速创新成果转化，推动产业转型升级。鼓励企业开展重大项目攻关，强化企业创新主体地位。实施高新技术企业树标提质计划，遴选一批创新实力强的生物医药与健康企业建立创新型企业培育库，培育一批"独角兽"企业、"瞪羚"企业，推动医药健康重点企业和龙头企业做大做强。积极推动医药领域的众创空间、孵化器等建设，培育一批拥有特色技术、创新人才团队的双创基地和创新型中小企业。推动医药健康企业向产业园区集聚，发展医药健康产业集群，提高产业集中度，发挥产业集聚效应。高水平建设一批医药产业基地（园区），形成一批产业集中度高、创新能力强、市场化水平高、特色鲜明的产业集群，不断强化平台资源引聚能力、提升东北医药产业集群的国际竞争力。

以质量和效益优先为原则，建立企业发展培育库。培育出一批龙头企业、高新技术产业、科技"小巨人"企业。通过收购、兼并、重组等多种形式，支持主业优势明显的龙头企业扩大发展规模。对具有前沿核心技术、具有高成长性的骨干企业应重点扶持，培育一批在行业细分领域竞争能力强、产业模式新、发展潜力大的"隐形冠军"企业。健全技术创新市场导向机制，提升企业创新主体地位，把企业变成创新要素的策源地。通过项目带动、成果奖励、优惠政策等多种方式，鼓励企业加大研发投入，激发市场内驱动力。搭建产业创新平台，推动龙头企业、高校、科研院所和行业上下游的一体联动，在重大科技项目上发挥合力，聚焦产业链创新链发展方向，提高技术集成能力，推动优势资源的高效利用。充分利用大企业的支撑引领作用，带动中小微企业变成创新集聚地，推动产业链上中下游、大中小企业的一体化创新环境建设，协同创新，形成以企业为主体、市场为导向、产学研用深度融合的技术创新体系。

二、强化产学研医用协同创新

围绕原始创新、应用创新和产业创新，通过联合高校、科研院所、企业等科研力量，探索推进东北医药健康产业创新联盟，构建东北地区间互认互信合作机制，完善地区间产业协同创新机制，加强产学研医用协同创新。联合共建研究中心、实验室和临床医学研究中心等协同创新平台，推动研究成果从实验室走向市场，加快新技术、新产品转化应用。支持行业龙头企业联合高校、科研院所和行业上下游企业共建产业创新平台，带动上下游企业联动发展。对接国内外高端生物医药创新资源，推动生物医药与健康领域国家重大科技项目和成果先行先试和落地转化。深化产业链延链补链，加快新型研发机构建设，加强中药材精深加工与转化增值、疫苗新产品研发、高端原料药、化学创新药物等技术开发，推动医药全产业链协同创新。围绕"建链、强链、补链、延链"的发展思路来推动产业链链长制建设，布局创新链条，建立医药健康行业原材料、研发、生产、流通、消费的全产业链发展模式。增强产业链、供应链自主可控能力，推动产业链上下游各环节紧密连接，供应链前后端供给需求高效通畅，形成创新力更强、附加值更高、安全性更好的产业供应链。

医药健康行业应以"用"为出发点和落脚点来推动企业与高校、科研院所和医疗机构间的合作，建立健全与产业紧密结合的技术研发和成果转化机制，加强企业技术能力，发挥企业技术创新主体作用，缩短科研成果转换周期。通过对跨学科、跨领域、跨部门创新要素的整合，以合作研发、利益共享、风险共担的原则，健全"产学研医用"技术创新体系。医药健康行业的发展，主引擎为科技创新，关键在于合理配置、优化整合科技创新资源。争取一批国家重大科技项目解决关键领域的科技攻关；实施一批省级重大科技专项解决重点领域的科技攻关，实现关键技术和共性技术的集中突破，有效地解决"卡脖子"问题。建立基础研究的长效机制，稳定创新源头。重大关键技术攻关方面，着力做好中药、生物药及化药的创制技术、先进医疗器械开发技术等，集中精力做好具有自主知识产权、市场前景广阔、临床疗效确切的创新产品的开发工作，实现产业的高质量发展。

依托医药健康产业的各类扶持资金，统筹规划，对重点企业、重点地区和重大产业化项目给予支持。建立健全科研成果转化机制，提高研发机构、高校院所等创新主体的科技成果转化速度，以股权、期权、分红等方式激励和提升创新人才、有重要贡献的科研负责人、骨干技术人员和团队的奖励。对科技含量高、附加值大、具有发展潜力的优势产品和新产品，重点培育。以国家技术转移、长吉图国家科技成果转移转化示范区建设等为契机，搭建好专利信息技术展示交易中心、科技成果转化对接交流平台。鼓励企业外包研发成果、引进关键技术或购买核心专利在本地转化。医疗器械与医用健康材料产业是医药健康行业的最具后发优势的产业，增长潜力较大。吉林省在光学、精密仪器、应用化学、生物技术等领域拥有研发产业优势，以此为依托，不断扩大产品线，重点加大体外诊断、先进医学影像、智能监测设备、康复辅助器具等医疗器械的研发力度，同时推动对骨科植入物、牙种植体等高端医用健康材料产品的开发，药用包材和辅料产业链不断完善，推动产品国产化、高端化、品牌化、国际化。制药设备与检测仪器产业是医药健康行业的亟待补充产业，需求潜力大。吉林省具有研发优势和良好的装备制造业基础。在中药饮片生产设备、前处理设备等制药成套设备的开发与生产方面，聚焦关键共性技术、智能化先进制造技术、现代工程技术、前沿引领技术和颠覆性技术等。在中药种植方面，做好中药材播种机、收割机等农机具设备的开发与产业化；在检测仪器方面，主要集中在药品安全现场检测仪器的集成化和智能化水平提升方面。

三、加快医药健康产业融合发展

突出产业融合、特色创新，推动医药产业与养老、养生、旅游、文化、食（用）品等相关领域深度融合，培育具有鲜明特色的产业新模式、新业态，不断拓展东北医药健康产业融合发展空间。在医药健康与大数据融合领域，瞄准世界生命健康前沿，深入推动新一代信息技术等与医药健康产业深度融合、创新应用，以"数字+智能"变革式重塑医疗服务、生物医药、医疗器械等重点领域。在医药健康与旅游产业融合领域，围绕医药研发、健康管理等，发展生物大数据、医疗健康大数据共享平台，鼓励医药文旅养融合发展。深入推动医药、康复、旅游业等多领域融合，培育特色多样的医药健康业态，延伸拓展养生休闲旅游产业链。鼓励医药院校、科研机构、文化机构、现代传媒与社会力量相结合，建设有特色、有内涵的健康文化综合体、中医药文化研究基地、养生文化机构等平台。发展药食同源产业，充分发掘特色农产品的"食养"和"食疗"功能，促进药食同源产业融合发展。中医药产业作为吉林省医药健康产业领域的优势产业，优势突出，增长点多。通过建设国家级改革示范区的引领，推动一、二、三产业的深度融合。充分利用长白山道地的基础及资源优势，持续推广中药材规范化、规模化种植（养殖），制定和执行好中药材、重要饮片、配方颗粒、经典名方生产工艺及行业标准，推动中药新药的研究创制工作，加强原有中药大品种的二次开发及提升工作，提高中药企业制造的智能化水平，持续保持中药产业在全国范围内的竞争优势和地位。

四、推进知名医药品牌建设

以医药产业核心企业的品牌、技术、资金等优势为基础，对有基础、有优势、有潜力的重点企业进行扶持和培育，使其加速发展。同时，还可以通过技术改造、新药研制、并购重组、产能提升、市场开拓等方式，促进品种、药号、技术、渠道等资源向优势企业集中，对企业的核心竞争力和品牌效应进行整体提升。以天然绿色、环保安全为方向，支持各地因地制宜开发保健药品、营养食品、化妆品等健康食（用）品，培育一批高附加值健康食（用）品品牌。依托北药资源优势，强化"品字标"品牌、出口名牌等品牌培育；支持医药老字号传承创新，发挥医药老字号在服务民生、促进消费中的作用；加强品牌产品的宣传推介，打造"名品+名企+名产业+名产地"。发挥品牌优势，积极拓展零售市场，支持生产企业加强与健康服务平台开展战略合作，开拓医药网络零售市场。支持企业深拓国内外市场，积极引进先进技术与战略投资者，促进道地药材优势品种品牌化发展。保健食品与特医食品行业是医疗健康行业中区域优势突出的产业，吉林省产业优势明显，特色鲜明，具有特色增长点。抓住保健食品注册备案的契机，不断强化吉林省道地药材这一独特资源优势，将保健食品及特医食品安全和功能性评价体系持续细化、完善。提升高附加值的特色保健食品以及特医食品的开发与产业化能力，培育出一批国内知名的保健食品及特医食品品牌。

五、推动医药健康产业做强做大

医药健康产业发展潜力不断释放，发展势头日益强劲，紧紧围绕大品种、大项目、大企业、大集聚区发展，打造长辽梅通白延医药健康产业走廊，坚持新产品开发、企业培育、特色园区联动发展，加快推进医药强省建设。打造国内外具有影响力的医药健康产业基地，加速中药材种植业的发展，加速建设一批现代化的道地药材的示范基地，推动大宗中药材的产地加工。大力扶持通化市建设中医药改革试验基地，打造"中国药都"品牌。加快吉、港、澳中医药健康产业合作区域的发展。在吉林省拥有光学、精密仪器、应用化学等科学研究的基础上，大力发展高品质的医用仪器。加速高级生物安全实验室的建设，增强生物制品疫苗的研究和开发，研制抗体药物、重组人白蛋白、血液制品、干细胞和基因疗法等。大力开发高端原料药、化工制剂和重大创新药物，提高产业竞争力。大力发展高端原料药、化学制剂和重大创新药物，提升吉林省的医药健康产业优势，做强做大吉林省医药健康产业。以现代中药、化学制药、生物制药及医疗器械为重点领域，加快推进医药健康产业发展，以催生新动能、构建新格局为方向，以创新驱动、兼并重组、对外合作为手段，以"大品种、大项目、大企业、大集聚区"为抓手，实现医药产业高质量发展。推动全省医药产业创新能力显著提高，形成产业布局更优、集聚程度更高、核心竞争力更强、总量规模更大的新发展格局，医药产业总量规模跃上千亿级，进一步提高吉林省医药健康产业知名度，努力把吉林打造成国内外具有影响力的医药健康产业基地。

生物制药是医药健康行业最具创新能力的产业之一，增长潜力大。随着疫苗产业国际化步伐加快，增加多联多价疫苗和新型治疗性疫苗研究力量，推进基因工程疫苗、多表位重组疫苗的研发与产业化建设。依托国家级双基地建设，即国家级疫苗、基因重组药物产业基地，血液制品、抗体医药业转移承载基地，打造国内领先的生物药创制中心和生产中心。化学医药产业也是医药健康行业具有发展潜力的产业。吉林省化学仿制药质量和疗效一直广受好评，以此为契机，将突破口集中在老年病、重大疾病创新药物仿制上，并提升高端原料药及中间体、化学药品制剂、重大创新药物开发能力和产业化水平。积极做好国外专利到期药物的首访和抢访、非专利药物的仿制开发和产业化工作。抓住国际和京津冀等国内地区产业转移的有利契机，将一批生产化学原料药、医药中间体为主的制药企业引入吉林省，使化学原料生产水平进一步提高。

作为医药健康行业最具竞争力的产业之一，绿色日化品及化妆品新原料产业消费潜力大，增长趋势强。充分利用传统医药组方理论、组方原则，对既有绿色日化品及化妆品的原来配方进行优化升级，推进科学美白、天然抗衰等植物来源的提取工艺原材料开发与产业化。将现代先进的细胞生物学、分子生物学、生物医学等学科前沿技术应用到绿色日化品和化妆品行业，培育出一批功效成分清晰、作用机制明确、绿色安全有效的系列产品。推动化妆品检验检测平台建设，以技术支撑促进产品开发。推动新兴市场发展和消费品品质升级，建设高端绿色日化及化妆品新原料的开发和产业化基地。医药商业与流通业具有医药健康行业扩大经济规模的潜力，延伸点较多。依托"数字吉林"建设，不断增强医药商业信息化发展水平，建设系统性的医药流通领域的物联网，打造医药物流配送体系和电子商务的一体化发展模式。推广连锁经营模式，鼓励兼并、重组，做大做强零售业务，充分利用当代互联网技术和营销模式，推动医药健康商业模式的优化升级。打造网络布局更趋合理、行业集中度更高的医药商业与流通体系，提高流通效率，规范市场秩序，提高企业竞争力。

第五节　推动装备制造业优化升级

一、加速人工智能、工业互联网等新一代信息技术与装备制造业深度融合

以更新需求为主导的复苏周期即将结束，装备制造行业将迈入智能化、精细化、高效化生产的时代。随着互联网在制造业各个领域的渗透，加速互联网技术与吉林省高端制造业的深度融合，强化基于互联网的协同设计、协同制造、协同服务，构建"互联网+"协同技术创新体系，激发吉林智造活力。在吉林省现有装备制造的基础上，加快"互联网+装备制造业"平台建设，提高研发、设计、生产、经营和管理效率，构建完备的装备制造服务体系，解决企业技术来源不足、人才缺乏和资金短缺等问题。深化军民融合，重点发展绿色制造、智能制造和服务型制造，实施高端装

备制造业专项培育计划，营造良好的市场环境，加快吉林省制造业高端化发展，提升装备制造业智能化水平，从而推动工业结构由重工业化、高加工化向技术集约化转变。

二、以高标准推动集群发展，打造高端装备制造业集聚区

打造专业化、精致化的特色专业园区，汇集各类创新要素，完善配套设施，培育提升发展动能。依托装备制造产业园区，瞄准价值链的高端环节，积极承接国内外先进装备制造配套产业转移，扩大关键部件产业规模，加快建立轨道交通装备、卫星及应用、农机装备、电力设备、智能制造等产业链条配套体系建设。强化大项目带动作用，推动"大项目—产业链—产业集群—产业专业园"的产业链延伸模式，统筹布局生产、加工、物流、研发、服务等功能，更好发挥技术集成、产业融合、核心辐射作用。有效处置闲置、低效工业用地（厂房），盘活部分企业内部存在的部分征而未用的地块和建而未用的厂房。严格供地管理，适当提高项目准入标准。此外，应进一步发挥装备制造行业协会的作用，组织产业链条的上下游企业集聚在装备制造园区，延伸产业链条，扩大产业集聚效应。

三、发展高端装备制造产业

为了保持行业领先地位，应该把重点放在高端化、智能化、服务化上，推动新一代高速智能动车组等新产品的研发及可持续发展。加快推进新能源装备的配套项目，包括风力发电和光伏发电，并在规划中规划氢能生产和储存项目。促进智能制造和绿色制造的发展，促进高精度的仪器和设备工业的发展，提高汽车、冶炼、农机、食品加工等智能成套设备的竞争力。积极推进冰雪运动装备产业发展。紧紧围绕先进轨道交通装备、航空航天装备、精密仪器与装备、智能成套装备和新能源装备等重点领域，以高端化、智能化、服务化为主攻方向，坚持创新驱动、协同发展，组织实施重大技术装备突破工程、智能制造推进工程建设。为了提升本地企业

配套能力和水平，完善产业生态体系，实施做优做强产业链供应链，引进牵引系统、制动系统、空调系统等关键核心企业等措施。加快生产制造向服务制造转型升级，打造先进轨道交通装备产业基地。鼓励航空模拟训练装备发展，建设航空研发制造服务基地。鼓励飞机保养服务，努力打造中国北方航空综合维修维护保障中心。

依托轨道交通装备产业基础，研制新产品，攻克重点关键技术，解决一系列前沿技术和工程问题，推进生产制造方式转向生产性服务方式，建设集研发、测试、制造和维修维护于一体的先进轨道交通装备产业基地。争取引进动力系统、刹车系统、空调系统等关键核心公司，提高本土公司的技术含量，提高本地企业配套率，健全产业链，提升轨道交通装备核心竞争力。在"吉林一号"的支持下，迈向世界卫星和应用工业的技术进步的新高峰。建设我国的"星载"信息处理与处理系统，加快"星载"信息处理的步伐，加快"星载"信息处理系统的建设，推动"数字中国"的建设。推动商用航天器的发展，形成集"星、箭、发"于一体的商用空间产业系统。加速"吉林一号"卫星网络构建，建成具有较高空间和时间分辨率的卫星网络，参加我国近地轨道通信系统的建设，加快"通导遥"一体化进程。加强对各类企业的引进和培育，促进航天装备快速展。大力发展客机装备维护，重点建设中国北方航空综合维修保障中心。大力发展飞行仿真培训设备，建立研制和生产飞行仿真设备的服务型企业。提高空管后勤装备的生产水平。推动无人驾驶飞机的发展。重点研发飞机总装、航空电子和机载设备、航空发动机零件等部件。

对于成套装备制造，以打造高端作为重点，提高电力、矿业、冶炼和石油化工等传统装备的竞争能力。推动以可视位置为导向的危化品充填机器人系统和智能化仓储仓库的后勤流水线等配套设备的发展。推进技术改造，更新新型设备，例如大型风机磨煤机、智能炼钢电弧炉、超高压变压器、机械化综采成套装备、智能镍铁合金成套装备、油页岩油提炼设备、大吨位异形修井设备等。对于新能源装备，以"碳达峰""碳中和"为目标，打造具有影响力的新能源装备研发制造基地。发展新能源设备和新能源设备的研究和生产。加快推动环境保护装备在固体废弃物处理方面、空气污染和水体污染方面的发展。聚焦开发风力发电机、风力叶片和太阳能电池和组件。以"制、储、运、加、用"为核心，促进氢能设备和氢燃料电池的发展。为智能化换热设备和新型高效节能换热设备的开发提供技术支撑。依托冰雪产业资源优势，引进知名企业，推动吉林省冰雪装备集群发展。推动索道、造雪机、压雪机等重点冰雪装备高端化智能化发展，促进滑雪板、服装、护具及冰刀等个人器材产业化发展。

建设高精度装备制造基地。围绕汽车、装备、食品、医药等重点行业需求，重点开发智能化的成套装备。推动机器人和3D打印等智能化装备研发。在光学功能材料和高性能半导体激光器等方面，推进高精密刻物镜系统和超高通量的生物医学检测设备的研制和应用。聚焦精细农业，提升农艺装备的智能化和信息化水平。积极促进新型的农业装备高端发展，例如高端秸秆打捆包装机、秸秆膨化机、高端自走式联合收获机等。推进动力机械大中型拖拉机的发展。鼓励植保和节水灌溉、气吹式免耕智能播种机和新型整地机械的研制。促进配套企业共同发展，引入国内外大型农机企业，同时促进互联网及"北斗"在农机作业和农机装备上的应用。

第六节 推动冶金建材产业低碳发展

一、优化产品结构

以深化供给侧结构性改革为主线，以优化产品结构为核心，以绿色、低碳发展为方向，以省内支柱产业需求为牵引，坚持精深发展和绿色发展，推进碳达峰、碳中和，加快推动冶金建材产业高质量发展。支持按产业政策要求进行设备改造升级，优化产品结构，建设高强钢等深加工项目，提高为省内汽车零部件、轨道交通等支柱产业配套能力，推进镍、钼、铝、镁、黄金等有色金属产业发展。大力发展新型绿色建材和装配式建筑部品部件，发展光伏玻璃等高附加值玻璃产品，支持石材产业发展循环经济，建设绿色矿山。鼓励城市建筑废弃物、工业废料等资源回收再利用。

依托深加工项目，促进产品结构优化，推动冶金行业升级。提高省内汽车零部件、轨道交通等支柱产业配套能力。促进有色金属产业发展，充分开发新型绿色建筑材料，开发用于装配式建筑部品部件，高附加值玻璃产品。发展光伏玻璃，发展适合石材行业的循环经济，建设绿色矿山。鼓励高质量回收城市建筑垃圾和工业固体废物。发展轻质复合材料，打造新材料产业。大力发展碳纤维等化学纤维复合材料。把握汽车、建筑钢等轻型工程纤维产品的发展趋势，扩大下游产品现场材料的使用，构建从碳纤维原丝到新产品的全产业链。探索聚醚多元醇、异戊烯醇、碳纤维、高性能树脂等重要竞争新材料，降本增效，扩大应用空间。培育应用聚醚醚酮、聚丙烯腈、树脂复合材料等纤维材料，建设聚醚醚酮产业链产业园。推动丙烯酸树脂、聚碳酸酯和热塑性聚酯等橡胶产品的新项目建设。

改善丙烯酸树脂的技术，推动聚乳酸全产业链产业化，突出聚乳酸在高端植入医疗器械行业优势。按照国家二氧化碳最大排放量和碳排放量标准，依托二氧化碳基塑料用于农业覆盖物和包装薄膜项目，以二氧化碳为主要原料生产高附加值产品。推动糠醛向下游发展呋喃铵盐、头孢呋辛酸等医药中间体的发展趋势。引导企业应用粮食作物、秸秆、木屑等环保建筑材料，发展3D打印材料产业。促进聚芳醚酮、聚乳酸、高纯有机聚合物和添加剂生产专用原料的开发和产业发展。改进高温合金粉末、羰基金属粉末、还原铁粉、合金粉末的成型制造技术，加快金属材料增材制造专用原料的研发。

二、构建低碳循环经济

围绕碳达峰、碳中和目标节点，强化碳效率发展理念，全面实施碳减排行动。推进钢铁、水泥等行业节能低碳改造升级，引导和支持企业提高可再生资源应用比例，全面推进固废综合利用。鼓励发展非金属矿物功能材料产业。硅藻土产业重点开发环保功能材料、功能填料等产品。石墨产业重点开发高纯石墨、石墨密封材料等产品。石材产业重点开发工艺石材、异型石材、石雕石刻工艺制品等产品。鼓励利用非金属矿物生产废弃物发展循环经济。

坚持绿色发展，建设低碳、环保、循环经济。围绕碳达峰、碳中和，强化碳效率发展核心理念，全面推进碳中和。在钢铁、混凝土等关键领域，推动钢铁等产业低碳绿色发展，推动节能环保产业发展。引导和推动企业提高可再生能源利用率，进一步促进固体废物的开发利用。鼓励非金属矿物功能材料产业链发展。在硅藻土领域，开发环保功能材料、功能填料等商品的产业链、重点石墨密封原材料等产品。在石材领域，专注于石材、异形石、石雕和金属制品的设计和加工技术的开发。鼓励使用非金属矿物生产废弃物，发展循环经济。依托资源优势和特色产业，加快完善新材料产业，推动新材料产业向高性能、高质量、高效率的方向发展。在重点新材料产业中，拥有完整的产业链、完善的配套设施，提高产业竞争力。建立健全新材料产业协作配套体系，打造吉林市碳纤维产业基地、长春市光电材料产业基地、辽源市铝型材产业基地、白山市硅藻土产业基地、通化市环保新材料产业，形成强大的材料产业创新体系。

第七节 培育壮大战略性新兴产业

一、促进光电信息产业融合发展

围绕"芯光星车网",使集成电路向高端化方向发展,协同推进激光、新型显示和照明的规模化、工业互联网的融合化、卫星应用的产业化,汽车电子的智能化。加快建设"吉林一号"卫星星座网络,形成集通信、导航和遥感于一体的空间信息化工业系统。努力打造长春光电信息产业园和智能光谷产业园、吉林市半导体产业园等特色园区等重点项目,推进光电信息产业不断发展。以打造光电信息千亿级产业高地为核心领域,突出围绕"芯、光、星、车、网"五大领域,以光电子、汽车电子、新型元器件为基础,做大做强电子信息制造业;以特色软件及卫星信息服务为支撑,做优软件和信息服务业,构建配套完善、产业集聚的新发展格局,推动光电信息产业高质量发展。

大力推进光电信息产业高质量发展,构建配套完善、产业集聚的发展格局,大力发展光电子、汽车电子、新型元器件等关键部件,推进"芯、光、星、车、网"五大领域建设,推动光电信息千亿级产业建设高地。大力发展特色软件和卫星信息服务,推动光电产业与信息服务业深度结合,为电子信息制造业做大做强提供有力支撑,推动光电产业链融合发展。聚焦"卡脖子"关键领域,推动集成电路高端化发展。依托长春光电信息产业园、吉林市半导体产业园等特色产业园区建设,全力推动国家"核高基"重大专项实施,建设新型电力电子器件基地。以CMOS图像传感技术、半导体技术为核心,大力发展集成电路企业,对其进行引进、培育和壮大。图像传感器和半导体功率器件技术，在多领域布局上发挥了重要作用，加强集成电路设计及制造、封装测试、材料及专用设备生产，提高产业创新能力。

利用好市场优势，发展激光及新型显示领域规模化，激发内需潜力。扩大多领域应用产业链建设，建设半导体激光技术创新中心，形成激光制造和设备加工多领域产业链应用格局。在研发和产业化方面，推动新型关键材料国产化。大力支持高精尖发光技术。充分利用其配套功能，加强显示领域的研发和储备，发展配套功能材料、基板及薄膜封装材料，形成优势互补的产业发展新格局，释放产业发展协同效应。以卫星应用产业化发展为目标，大力推进"通导遥"。以卫星通信、导航、遥感应用为核心，大力发展卫星服务，依托"吉林一号"卫星产业优势，例如星座高时间、高空间分辨率等，推动信息综合服务全产业链发展。加速布局的卫星应用产业发展，在精准农业方面，推动智慧农业。围绕生态环境保护，完善卫星运营服务、地面设备与用户终端制造、系统集成产业链。大力推进汽车电子智能化产业链。推动光电信息产业与汽车行业深度融合发展，充分发挥一汽集团的引领作用，加快推动吉林省汽车产业再上新台阶。聚焦汽车产业"新四化"发展方向，大力推进新能源汽车"三电"发展，推动智能座舱、传感器、控制器等产品大力生产，同时，开发车规级芯片及功率半导体器件等产品。

二、打造国家新能源生产基地和绿色能源示范区

为了推动国家清洁能源生产基地建设，大力发展"陆地风光三峡"工程，并加速装机扩容。促使其生产、运输和消纳、高载能、设备制造等产业的协调发展。加快吉林油田的风能发电工程进度，做好吉化的"绿电"接续保证，建设中车的新能源设备要尽快开工。启动"光、热、风、电"示范工程和蛟河抽水蓄能电站工程。积极推进白城和松原两个"绿电"园

区的招商引资和项目落地工作。做好通化抽水蓄能电站的前期工作，同时积极筹划废弃矿山的蓄能工程。在有条件的地方，鼓励发展自带负荷绿电项目。加速推进特高压"吉电南送"工程。加快发展智能电网，大力开发新能型存储设备。要有秩序地开发地热能，促进新能源工业的发展。与东部的抽水蓄能以及西部的新能源资源相结合，大力发展风电及装备、智能控制系统产业，并培育一批太阳能光伏发电和光伏产品的生产骨干企业。加快农林生物质成型燃料生产，将智能制造、氢能储制、智慧能源等功能融合在一起形成全新产业链条，推动氢能、油页岩和新型能源设备的研究与示范应用，加快光伏制氢产业化、规模化应用的步伐，稳步推进核电供热示范工程的建设，建设我国新能源生产基地和绿色能源示范区。预计到"十四五"末，全省新增电力装机容量将超过3000万千瓦，其中风电装机将超过2200万千瓦，光伏装机将超过800万千瓦。

聚焦"六稳"工作和"六保"任务，发挥区位优势，遵循"四个革命，一个合作"能源安全新战略，以能源禀赋为基础，立足煤电油气产供储销体系，推动发展质量变革、效率变革和动力变革，清洁低碳要坚持发展和完善，助力生态强省建设。提升能源安全底线保障能力，建设安全高效的能源体系，将吉林省打造成为清洁能源大省、国家级清洁能源生产基地。为全省经济社会持续健康发展，提供坚实能源保障。充分发挥吉林省西部地区丰富的风光资源，建设吉林"陆上风光三峡"，打造国家级的新能源生产基地。依托吉林省土地资源优势，推进"国家级新能源生产基地"建设，在"吉电南送"特高压通道等电力外送条件下，推进吉林"陆上风光三峡"建设、进电网发展和油气网建设。推进电网的发展，通过升级改造配电网，优化电网结构，推进市域骨干网架，提高"东西互济"和"北电南送"能力，构建"两横三纵"骨干网架。提高供电保障能力，强化建成一流现代化电网，提升信息化水平。加强油气网方面建设，加快构建"多气源供应、全网络覆盖、全领域利用"的产业格局。油气管网和储备设施建设至关重要，坚决扫除"用气盲区、供气断点"，大力推进天然气长输管道基本覆盖。推进重点工程建设。构建"多气源供应、全网络覆盖、全领域利用"的产业发展格局，大力推进"气化吉林"惠民工程。推动有机太阳能电池、锂电池等研发生产，加快推进电池正负极材料产业化。发展高压电解液和电池隔膜材料。大力研发各种技术，例如电整机制造、关键部件制造等技术，以太阳能光伏电池的生产制造新工艺和新装备为基础，提高风电技术装备及太阳能光伏装备水平。立足风光资源优势，推动"中国北方氢谷"建设，构建制、储、运、用氢产业体系。重点攻克电解制氢、储氢罐、空压机、电堆等氢燃料电池汽车应用支撑技术，推进氢燃料电池汽车研发及应用示范，加快产业化进程。推动碳纤维产业高质量发展。以终端应用引领和原丝、碳丝为支撑，建设复合材料协同产业链路径，全面扩大产业规模，聚焦风光发电，推进汽车和轨道交通、航空航天的应用领域发展，在压力容器等拓宽应用领域，推进原丝、碳丝的项目建设，推动技术迭代；加强企业与科研院所的交流与合作，优化全产业链布局，推动上下游企业协同发展，为碳纤维全产业链集群奠定基础，打造中国碳纤维产业高地。

三、培育壮大通用航空产业

《长春现代化都市圈发展规划》提出，为了提升遥感数据信息加工能力与下游应用创造能力，紧紧围绕长春航展和中国（长春）通用航空发展大会优势，加快建设中国北方航空维修产业中心、大飞机完工交付中心、通用航空器、无人机制造基地；以吉林依托吉航、江机等航空维修及零部件制造企业为依托，围绕四平、辽源、松原、梅河口等地区，聚焦环境监测、工程测绘、气象等城市服务的应用，遥感信息尤为重要。航空产业的发展以物流的方式进行支撑，同时，测绘也十分关键，高农林作业不断进步。应急救援水平不断提高，无人机产品不断拓宽。

推进航空航天产业园二期、长春无人机科技博览园、吉林吉航军民融合航空维修基地、松原国家无人机实验中心等重点项目的建设和协同发展。形成与创新发展核心区相互关联、相互支撑、相互协同的产业发展格局，形成具有鲜明地域特色的创新型现代产业体系，就要培育壮大新材料、生物医药、通用航空等新动能"绿色引擎"，通过"互联网+""人工智能+""大数据+""移动通信+""新能源+"，推动质量变革、效率变革、动力变革，构建现代制造体系。加快发展汽车、石化、医药健康、新材料、纺织袜业、通用航空等产业，形成新发展格局。全面提升吉林省支撑通航产业发展综合保障能力，就要充分发挥航空领域的优势，以吉长两市为重点，推动通用航空产业发展布局，加快全省通用机场基础设施建设，完善航油储运、维修等配套设施等措施。大力发展航空器研发制造、运营服务、航空物流、航空人才培养、航空文化旅游。打造中国北方航空综合维修保障中心，就要积极引进域外资源，深化与航空工业集团合作，推动航空维修基地建设，拓展多型号飞机检修等等。积极与国内外航空公司开展合作，探索开展大型民机航空检修业务。拓展通用航空运营市场，开发低空旅游、航空运动和短途运输等新兴业务。为了打造"南有珠海、北有长春"的航空展格局，促进全省通用航空产业加快发展，就要以空军航空大学开放周暨长春航展平台，着力发展航空文化，引导航空资源向吉林省集聚发展。

《长春吉林一体化协同发展规划》提出，建设吉利航空产业园，构建以航空经济为引领的现代产业体系，重点发展航空器制造维修及配套、通航运营、航空物流为主的通航全产业链，建设国产飞机维修运营基地、新兴通用航空运营基地。重点依托长春市通用航空产业发展基础和吉林市国家级通用航空产业综合示范区试点，有效利用中航工业、中航发工业驻地企业优势资源，推动建设通用航空维修基地、发动机维修基地；推进通用飞机、无人机、机场专用设备等通用航空装备产业化协同发展。

　　《长春四平一体化协同发展规划》提出，重点发展生物医药产业、数字产业、航空航天等新兴产业，紧紧围绕长春、四平两市优势研发基础和政策环境，协同培育一批特色产业发展策源地。航空航天产业方面，重点依托长春市通用航空产业园，推动建设通用航空维修基地、发动机维修基地，推进通用飞机、无人机、机场专用设备等通用航空装备产业化协同发展。

第九章

吉林省产业转型升级的发展路径

第一节 培育壮大发展新动能，优化产业结构

一、全面激发企业作为创新主体的活力

按照企业为主体、市场为导向、产学研深度融合的要求推动技术创新，围绕核心技术攻关，发挥领军企业的引领作用，提升中小企业创新能力。推进科技与金融的融合，加大引进创投风投力度。鼓励科技型中小企业"首投""首贷""首保"业务，完善高技术企业上市培育库。依托汽车、卫星、智能制造、新能源、光电子、医药健康、新材料、特色农产品和信息技术等攻关项目，推动创新主体协同创新，打造产业科技创新生态系统。围绕战略性新兴产业发展需求，组建一批学科专业群，实施国家和省级一流专业建设计划，创建一批国家级和省级一流专业点。支撑行业龙头企业进行产业技术攻关"组阁揭榜制"。推动企业与社会各方面的科研力量深度耦合。

梯度培育"专精特新"中小企业。推动大众层面的创新型中小企业、

重要力量层面的"专精特新"中小企业和骨干力量层面的专精特新"小巨人"企业分类分层、层级递进。打造产品、技术、管理、模式等方面创新能力强、专注细分市场、成长性好的优质中小企业。推动创新型中小企业建设成为优质中小企业的基础力量,推动"专精特新"中小企业建设为优质中小企业的中坚力量,推动专精特新"小巨人"企业建设为优质中小企业的核心力量。建立健全优质中小企业的动态监测管理机制,定期跟踪,精准服务,推动优质中小企业梯度培育、层级递进、高质量发展。

促进大中小企业融通发展。充分发挥大企业在技术、标准、市场等方面的生态主导力和带动提升作用,推动大中小企业融通发展、相互补位。鼓励中小企业与大企业组建创新联盟。支持中小企业做专做精,推动产业链上中下游、大中小企业融通创新,提升创新链发展水平。加快构建国有大企业与中小企业设备共享、产能共享、技术共享等模式,形成融合的数字化创新产业链。建立以产业链为抓手的国有大企业与中小企业之间的创新链接。鼓励中小企业在产业群和产业链中找准位置,做好角色分工,提高创新研发效率。加强产业链、价值链各环节市场信息和市场准入渠道的畅通,加强中小企业与国有大企业、科研院所的创新研发互动,创造中小企业参与创新和分工的机会。优化"专精特新"企业的"雨淋式"创新生态环境。支持企业采用新技术、新工艺,生产"专精特新"产品,通过上项目实现产业化;通过应用新技术改造提升传统产业,提高自主创新能力,优化产品结构,扩大生产能力。采取服务券、创新券、信息化券等多种形式支持企业"专精特新"发展。对于"专精特新"中小企业,设立中小微专项扶持资金,引导企业开展技术创新"破零翻倍"行动。

强化产学研合作机制。推动"专精特新"企业与高等院校、科研机构联合建立产学研合作机制,强化产学研协同创新,组织关键共性技术研发,加速科技成果转化落地。聚焦关键核心技术,加快产学研合作一体化发展,开展重大项目科技攻关合作。在合作过程中,首先要建立完善的成果评价体系,发挥科研人员的主动性;其次要建立全员激励机制,大力培育尊重知识、尊重人才的社会环境。此外，面向"专精特新"企业，构建产学研合作数据库平台，完善科技服务、市场咨询等中介服务体系，为"专精特新"企业提供项目合作的人才、市场、技术及资金等资源，健全风险共担机制，推动产学研发展。

提升金融服务水平。加强金融平台合作，为"专精特新"企业构建投融资、重组并购、基金债券等综合服务体系，并提供多元化综合服务方案。强化辅导培训，帮助企业管理层建立金融服务实体的认识，有效对接多层次的资本市场。充分整合优质资源，为"专精特新"企业提供投资机构、券商、律所、会计师事务所、产业链上下游等资源，有效形成"资源链、服务链、资金链"平台。通过社会化参与，引导投融资机构为"专精特新"企业提供增值服务。鼓励吉林省股权交易中心推动"专精特新"企业发展，深化股权交易中心、上市公司与"专精特新"产业园区的对接和联动，形成"线下培训课程+上市公司走访+交易所走访+产业园区实践交流"的"专精特新"培育体系。

二、不断完善技术创新体系

加强高端创新资源集聚，持续引进一批国内外高端科研机构、重点高校院所、新兴产业研发中心和一流企业研发总部等科创平台到吉林省落户或创建分支机构，重点推进中国科学院及相关院所科技创新重大基地、吉林大学科创基地等建设，打通科技创新与产业发展的通道，最大程度激发创新源头动力。围绕产业链部署创新链，壮大企业创新主体，充分发挥市场机制的作用，推动政产学研用协同创新效应，打造高端要素供给的技术创新体系。推进产业创新平台建设，加强产业和科技对接，进一步加快科技成果产业化步伐，形成支撑产业发展的新动能。围绕新能源汽车、生物医药等重点领域，打造高端装备，深挖智能制造，攻克一批带动性强的产业关键技术，建设一批国内领先、具有国际影响力的技术创新平台和技术创新综合服务平台。

三、全方位全领域推进协同创新

建立创新要素相互依存的生态关系，一是企业产学研协同创新。深化与吉大、中国科学院系统、吉林省农科院、吉林农大等科研院校的科技合作，集聚创新资源、聚焦产业、企业发展，解决制约技术难题，实施科技攻关与成果转化项目，加强对口联系，扩大科技开放合作。鼓励企业与高校院所共建研发机构、产业技术创新联盟，形成校企合作长效机制。充分发挥应用技术研发及产业化中心的桥梁纽带作用，推动企业与相关研究所合作共建企业研发中心。二是深化军民融合，推动企业与军工科研机构、军工企业集团开展技术合作和协同创新。三是区域间协同创新。突出长春核心作用，构建中心驱动、多点协同、开放共享的区域科技创新格局，"十四五"期间，将创新布局国家级创新平台、研发机构、重点产业化项目。充分发挥长春在区域创新发展中的辐射带动示范作用，与各市（州）协同联动，开展双向产业转移、技术转移，打造引领全市高质量发展的新动力、新引擎。

四、充分发挥产业融合的乘数效应

坚持以产业融合发展为出发点，通过培育发展新产品、新技术、新业态，推动支柱优势产业与新基建有机融会贯通，打造产业新生态。推动互联网、大数据、人工智能、区块链与汽车、石化、轨道客车等制造业深度融合，推动智能制造，提高产业创新能力，培育产业融合发展新生态，构建产业数字化发展环境。加强与需求端的有效衔接，推动新基施建同消费市场协同发展，加快部署建设"761"新基建工程重大项目，发挥重大项目的乘数效应，推动科技供给与需求有效对接，推动产业高质量发展。聚焦生产性服务业提速增效，围绕制造业和现代服务业、制造业和现代农业高质量发展需求，推动生产性服务业向专业化、智能化和价值链高端延伸，打造制造业服务新高地。加快新型融合基础设施建设，优化公共基础设施，尤其是公共充电基础设施建设。科学规划新能源汽车充电桩建设。构建工业互联网、布局5G信息网，带动产业链上下游技术创新整体性突破，夯实融合发展技术产业基础。推动数字产业化、产业数字化。推进制造业、服务业的数字化进程，推进信息装备的标准化。加快数据安全的制度建设，严格数据交换和数据接口规范和标准，加强产业链顶层规划和设计，确保数据安全。

五、全面支持建设新型研发机构

在科技革命和产业变革的时代背景下，创新资源、创新链条十分重要，新型研发机构是这个时代的产物，有利于国家创新体系的提升，整体效能的有机重组，意义十分重大。围绕"芯、光、星、车、网、农"等领域，支持政府、学校、科技机构和企业，联合建设一批新型研发机构，完善新型研发机构在用人、运行机制、成果转换上的体制机制，大力推进人才培养，完善新型研发机构的技术研发、创业服务项目、孵化投资。允许政府投资参股新型研发机构建设，政府股权可根据考核业绩情况，逐步奖励给该研发机构及其科技骨干、高管和核心团队，并对新型研发机构在研发设备投入上给予支持奖励。鼓励科技人员学习积累经验，大力支持高等院校、科研机构的及创新团队兼职开展项目研发，推动科研成果转化和创新服务，享有兼职期间的权利，在评审、培训、岗位竞聘、项目申报、考核、奖励等方面，与原单位在岗人员享有同等权利；获得的职务科技成果转化现金奖励计入当年本单位绩效工资总量；到新型研发机构开展离岗创业或自主创办新型研发机构的，经人事关系所在单位批准，3年内保留人事关系；创业后返回原单位的，聘用至不低于离岗创办企业时原岗位等级的岗位。支持高等院校培育研究生与新型研发机构需求双向匹配。

六、统筹推进新旧动能转换和改造升级

加快培育新动能，驱动传统产业转型升级，培育壮大新兴产业，不仅

要"从无到有"，更要"重塑自我"，推动产业新旧动能转换。鉴于新兴产业具有创新性、战略性等特点，市场需求大，未来发展速度快，有些地区甚至把产业新旧动能转换简单等同于发展新兴产业，大量的资金及优惠政策全部倾向于新兴产业，没有因地制宜，往往会导致新兴产业领域过度竞争，然而一些传统产业转型升级步伐缓慢，错过了最佳发展时机，产业竞争力下降，陷入了困境。产业新旧动能转换，需要两手抓两手促，不能忽视任何一方。传统产业在国民经济中所占比值大，地位作用强，是国民经济发展的主战场。推动传统产业"老树发新芽"，推动传统产业改造升级，推动传统产业技改扩能，也是产业新旧动能转换的重要内容。因此应统筹传统产业转型升级与新兴产业发展，通过新技术、新模式、新业态，拓展传统产业空间，开放更多的新产品，不仅推动传统产业焕发活力，而且推动新兴产业发展壮大。采用分区域、分领域、多点突破、多业并举的方式，用新基建赋能产业智能化发展。

七、促进需求结构和产业结构协调发展

产能过剩、投资率过高等累积的结构性矛盾突出，资源性行业发展受到严重制约，去库存压力很大。因此，应积极调整产业结构，实施创新驱动发展战略，加快供给侧结构性改革，以市场需求结构变动为方向，优化投资结构，淘汰落后产能，化解产能过剩，调整资源流向，引导生产结构调整，促进需求结构和产业结构协调发展，将是破解结构性矛盾的紧迫任务。改造提升传统产业，淘汰落后产能。以提质增效为目的，进一步巩固提升吉林省汽车制造、农产品加工、石化、轨道交通设备、医药制造等先进制造业在全国的地位；同时，吸收现代管理技术、电子信息等高新技术成果，打造高附加值的制造业生产基地。推动工业结构由重工业化、高加工化向技术集约化转变，培育发展高端装备制造业。重点发展绿色制造、智能制造、轨道交通装备制造和服务型制造，实施高端装备制造业专项培育计划，营造良好的市场环境，从而加快吉林省制造业高端发展。

第二节 释放产业集聚效应，推动产业提质增效

一、提高园区承载能力

打造专业化、精致化的特色专业园区，汇集各创新要素，完善配套设施，培育提升发展动能。强化大项目带动作用，推动"大项目—产业链—产业集群—产业专业园"的产业链延伸模式，统筹布局生产、加工、物流、研发、服务等功能，更好发挥技术集成、产业融合、核心辐射作用。有效处置闲置、低效工业用地（厂房），盘活部分企业内部存在的部分征而未用的地块和建而未用的厂房。严格供地管理，适当提高项目准入标准。强化品牌建设，提升产品附加值。引导企业加强品牌培育意识，建立健全具有一定影响力的国家级名牌产品、省优质产品、省著名商标。支持汽车行业做强自主品牌，鼓励医药、食品、轻工、纺织等行业培育优势品牌，打造提升红旗、解放、中车长客、修正等一批具有吉林特色的"名优特新"品牌。依托长春、通化、白山、延边等良好的产业优势，推动本土企业与知名企业开展品牌合作，提升产品的品牌形象。

二、改善资源配置效率

针对吉林省制造业创新资源配置效率不高的现状，可从投入、转化和产出三个环节来改善配置状况，合理配置资源。在加大创新人力、物力和财力投入强度的同时，应建立健全激励机制，将创新资源与科研项目紧密结合，并集中优势资源，对具有共性、前沿和关键领域的问题，进行集中攻关。围绕科技成果转化，以市场需求为方向，以提质增效为目的，推动产业转型升级与科研项目深度融合。充分发挥市场配置资源的作用，整合

创新资源服务平台，优化资源配置，建设以企业为主体的开放型科研服务体系。依托科研院所等科研力量，推动产学研与市场需求有机结合，促进高校、科研院所与企业之间的技术交流，促进创新资源要素区域间高效流动，注重知识产权保护，构建理论成果与实践应用深度融合的机制，推动吉林省制造业的"制造能力"向"创造能力"转变。

随着装备制造产业规模的不断扩大，粗放型发展方式已经难以为继，应加快技术创新步伐，优化科技创新资源配置，发挥规模报酬递增效应。在加大技术创新资源投入的同时，增加人力资本的投入，促使高素质的劳动者与现代科技手段相结合，加快成果转化，提高创新产品的有效产出能力。以掌握核心技术为目标，推动生产要素与技术创新相结合，增强关键核心部件配套能力，提升吉林省装备制造技术水平。对具有成本优势的传统行业，加快技术改造与升级，推动成本优势向集约式技术优势转变。加快吉林省装备制造业高端化发展，从而推动工业结构由重工业化、高加工化向技术集约化转变。随着互联网在制造业各个领域的渗透，加速互联网技术与吉林省制造业的深度融合，强化基于互联网的协同设计、协同制造、协同服务，构建"互联网+"协同技术创新体系，激发"吉林智造"活力。营造创新发展的环境，激发企业家精神，增强创新发展动力，通过干中学、学中用，形成企业自我学习机制，积极承接技术外溢。

三、完善配套产业体系建设

关键核心部件发展相对滞后，势必会削弱整机及装备制造整体的竞争力。基于吉林省装备制造业产业链条不够完整的现状，在加快发展整机的同时，还需大力发展中场产业，营造有利于中小企业发展的良好环境，完善原材料制造与最终产成品之间的链条，增强装备制造配套生产能力。应进一步发挥装备制造行业协会的作用，组织产业链条的上下游企业集聚在装备制造园区，延伸产业链条，扩大产业集聚效应。在吉林省现有装备制造的基础上，加快"互联网+装备制造业"平台建设，提高研发、设计、生产、经营和管理效率，完善服务体系，解决企业人才、资金和技术不足等问题。依托装备制造产业园区，瞄准价值链的高端环节，积极承接国内外先进装备制造配套产业转移，扩大关键部件产业规模，加快建立轨道交通装备、农机装备、电力设备、卫星及应用等产业链条配套体系建设。

高端装备制造业是现代制造业的高端部分，既包括高档数控机床与基础制造业装备、自动化成套生产线、智能控制系统、精密和智能仪器仪表与试验设备、关键基础零部件、元器件及通用部件以及智能专用装备等具有感知、分析、推理、决策、控制功能的智能制造装备，也包括航空航天装备、轨道交通装备、海洋工程装备等技术密集、附加值高、成长空间大、带动作用强的高端装备制造业。集中装备制造的优质资源，围绕高端装备制造的发展重点，完善产业扶持政策，突破对高端装备制造共性和关键技术的研发，建立一系列从事核心技术研发的国家工程实验室。通过设立制造业发展专项基金，重点支持技术装备和关键制造技术的研究，为高端装备制造业发展建立多元化的投融资体制，同时围绕知识产权和人才培养战略，加大力度培养一批具有全球视野的制造业技术人才和管理人才，完善以高端装备制造业为主体的"产学研"一体的技术创新体系。加大财政资金对高端装备制造业的支持力度，重点发展绿色制造、智能制造、轨道交通装备制造和服务型制造，实施高端装备制造业专项培育计划，营造良好的市场环境，从而加快吉林省制造业转型升级和高端发展。

四、推动转型升级示范区改革引领先行先试

集中力量重点抓好代表性案例，发挥示范作用，引导社会预期。支持重点围绕释放活力推进改革，务求实效，形成示范效应。进一步加强对产业转型升级示范区和县城产业转型升级示范园区建设的指导，安排专项资金支持示范区和重点园区建设，加快建设一批具有竞争力的产业集群和产业园区，定期介绍交流城市更新改造、支持绿色低碳转型、示范区城市推广典型经验做法，协同推进政策体系、奖惩机制和产业结构调整，持续增

强内生发展动力。同时，不断健全示范区建设政策培训各项制度，开展现场经验交流总结活动，继续对真抓实干、成效明显的城市推荐给国务院督查激励，继续做好示范区建设年度评估。

坚持创新驱动发展，塑造产业竞争新优势。产业振兴是振兴老工业基地的产业基础，老工业城市和资源型城市重点支持示范区城市全面提升科技创新能力、全面增强制造业核心竞争力、全面加快培育经济发展新动能的重要途径，创新是引领发展的第一动力，也是提高产业竞争力的关键。实施方案提出，在新时代区域发展和新型城镇化建设中，把握需求变化趋势和产业升级方向，示范区的建设要以制造强国战略为总抓手，创新驱动发展战略为总目标，建设现代化产业基地，深入实施，提升有效供给能力。

坚持加快完善城市功能，提高综合承载能力。老工业城市亟待进一步提高人口和经济支撑能力，由于资源型城市工业区和矿区十分集中，坚持加快完善城市功能处在区域经济发展中的重要地位，加速提升完善城市功能。实施方案提出，新时代示范区建设，要发挥比较优势，完善空间治理，让老城市焕发新活力。实施方案明确，根据区位条件与资源优势，支持示范区夯实制造业基础，区域专业服务中心的建设要因地制宜，城市群节点城市、有条件的城市要积极推进、大力开展先进制造业基地、商贸物流中心的建设，部分城市由于周边地区发展的能力薄弱，可以在有条件的基础上建设现代化都市圈和省域副中心城市以加大对周边的辐射带动作用。

实施绿色低碳发展，加强生态环境保护。绿色转型在老工业城市中十分重要，也是资源型城市能源资源产业和重化工业集中地区的首要任务。实施方案提出，要把绿色发展放在首要地位，尽全力去完成碳达峰、碳中和工作目标，将绿色低碳发展作为推动的重点，在各个领域内都要强调生态环境，经济社会发展离不开循环经济。提高人居环境质量，促进能源资源产业低碳转型，全面改善生态环境质量，以促进全面绿色转型。

第三节　围绕"一主六双"，优化产业空间布局

《"一主六双"高质量发展战略专项规划》包括《长春现代化都市圈发展规划》《环长春四辽吉松工业走廊发展规划》《长辽梅通白延医药健康产业走廊发展规划》《长通白延吉长避暑休闲冰雪旅游大环线发展规划》《长松大白通长河湖草原湿地旅游大环线发展规划》《长吉珲大通道发展规划》《白松长通至辽宁（丹东港、营口港、大连港）大通道发展规划》《长春国家级创新创业基地发展规划》《吉林省西部国家级清洁能源基地发展规划》《长春吉林一体化协同发展规划》《长春四平一体化协同发展规划》等13项规划。

一、推动区域协同发展

优化产业空间布局，"一核心、三支撑、两聚焦"。以长春市为核心，打造世界级汽车整车及零部件研发、生产，推动一汽吉林恢复生产，建设售后市场服务基地以及国内重要的产业配套基地，有效释放产能，打造产业优势。以吉林市、四平市、辽源市为支撑的汽车产业，推动区域协同发展。围绕"一主六双"战略，优化产业空间战略布局，实施汽车产业区域差异化布局，打造高质量发展示范区。吉林市依托化工、碳纤维、电子等优势产业，加快构建区域特色汽车产业集群，加快产品结构调整。四平市加快合作基地建设，积极与一汽解放合作，向高端化转型，推动专用车专业化。辽源市则将重点放在新能源汽车产业配套基地，依托节能产能的打造和其所拥有的产品优势，例如动力电池及材料、铝制轻量化、泵类、模具等，完成其主要生产目标。白城市和延边州重视氢能产业，完善全产业链条，协调布局。白城市在清洁能源制氢方面有很大优势，"长白氢能走廊"的打造推进了实施氢

燃料电池汽车推广应用。延边州则将重点放在氢燃料电动客车上，由于其在新能源商用车整车制造上有很大优势，所以可以打造区域内重要的新能源商用车生产基地，推动区域协同发展，构建一汽差异化的产业发展格局。

为了推进省内产业集群发展，吉林省出台了《环长春四辽吉松工业走廊发展规划（2018—2025年）》，全省将打造以长春市为中心，连接四平、辽源、吉林、松原共同发展的工业走廊。按照文件要求，吉林省将鼓励各地的产业和空间布局，共同推进汽车、石化、食品、医药健康、装备制造等传统优势产业，加大新能源汽车、轨道交通、生物医药等新兴产业的培育力度，形成融合配套、相互分工、优势互补的新型发展格局。

延伸能源汽车产业链。红旗品牌抢占行业制高点的关键是立足于新能源工厂，项目的研发设计按照全球先进的设计和制造理念。围绕5G的时代主题，工厂的五大车间正式派上了用场，在智能中控系统中发挥了重大作用，从冲压到焊装，然后涂装，最后总装，这一系列过程有百万个数据采集点，不仅实时采集技术开始普及，监控设备数据也不断完善，设备的维护技术在人工智能的算法发挥了巨大作用，推动红旗品牌不断发展进步。

一汽红旗新能源工厂汇集许多新型技术成果，创造了众多纪录和众多第一。如自动驾驶功能试验台，这是全世界第一套工艺级，交通复杂场景也可以以智能的技术实现模拟，为实现自动驾驶，产线端测试验证技术开始普及；自放电率在线检测技术、电芯分选技术，打造极致质量与安全，首次可以极性自动调整。此外，复杂造型零件的生产，最新自动装配技术使全厂智能机器人大量普及，全自动高速连续钢铝混合机械开始应用于其中，冲压线公差被控制在0.2毫米内；焊接自动化甚至实现了100%，自动化焊接及传输设备被焊装广泛采用，加快了产业的转型升级。随着"四化"趋势的发展，庞大的汽车产业集群推动吉林省新能源汽车全产业链条，一汽红旗新能源工厂，提高全省汽车产业价值链的地位，打造现代新型汽车产业集群，推动产业向"万亿级"的目标发展。

二、推动长春新区打造"千亿级"先进装备制造产业

长光卫星技术股份有限公司工作人员通过搭建自动化测试平台对卫星多台单机进行测试。在多年发展后，长春新区先进装备制造产业成为主导产业，集聚重点企业形成新的竞争力，已经在环保和通用两大装备和智能控制装备制造等领域快速发展。长春航天信息产业园是推动长春新区协同发展的有力支撑。长光卫星投资建设长春航天信息产业园，在长春新区，航天科普教育深度融合，卫星研发、生产、检测、试验各个阶段和发展协调推进。长春航天信息产业园"十四五"时期已逐步形成138颗卫星组网，具备超强卫星能力，并实现将产业集群从卫星研发、生产到遥感信息加工、应用。在全球，可以10分钟内重访任意地点。一整条全产业链条在一个龙头企业的带领下飞速发展着。光学制造突飞猛进，光电传感技术也不断更新，机械制造行业飞速发展，遥感信息技术企业不断进步，在长光卫星的带动下，长春航天信息产业园区成效显著。在这个时期，产业链条上的企业将超过50家。长光宇航、长光辰芯等企业，为"吉林一号"生产关键核心部件在卫星项目上游进行配套；在吉林省林业和草原局、吉林大学的带领下，在卫星项目下游，政府部门、高校、科研院所和近百家企业，为企业发展增强了后劲，对"吉林一号"卫星数据进行分析和计算，依托遥感信息进行开发，出现了新的经济增长点。

以卫星信息产业为依托，与装备制造业协同发展。以长春长光宇航复合材料公司为例，参与了"神舟飞船""天宫一号"载人航天工程配套项目，目前已在纤维复合材料研究方面处于国内领先地位。在长春新区北湖科技开发区，产值2亿元的复合材料推动了长春长光宇航复合材料有限公司项目建设，年产300套商用先进复合材料件，建成投产后，将构筑起长春新区先进装备制造产业集群发展的坚实基础。

汽车配套体系"十四五"期间将进一步完善，由先进装备制造产业长春新区实行精做；技术含量高的关键零部件、发动机、汽车电子等着重发

展，在通用、专用和电器装备上积极引进与研发新能源汽车，重点发展；积极改造、不断完善仪器仪表、电子及通信设备等先进技术。制造业集聚区发展装备先进，智能装备制造打造汽车零部件，尤其是新能源和节能汽车向智能化生产方式转变，实现制造业高质量发展，使长春新区先进装备制造业走出一条质量更高、效益更好、结构更优的发展道路。

三、推动四平—长春合作打造汽车产业集群

打造四平—长春汽车产业园区，以四平市为依托，紧紧围绕一汽集团的优势，推动汽车零部件产业发展。为了打造集零部件加工、专用车改造、综合服务为一体的四平—长春汽车产业园，投资30.1亿元，规划建设面积为60万平方米的路网、配套基础设施、商用汽车线束生产等项目的建设。针对自投自建项目，聚焦多种合作模式政策，例如税收"五免五减半"优惠政策，按固定投资额度自投自建，多种合作模式并行，与发达地区开发区、大企业集团协商合作，轻资产入驻"一免九减半"、飞地经济"五免五减半"。汽车产业园区的土地、规划建设和产业聚集具有极大优势，在许多发展问题上，有效承接产业转移时间，资金、技术、资源迁移等困难都被有效解决。逐步形成共建共商共创的双赢局面。2021年4月，四平—长春共建汽车产业园区正式签约，双方在汽车产业对接成功，总投资达到9.6亿元，正式签约合作，在各个项目中改造升级建设，例如汽车塑料配件加工项目年产100万套，智能喷洒车建设项目年产2000辆，商用汽车线束生产项目、河北宏泰专用车建设项目和广汽丰田店项目等都获得了巨大发展，推动长春—四平的协同发展共建产业集群，实现互利共赢。

四、构建松原现代工业走廊

结合松原市自身发展特点和环境因素，做大石化产业；依托资源禀赋，做大农副产品和食品加工产业；依赖交通主干线，做大通用航空产业；将市区作为辐射中心，大力发展高速、铁路、公路等，发展汽车产

业、发展装备制造产业、发展新材料产业，实现三个"做大"、三个"发展。现代工业走廊是一条联动发展、优势互补的发展道路，布局合理、协同配套。积极争取计划投资，在2021年9月，省级工业产业链80个清单项目计划，获得投资431.92亿元，包括重大在建项目31个，计划投资68.5亿元；新开工建设项目49个，计划总投资363.44亿元。

发展石化工业。依托松原石化工业经济园区产业优势，着力打造"长、辽、松、吉工业走廊"。打造天然气全产业基地链，依托长岭县天然气工业园金沙江科技示范园项目，推动石化产业高质量发展。打造东北最大的化肥生产基地。

做大农副产品和食品加工产业。依托资源禀赋，全力打造松原经济技术开发区30万吨稻米项目和中粮家佳康年屠宰100万头生猪项目，延长产业链条，加快推动地方农产品、畜产品等加工业精深发展。依托丰富的玉米和农业废弃物资源，建设开拓嘉吉中国食品安全技术中心等技术平台，发挥创新引领作用，打造下游淀粉、果糖和功能糖等强链项目，形成新型玉米深加工全产业链。

发展通用航空产业。依托通用航空产业园、长岭通用机场建设工程，打造以查干湖机场为支撑的无人机试验基地，打造空中应急救援中心，推动航空产业全产业链发展。发展汽车及相关配套产业，加快布局建设前郭县、长岭县汽车产业园，建设汽车油漆、齿轮等配套产业集群，依托长春一汽无人驾驶汽车等项目，发展装备制造业。依托宁江区的产业基础，充分发挥其在农机行业的龙头地位，加快农机产业园建设。巩固雅达洪工业集中区优势，打造国内特色的石油装备制造业，建设立足东北、辐射全国的陆上油田配套石油装备制造基地。

发展新材料产业。依托承接吉化、大庆石化项目，推动基础有机原料深加工，聚焦碳纤维，发展复合材料，发展有机玻璃、车用材料、特种塑料等应用型终端产品，延伸产业链，提高产品附加值。依托中国碳谷建设，大力发展碳纤维项目，推动吉林化纤的粘胶基碳纤维原丝项目、锂电池负极材料、碳复合材料制品项目建设。

五、全力打造中国"碳谷"

吉林市为我国碳纤维产业增长最快的地区之一，也是我国碳纤维产业的摇篮，加快推进碳纤维全产业链条的发展，打造中国"碳谷"。第三条大丝束的投产，预氧丝从6号氧化炉内成功产出。依托吉林经开区的吉林化纤复材项目，推动应用在风电、光电等绿色能源方面的碳化纤、碳纤维拉挤板项目建设、碳纤维编织布项目建设，聚焦碳纤维全产业链，强化延伸产业链，全力打造国家碳纤维产业园项目。吉林市已实现规模化生产碳纤维，企业数量不断增多，碳纤维企业25户，其中规上企业12户，下游制品4个系列、10余种终端产品，60多项知识产权，全市碳纤维产业科研成果达到国际同类产品先进水平，填补了国内空白，碳纤维产业化技术，推动碳丝产能不断提高，碳纤维产业产值不断提高。全年碳纤维产业继续保持国内领先水平。聚焦"一主六双"高质量发展战略，围绕新能源汽车等重点领域，通过技术创新推动碳纤维产业集群发展，拓展氢能、航空航天的碳纤维应用空间，提高原丝产能，扩大复材及制品范围，全力打造中国"碳谷"。

第四节　发展"六新产业"，建设"四新设施"

一、"六新产业"和"四新设施"的重要意义

"六新产业"和"四新设施"是吉林省树立产业核心发展优势，实现"换道超车"的重要方向。"六新产业""四新设施"对吉林省经济社会全局和长远发展具有重大引领带动作用。科技革命和产业变革的方向决定了未来新的竞争优势，也是培育发展新动力和争夺产业制高点的重点领

域。基于重大技术突破和重大发展需求，发展新兴产业可以推动产业效率、动力质量变革，促进吉林省传统产业转型升级。随着吉林省"六新产业"和"四新设施"建设的加快，大量就业岗位涌现，是传统产业转型升级的动力源，引领高质量发展的新增长极，必将加快新兴产业与传统产业的深度融合，涌现一大批新技术、新产品、新业态、新模式，有力支撑经济高质量发展，促进改革、惠及民生。同时，以"六新"产业集群建设提升公共服务能力，促进产城深度融合。围绕重点领域，打造新兴产业集群，以"四新设施"建设，提高科技创新能力，打造区域性中心城市，围绕重大需求，建设应用场景。

二、形成多点支撑、多业并举、多元发展新格局

实现"六新产业"一体化建设，须把新能源、新装备、新材料、新农业、新旅游、新电商6个产业作为一个整体，统一推进，以"四新设施"为主攻方向，就是围绕新发展和新基建、新环境、新生活、新消费建设，在结构优化上下功夫，提升效率，在扩充总量上下功夫，打造多点支撑、多元发展、多业并举的新格局。坚持绿色发展，紧盯"六新"发展方向，推进产业结构转型升级，使传统产业节能改造，努力培育绿色低碳产业和战略性新兴产业，坚决遏制项目盲目发展，推进清洁能源开发利用转化，全面培育新能源产业发展。

大力发展"六新产业"，建设"四新设施"，是新一轮吉林振兴发展的深层次思想解放，是坚持绿色低碳发展、增强内生动力、创新驱动发展的新引擎，是开辟经济高质量发展的新道路。新能源方面，"陆上风光三峡"工程，为全省绿色发展注入了新的动力，强大的绿色动能，2021年10月该工程顺利实施，标志着全省生态强省步伐进入了快车道。新装备方面，中国一汽"十四五"技术创新规划纲要中明确提出，以汽车行业为例，在全球汽车产业发生深刻变革之际，围绕36项具体技术项目，打造造型、安全、健康、品质、舒适、驾控、节能、体验8个维度标准，围绕

生态化，推动智能网联化、节能降耗、电动化产品，促进装备制造提档升级，合作共赢，自立自强，建设一流的世界技术装备创新系统。以红旗车为例，目前已取得十几项智能联网，电动化方面已经实现了重大的技术突破。新材料方面，碳纤维已广泛应用于航空航天、轨道交通、风电叶片、汽车轻量化、工业等领域，享有"21世纪新材料之王""黑黄金"的美称，吉林碳谷公司原丝产能在全国同行业内位居首位。新农业方面，据国家统计局2021年吉林省粮食产量稳定增加，与上年相比，净增量47.24亿斤，在全国列居第二位；粮食单产增加48.7斤/亩，在全国排第4位；粮食总产量807.84亿斤，全国第5位。新旅游方面，《吉林省文化和旅游发展"十四五"规划》中明确提到，在旅游产业方面，从构筑双循环旅游新格局入手，持续提升避暑休闲旅游、乡村旅游、红色旅游、工业旅游等新产品新业态供给质量，有效推进保护生态和发展生态旅游相得益彰。2021年，吉林省召开首届全省乡村旅游发展大会、文旅产业投融资大会，举办"中国知名文旅企业走进吉林"系列活动，推动了文旅企业的创新发展。新电商方面，2021年10月，长春市举行了全国首届电商大会，主题是"新经济新业态新发展"。聚焦构建新发展格局，数字经济高质量发展是关键。致力于推动经济高质量发展，打造新的经济增长点增长极，培育壮大电子商务和直播经济等新业态、新模式。此外，吉林省全面实施《吉林省直播电商发展三年（2020—2022）行动计划》，将会极大推动商贸主体突破传统营销模式，向数字化、网络化、智能化方向发展，促进产业结构转型升级。紧紧围绕新基建、新环境、新生活、新消费"四新设施"建设，吉林省以新基建激活经济新动能，与人们对高品质生活需求结合，特别是在5G、人工智能、大数据、物联网技术与生态资源的开发利用，积极探索智慧型城市运营模式，打造新的消费模式。

构建现代产业发展新格局，以"六新"产业为基础，围绕新基建、新环境、新生活、新消费"四新设施"，实施一批重大项目，布局创新链，提升产业价值链、供应链能力。依托"双廊"建设，对接国家战略性新兴产业项目，衔接东北振兴战略项目。以打造千亿级规模的数字经济、现代服务业、装备制造等若干产业，打造3个万亿级的汽车整车及零部件产业、农产品及食品加工业、避暑休闲生态旅游、冰雪等产业为目标，建设多业并举、多点支撑的新发展格局。

三、加快发展"六新产业"，建设"四新设施"

统筹谋划，着力提升"六新产业"集聚的规模和质量，避免沿用过去发展传统产业的路径和思维来推进新兴产业发展，避免过度追求规模优势和过度聚集各类要素，避免出现多点开花、大而不优、产能过剩等问题。"四新设施"建设要坚持以人为本、因地制宜，避免同质化无序竞争的低水平重复建设。一方面要强化对战略性新兴产业重大工程项目的投资牵引作用，统筹用好各级各类政府资金、创业投资和政府出资产业投资基金；另一方面要避免产业依赖政府补贴引起周期性波动，加大市场化引导带动社会资本支持战略性新兴产业发展。推动国有企业、各类所有制企业加大布局新兴产业，充分发挥一汽、长客等龙头企业的带动作用，鼓励各类所有制企业围绕发展"六新产业"、建设"四新设施"，承载互联网汽车研发等重大科技类项目。推动金融服务实体经济，创新金融产品。围绕黑土地保护、建设高标准农田，打造综合绿色金融服务体系，发行黑土地的绿色债券，要加大对黑土地保护的绿色贷款力度，实施黑土地项目的绿色评级制度，推动黑土地开发建设的绿色保险制度协同发展。

以"六新产业"为基础，紧扣3个万亿级大产业，加快"四新设施"建设，推动产业数字化转型。新能源，要围绕国家级清洁能源基地建设，建设"陆上风光三峡"工程、"山水蓄能三峡"工程。新装备，全力打造轨道交通装备、现代汽车等高端装备。新材料，重点发展碳纤维、环保材料等产业。新农业，研发新种子、保护黑土地技术等。新旅游，依托现代科技手段，重点发展生态旅游等。新电商，围绕新经济，打造新电商平台。新基建，就是要推动新能源、新环保、新物流等基础设施，引领发展方向。新环境，就是要推动公共基础设施智能化改造。新生活，就是要应对老龄化、健全养老服务体系，应对低生育率，健全社会托幼服务体系。新消费，就是要依托互联网，打造消费新业态，推动消费升级。加快构建"互联网+"消费生态体系，构建新型产业格局，推动产业一体化协同发展。

第五节　增强产业链供应链韧性，构建产业发展新格局

一、紧扣重大项目工程

对接国家战略性新兴产业集群发展工程，围绕"六新产业"，持续增强产业链供应链韧性，打造一批产业基础再造工程项目。以打造3个万亿级大产业为目标，推动汽车整车和零部件产业、农产品和食品加工产业、生态旅游和冰雪旅游等产业做大做强，以打造一批千亿级规模的产业为目标，推动医药健康、装备制造、现代服务业等提档升级。以重大项目为牵引，紧扣"百千万"产业培育工程和"十万千万"企业培育工程，围绕产业链布局创新链，健全"链长制"，推动"六个回归"，增强供应链产业链韧性。加快构建多业并举、多点支撑、多元发展的产业发展格局。依托一汽奥迪新能源汽车项目，鼓励发展新能源汽车，完善相关配套设施落地布局，推动汽车智能化、网联化发展，建设国家级新能源汽车检验检测中心，打造具有国际影响力的长春国际汽车城。深入实施"旗E春城、绿色吉林"项目，鼓励配套企业回归，提高本地汽车配套率，打造现代化汽车零部件基地，加快关键零部件研发，确保一汽供应链稳定。

二、着力"稳链"持续"补链"

"稳链"这一举措十分重要，堵点、卡点必须疏通，重点产业链供应

链必须稳定畅通。产业链的协同必须以"链长制"工作体系为依托,支柱优势产业要形成核心配套企业清单,全面梳理供应链配套链。在此基础上,要突出解决供应堵点问题,"补链"为一项不间断的工作,畅通无阻的产业链、供应链、配套链离不开协调联动机制和产业链关联企业物流、原材料跨省域有效贯通。加快基础和关键领域技术攻关,不断增强产业链供应链韧性。针对市场问题,通过加强与重点企业沟通对接,梳理出产业链和供应链遇到的阻力,要及时进行协调,以相关解决方案来对此进行梳理,稳定的供销体系,必须以优选整合标志性产业链为前提;同时,引导上下游共建共享渠道,研究攻关突破关键产品技术。产业链供应链要畅通无阻,工业经济平稳运行是关键,细化实化保障重点产业链供应链,"一企一策"是扩大的依据,确保重点产业链运转顺畅,做好保障服务;同时,加强风险研判,持续跟踪监测产业链供应链堵点卡点,以点带链,以链带面,做好应对预案和政策储备,维护产业链供应链安全稳定。多举措推动大型企业释放产能,有效推进困难企业止滑回升。一汽的夯实排产计划要坚持挖增量、控减量、稳存量,支持抓大、活小、纾困的原则。"抢芯"专班作用也要发挥好,要把握芯片采购供应渠道,新投产项目要加快释放产能。订单要多签,市场要不断开拓,企业正常生产经营用电必须有保障,电力、煤炭等保供到位,用能管理制度要不断优化和细化。

三、细化夯实年度投资计划

根据《吉林省稳住经济保持经济运行在合理区间量化目标工作方案》,逐月分地区排出投资序时进度,以月保季、以季保年,倒排工期、挂图作战,实行投资"赛马"工作机制,有计划有任务地完成投资计划,以评促改、以评促优。专班推进千亿斤粮食、千万头肉牛、一汽奥迪新能源汽车、吉化120万吨乙烯转型升级、西部"陆上风光三峡"、中车松原新能源产业基地等重大战略项目,采取超常规措施,加快推进2365个5000万元以上在建项目建设。

全面强化要素资源保障。全面落实三保障，即保障重大项目用地、用能、能耗需求；保障工程建设用料物资运输畅通。稳中求进是关键，加快构建新发展格局，扩大有效投资作为重中之重，形成投资良性循环。围绕"十四五"规划目标，建设国家重大战略及重大工程，推动投资平稳增长，确保经济运行在合理区间，促进制造业投资和社会投资健康发展，健全基础设施投资体系。形成良性融资活动，规范有序推进PPP、REITs等，盘活存量资产。

提升投资项目服务能力。完善投资服务机制，简化重大投资审批事项，对于服务难题，特事特办。简化评估评审程序、制定符合方案的服务、优化招标投标流程。发挥省、市、县三级对项目的引领作用，协调项目建设难点问题，对项目建设实行全过程、全链条式的服务，确保充电投资项目顺利实施。着力加强项目谋划储备。顺应市场需求，以"六新产业"发展和"四新设施"建设为主攻方向，积极谋划重大项目储备，着力提效率、优结构，推动产业项目投资落地达产，构建具有引领性、创新性的有效投资项目。要抢抓政策机遇，紧盯国家和地方相关政策，增强资金争取工作的主动性和积极性，紧紧围绕国家政策导向和资金投向，围绕专项债九大投向和中央预算内投资十一大领域，加大前期项目谋划储备力度，系统谋划规模大、质量高、带动效果好的项目，要加大储备力度，打好基础，为最大程度充实一批高质量发展的优质项目。强化有效投资拉动。面对投资项目建设的资金问题要提前做好预算、协调投资、债券资金、社会资本、金融资本之间的平衡，有计划地开展攻坚行动，提早进行预算工作，解决项目建设资金的问题。聚焦新基建"761"工程项目，推动城市轨道交通、5G基站、新能源汽车充电桩等新型基础设施项目。

制造业处于智能化发展的关键时期，在研发设计等核心环节，需要进一步发挥政策支持和专项资金的引导效用，建立健全智能制造专项基金及项目建设体系。聚焦高端装备制造等领域，充分发挥智能制造专项资金引领作用，抢抓智能科技产业发展的重大机遇，提升研发创新能力，推动

"吉林制造"向"吉林智造"转变。围绕智能制造产业示范基地，发挥财政政策资金引导和撬动作用，支持创新政银合作机制，重点推进数字化、智能化改造，布局建设一批智能工厂、智能车间，采取合作、引进等多种方式，探索智能制造产品和技术的解决方案，完善制造业智能化发展的融资贴息政策。建立"财、投、贷"联动模式。对通过项目专家评审，且经济效益显著，引领示范作用明显、投资规模较大的项目，采取整体规划、分阶段申报方式，由财政专项资金、投资基金和金融机构贷款共同给予连续支持，引导壮大产业发展。

四、全面推进创新型省份建设

深入实施创新驱动发展战略，就要持续深化科技体制改革，激发科技创新活力。大力弘扬创新精神，培养鼓励创造、追求卓越的创新文化，抢抓机遇，努力走好创新驱动发展之路，奋力开创吉林省创新驱动发展的新局面。推动整体创新能力提升。以"六新产业"发展和"四新设施"建设为主攻方向，发挥高校教学人员、科研院所研究人员主动精神，加大支持力度实施人才战略工程，关心人才、重视人才、引进人才。强化关键核心技术攻关，启动重大科技专项，推进一汽自主创新项目，大力开展碳纤维、黑土地、肉牛、梅花鹿等课题攻关。加快推进国家区域创新中心建设。建设长春北湖科学城，为"双千工程"奠定基础，着力实施科技成果转化项目库，将现有科技成果进行转化，同时加强企业与高校、科研院所之间的交流与合作，以常态化交流互动平台为主要途径，持续推动科技成果对接活动，促进一批科技成果转化落地。推进梅河口、辽源两个省级高新区争创国家高新区。强化企业创新主体地位，推动重点企业实施龙头骨干企业创新引领计划。支持骨干企业承担国家重大科技项目，开展产业集成创新点。引导实施"专精特新"中小企业高质量发展梯度培育工程，鼓励其加大研究与实验的经费投入，落实研发费用加计扣除的政策，使企业的钱袋子鼓起来。省级银行信贷直达机制是分层次激励培育体系的目标，也是让企业真正做到具备专业化、精细化、特色化、新颖化的高质量发展的重要途径。

推动"双创"向纵深发展。产业是支撑，创新创业空间是基础，要不断拓展。要始终坚持战略性新兴产业和数字经济的发展方向，把推进全面创新改革、创新与创业、创业与就业紧密结合起来，以改革为抓手，大力培育壮大新动能。探索新兴产业发展模式和科技成果转化。创新创业营商环境的创建彻底解决创新创业融资难的问题。以典型为示范，有效带动市场主体投身创新创业。全面发力，从科技、金融、建设、资源、技术、资金、项目、人才等资源对接各个方面培育优秀人才，做到低成本、广覆盖。以活动为载体，营造良好创新创业氛围。双创活动周品牌、"创响中国"、融通创新主题日、创业就业"校企行"，大力激发人才活力。激发全社会的创新创业热情，开展各种形式的大赛和活动，不断提高创业热情。推进"吉致吉品"区域品牌建设，优化"双创"平台，围绕企业孵化等关键要素，强化标准引领，深入开展质量提升行动，让创业者在吉林有梦想，有追求，有收获，扩大"双创"主体，打造"双创"生态。加大人才的培养、引进、使用力度，深入实施人才政策，落实人才强省战略，人才发展环境的强大磁场的形成要以完善人才工作政策体系为前提，让人才成为吉林振兴的中坚力量。制定完善企业人才分类定级认定标准，完善人才发展体制机制综合改革，大力实施人才强省战略，积极引进国内外高端技术人才，发展壮大创新型企业家队伍，为创新型省份建设提供强力支撑，大力培育中小企业带头人、设计大师、工艺大师和技能大师。完善人才子女入学、配偶就业安置、安家补贴、住房保障等机制。

基于教育资源与制造业较好的产业基础，发挥各自的优势，坚持人才创新驱动的理念，推动教育优势与产业优势深度融合，破解瓶颈因素，释放协同发展效应。围绕汽车制造、高端装备、航空航天、新材料与新能源等产业发展重大需求，有针对性地培育高层次、创新型人才、管理人才及智能制造发展急需的复合型应用人才。完善高端人才培养体系，优化人才发展制度环境，推进高等院校、科研院所实施人才分类评价和绩效评价，发挥政策导向在人才培养中的作用，通过有效的政策来鼓励智能制造人才培养。依托产教研融合示范基地建设，举办智能制造企业负责人培训班、企业创新人才培训班等活动，打造优质学习交流平台。依托国家海外人才引进平台，不断加大急需、紧缺和高端人才的引进力度，吸引更多的高层次人才。同时推动具备理论基础和实践能力的高端智能制造复合型人才输送给企业，加强科研成果在企业实际生产中的应用推广，发挥人才在企业智能制造中的关键作用，提高企业技术和产品的核心竞争力。围绕智能制造产业链和创新链，集聚高端企业和人才，建设智能制造产业基地和新型创新平台，推进智能制造科技成果转移转化。

创新不仅是科技发展的第一动力，也是推动吉林振兴的第一动力。创新在现代化建设全局中始终处于核心地位，创新型省份的建设，是创新驱动的抓手，围绕"一主六双"坚持以创新型省份建设，是高质量发展战略的关键，紧扣"两确保一率先"目标，高举创新型省份建设旗帜，要推动科研成果变化，就地转化和产业化十分重要，如何持续推动科技成果转化落地是关键问题，这是不断振兴吉林实现发展、实现新突破的关键。"双千工程"的大力实施，形成引领产业发展的新动能。完善重点企业与高校、科研院所常态化对接平台，畅通创新主体间的沟通交流，推动一汽、吉化、中车长客、吉林化纤等企业相互之间的合作，让成果转换落地有了新的突破，培育壮大一批"专精特新"企业为高质量发展战略提供有效支撑，不断推动吉林实现发展、实现新突破。

充分发挥吉林老工业基地制造、科教、人文等优势，深入实施创新驱动发展战略，围绕产业链布局创新链，激发创新创业创造活力。聚焦汽车、航空航天、轨道交通、生物医药等重点发展领域，部署重大研究项目，提高基础科研创新能力。支持技术创新中心提升研发创新能力，鼓励综合性技术创新中心搭建检测实验室、购买研发仪器设备、开展关键共性技术研发，加快推进制造业迈向产业价值链中高端。依托装备制造优势产业，实施核心关键电子器件和高端芯片等领域智能制造重大科技专项，采取"揭榜挂帅""赛马"等市场化方式，集中力量攻克产业链条中的技术断点和薄弱环节。同时，增强企业在技术创新中的主体作用，通过干中学、技术溢出等方式，整合创新资源，鼓励高新技术企业和科技创新型企业不断加大研发投入力度，重点突破并掌握行业核心技术，激发各类型企业的智能制造潜力。梯度培育"专精特新"企业，推动中小企业创新发展，优化产业链、创新链，攻克关键核心技术和解决"卡脖子"问题。深化对口合作机制，实施智能制造工程，推进智能制造试点示范行动。

大力发展中场产业，完善原材料制造与最终产成品之间的产业链条，增强装备制造配套生产能力。推动产业链条的上下游企业在制造园区集聚，延伸产业链条，扩大产业集聚效应，推动产业链协同发展。依托装备制造产业园区，瞄准价值链的高端环节，积极承接国内外先进装备制造配套产业转移，扩大关键部件产业规模，加快轨道交通装备、农机装备、电力设备、卫星及应用等产业链条配套体系建设。建立智能制造服务集聚区，鼓励社会资本进入智能制造相关的生产性服务业，开展完备的信息咨询、人才培训和研发设计等相关的科技服务。加快工业互联网、大数据等平台建设，打造智能型的网络生产平台，在现有装备制造业的基础上，加快"互联网+装备制造业"平台建设，提高研发、设计、生产、经营和管理效率，提升企业设备远程运维、工艺改进、运行优化和质量管控能力。推动构建基于"互联网+"的个性化定制、云制造、网络协调制造等新型智能制造的发展模式。

第六节　深化体制机制改革，打造更优营商环境

一、破除体制机制障碍

高消耗的粗放型增长模式难以为继，已有的生产经营模式难以适应现在的发展需求，创新发展势在必行。企业是创新的主体，在企业实施创新行为过程中，企业家精神是重要的推动力，因此企业家的主观能动性至关重要。破解企业发展的难题，应向改革要红利，创新管理体制机制，寻求比较优势，注重技术外溢，培育企业家精神。吉林省制造业国有企业众多，为增强国有资产的竞争力和活力，应充分发挥企业家才能，深化国有企业改革，加速国有企业混合所有制改革，提高资产回报率。鼓励企业利用现代化手段，创新经营管理模式，因地制宜进行技术改造，提高研发投入比重，加强企业内部环境建设，建立健全创新人才激励机制，营造技术创新的良好氛围。紧紧围绕科技成果转化，推动制造业高端化发展，加大创新资源的投入，通过"干中学""学中用"，形成自我学习机制，切实提高企业家才能。

在加大创新人力、物力和财力投入的同时，还应坚持以改革的方式，破除深层次体制机制弊端，让创新的资源能够发挥有效的作用，完善有利于创新的体制机制。大力引进和培育各类科技中介服务机构，集聚专业科技服务人才，加速技术转移和成果转化，提升科技服务业对科技创新和产业发展的支撑能力。为了推动技术创新与生产要素的结合，要加强核心部件配套能力，以掌握核心技术为目标提高产品有效产出，从而巩固医药制造和轨道交通等优势产业在全国的地位。全面落实《中国制造2025》对振兴实体经济的要求，构建吉林省制造业高质量发展的体制机制，通过产业结构调整重点

发展绿色制造和服务型制造，深化互联网技术对智能制造发展的推动作用。

二、充分发挥市场机制的作用

围绕公共基础设施建设领域，充分发挥市场机制的作用，推动新基建与信息基础设施融合发展。健全城乡统一的建设用地市场，盘活存量用地，激活低效用地。完善户籍制度改革，创造公平的就业环境。鼓励科研人员创新创业，不断优化人才发展制度环境，加强对本土人才的培养，不断壮大高层次科技人才队伍。依托吉林省高等院校优势，可开设大数据、人工智能等新专业，改革人才培养模式，加强学科交叉融合，加大新基建专业人才队伍建设力度。同时，发挥各类职业院校的作用，培养一批高技能型人才。创新投融资机制，增加有效金融服务供给，大力推行政府和社会资本合作（PPP）模式。积极争取国家项目投资，鼓励市场主体广泛参与，激活民营经济投资，吸引域外资金投资。

三、进一步优化营商环境

优化营商环境应当严格贯彻落实习近平总书记关于优化营商环境的重要论述，以市场主体需求为导向，坚持深入推进简政放权、放管结合、优化服务，下力气破除体制性障碍和机制性梗阻，营造有利于创新、创业、创造的发展环境，激发市场活力、增强内生动力、释放内需潜力，把吉林省加快打造成为体制最顺、机制最活、政策最好、审批最少、手续最简、成本最低、服务最优、办事最畅、效率最高的省份（自治区、直辖市）之一。不断改革和完善服务市场主体的各项制度和具体措施，基本形成了公平、公正、公开、便利的市场经济环境。健全工作机制，形成营商服务新合力。强化省市两级工作协调指导机制。加强省级层面的顶层设计，强化省级部门横向联动和对各地市的纵向指导，形成上下一心、互促互动、共同优化营商环境的良好局面。理顺工作体制机制，打通数据壁垒。推进改革创新，进一步打造营商服务新格局。加快政务服务体系改革。加强审管联动，进一步塑造营商服务新形象。积极推进"互联网+监管"系统建设，完成与政务服务"好差评"系统的对接，全面提高事中事后监管水平，加快构建"审批高效便民、监管精准有效、审管衔接协同"的审管协调联动机制，为项目建设保驾护航。

四、全面营造先进创新文化氛围

健全知识产权创造、运用、服务、保护制度，完善知识产权制度体系。突出成果转化、市场前景和产业贡献。在专利权、计算机软件著作及生物医药新品种等方面，对市场前景明朗的成果，赋予科研人员科技成果所有权，激发科研人员的积极性。调动全社会力量，着力挖掘人才、服务人才、展示人才，营造崇尚创新、尊重创新、踊跃创新的文化氛围，强化创新者的荣誉感、获得感、认同感。强化以科技、知识、贡献来评价的导向。大力弘扬科学家精神、工匠精神，加强容错文化建设。推动科技与文化深度融合，在资本、人才、法律、知识产权保护、市场拓展等方面为科技创新型企业提供更多的支持和帮助。挖掘吉林科技创新文化精神，打造吉林创新文化品牌，推动吉林省科教文化资源向现实生产力转变，推动"吉林制造"向"吉林智造"转变。消除民间投资进入新兴产业领域的障碍，真正降低民资进入门槛，杜绝"玻璃门""弹簧门"等现象，激发民企参与新兴产业建设的投资信心，保障民企合法权益。

第七节　深化产能合作空间，提高对外开放水平

一、拓展域外产能合作空间

当前，吉林省制造业依赖资源型产业特征明显，高端装备制造业比较

优势尚不具备，固定资产投资后劲不足，转型升级内生动力不足，因此重塑吉林装备制造竞争新优势，还需进一步扩大对外开放水平，积极参与国际分工，嵌入产业链上的高端环节。应积极适国际产业结构深度调整的新形势，提高利用外资水平，注重技术外溢，鼓励装备制造企业在全球范围内配置资源，提高产品的附加值和竞争力。积极融入"一带一路"建设，加快建设吉林省与东北亚国家间互联互通工程，推动东北亚区域装备制造产能合作，为吉林省制造业产业结构调整提供更多新的机遇。鼓励装备制造企业"走出去"，充分利用东北亚区位优势，整合国际国内资源，优化与东北亚国家之间的贸易结构。开展广泛多层次的装备制造研发学术交流活动。拓展投资领域，深化政府间的合作，为吉林省装备制造国际产能合作提供便利条件。

二、加强地域间经济合作

从地域间的经济合作长远发展来看，实现分工协作、资源和利益共享，加强交通运输、通信等基础设施建设和金融、信息现代服务领域合作发展。在区域经济发展上构建合作平台，如合作开拓国际市场，积极发挥政府作用联合招商。同时，推动高端工业发展，加快产业转型升级，建立产业联盟，发挥企业技术创新作用，鼓励企业之间的自由流动，生产、流通和分配相互合作，避免盲目建设、重复建设。现代产业高质量发展的要求是加强区域交流合作，完善区域合作机制和产业链条，优化资源配置。

关键核心技术发展的落后，缘于装备制造业产业链条不完善。加快发展整机，应大力发展中场产业，营造良好的企业发展环境和氛围，完善原材料与产成品的链条，强化装备制造生产能力。充分发挥装备制造业的作用，延伸产业链条，扩大产业集聚效应。同时，解决企业技术、人才、资金短缺问题，在现有装备制造的基础上，加快"互联网+装备制造业"平台建设，提高研发、设计、生产、经营管理效率，构建完备的备制造业服务体系。

三、积极融入"一带一路"建设

在加大基础设施互联互通的基础上，进一步扩大对外开放水平，推动国际间的产能合作，从而带动产业转型升级。"一带一路"倡议提出以来，吉林省产业合作与沿线国家间互联互通进一步增强，不仅包括加快高速公路和支线机场建设，改造陆路口岸边境桥梁提升边境通关能力，进一步扩大海陆空联运航线的协调，而且为产业转型升级提供更多新的机遇。为了积极融入"一带一路"建设，提升对外开放水平，首先，应注重合作交流中的文化差异，重视人文交流和文化融通在合作中的积极作用，在增强互信的基础上共同制定区域合作的各类措施；其次，应致力于更高水平的技术进步和创新能力；再次，要为境外投资提供更多便利，就要以构建自由贸易区为切入点消除投资的贸易壁垒，以深化金融合作和监管来降低区域性金融风险。

四、建设面向世界的现代化产业基地

面向世界的现代制造业基地区域内，生产要素的流动不受行政和人为的限制，可以跨区域甚至是通过全球采购整合相关的经济资源，通过经济联系把相关的企业集聚到一定的地理空间范围内，以实现产业配套带来的网络化资源共享和本地区经济效益的提高。目前全球经济发展还具有不确定性，但在全球经济一体化、产业国际分工不断深化的背景下，国际产业转移步伐加快。从国际上看，以中国为代表的发展中国家仍然是承接国际产业转移的主阵地。当前以及未来一段时期，经济全球化趋势将继续深入，国际产业分工也将向纵深发展。发达国家也开始向发展中国家转移部分资本、技术密集产品的生产，国际产业转移进入劳动密集型、资本密集型和技术密集型并存的阶段。发达国家内部由于制造成本较高，其资本、技术、商品等要素不断转向发展中国家，而吉林省产业比较优势明显，必将获得更多机会承接发达国家加工、组装等环节的转移，从而进一步参与到全球经济发展的分工中去。

面向世界的现代工业基地是某类或某几类相关的工业企业，现代工业基地是有着较强的生产和技术创新能力，生产的产品嵌入国际供应链，在国内和国际市场有竞争力和较高的市场份额的工业化地域。实现产业配套带来网络化资源共享和本地区经济效益提高，可以跨区域和全球采购整合相关的经济资源，经济联系把相关的工业企业联结一起。当前，全球经济发展不确定因素仍然很多，全球经济一体化、产业国际分工的背景下，国际产业转移步伐加快。从国际上看，国际产业转移的主阵地仍然是以中国为代表的发展中国家。在经济全球化趋势下，国际产业分工也深度发展。发达国家向发展中国家转移劳动密集型产业的同时，也向发展中国家转移资本、技术密集产品的生产；国际产业转移变为劳动密集型、资本密集型和技术密集型并存阶段。发达国家内部制造成本较高，资本、技术、商品等要素转向发展中国家，中国作为有优势的发展中国家，想要进一步参与到全球经济的分工中去，必须争取机会承接加工、组装等环节的转移。我国长三角、珠三角地区已经成为全球重要的工业生产基地。近年来，直接导致我国东部地区企业在当地的生产和经营成本急剧增加，原有的依靠低土地资金和低劳动力工资来压低生产经营成本所形成的产业发展优势逐渐丧失的原因是当地土地、劳动力等生产要素日益短缺，必须把原有的产业向中西部转移。依托产业园区，瞄准价值链的高端环节，承接产业转移，既可以带动吉林省的经济发展，又可以引进先进的技术、管理才能等生产要素，积极承接国内外先进的装备配套产业转移，扩大关键部件产业规模，加快建立轨道交通、农机装备、电力设备、卫星等应用产业链条配套体系建设，从而实现技术的进步和产业结构的优化升级。

提升新兴战略产业国际水平重点是产业国际化布局，进而提高企业国际竞争力，充分利用两个资源、两个市场，实施积极的开放战略，将"引进来"与"走出去"相结合，拓展新的开放领域空间等。建立全球产业链体系，提高国际化经营能力和服务水平。鼓励企业在境外开展并购和股权、创业投资，建立研发中心、试验基地和营销服务体系，开展网络协同设计、精准营销、服务创新、品牌推广等。支持优势企业加快发展国际总承包、总集成。推动加工贸易转型升级，加强政策引导，推动产业合作研发、联合设计、市场营销、品牌培育等高端环节延伸，创新加工贸易模式，延长加工贸易产业链条，进而提高国际合作水平。

扩大高水平对外开放，积极参与国际分工，嵌入产业链上高端环节。提高产品的附加值和竞争力，积极适应国际产业结构调整，提高装备制造领域竞争力，促进技术发展，引进先进技术装备，鼓励装备制造业在全球范围的配置资源。加强"一带一路"建设和吉林省与东北亚国家互联互通工程，推动装备制造产能合作交流，提供更多的机遇。支持装备制造业"走出去"，利用良好的区位优势，优化与东北亚国家的贸易结构。积极开展学术交流，开拓投资领域，加强与政府的合作，为吉林省国际产能合作提供方便的条件。

参考文献

［1］卜庆军，章莉莉.产业集聚与产业升级关系研究［J］.工业技术经济，2014（12）：33—39.

［2］陈柳，刘志彪.本土创新能力、FDI技术外溢与经济增长［J］.南开经济研究，2006（03）：90—101.

［3］陈勇.FDI路径下的国际产业转移与中国的产业承接［M］.大连：东北财经大学出版社，2007.

［4］陈羽，邝国良.市场结构与FDI技术溢出——基于中国制造业动态面板数据的实证研究［J］.世界经济研究，2009（09）：63—68.

［5］陈闻君，胡序勇.基于区位商分析的新疆产业结构特征及影响［J］.兰州商学院学报，2010（05）：118—122.

［6］初大智，杨硕，崔世娟.技术合作对创新绩效的影响研究——以广东省制造业为例［J］.中国软科学，2011（08）：155—164.

［7］陈诗一.中国的绿色工业革命：基于环境全要素生产率视角的解释（1980—2008）［J］.经济研究，2011（11）：21—58.

［8］陈丰龙，徐康宁.本土市场规模与中国制造业全要素生产率［J］.中国工业经济，2012（05）：44—56.

［9］陈菲琼，钟芳芳，陈珧.中国对外直接投资与技术创新研究［J］.浙江大学学报（人文社会科学版），2013（04）：170—181.

［10］陈德湖，马平平.外商直接投资、产业关联与技术外溢［J］.统计研究，2013（07）：55—63.

［11］陈丰龙，徐康宁.经济转型是否促进FDI技术溢出：来自23个国家的证据［J］.世界经济，2014（03）：104—128.

［12］陈静，卢进勇，邹赫.中国跨国公司在全球价值链中的制约因素与升级途径［J］.亚太经济，2015（02）：79—84.

［13］陈启斐，刘志彪.进口服务贸易、技术溢出与全要素生产率——基于47个国家双边服务贸易数据的实证分析［J］.世界经济文汇，2015（05）：1—21.

［14］陈文府.中国制造业参与全球价值链的竞争力——基于世界投入产出表的国际比较研究［J］.产业经济研究，2015（05）：1—11.

［15］陈超凡，王赟.垂直专业化与中国装备制造业产业升级困境［J］.科学学研究，2015（08）：1183—1192.

［16］曹群.产业集群的升级：基于动态能力的观点［J］.学术交流，2006（09）：121—123.

［17］柴庆春，张楠楠.中国对外直接投资逆向技术溢出效应——基于行业差异的检验分析［J］.中央财经大学学报，2016（08）：113—120.

［18］邓春玉.广东产业转型升级测度及要素空间演化响应机理研究［J］.广东行政学院学报，2013（01）：78—84.

［19］杜修立，王维国.中国出口贸易的技术结构及其变迁：1980—2003［J］.经济研究，2007（07）：137—151.

［20］樊福卓.中国工业的结构变化与升级：1985—2005［J］.统计研究，2008（07）：19—25.

［21］范爱军，刘云英.韩国在山东省FDI的技术溢出效应实证分析［J］.山东大学学报（哲学社会科学版），2006（04）：127—132.

［22］范剑勇.产业集聚与地区间劳动生产率差异［J］.经济研究，2006（11）：72—81.

［23］傅元海.我国引进FDI质量的实证研究［J］.统计研究，2008（10）：9—17.

［24］范剑勇，冯猛，李方文.产业集聚与企业全要素生产率［J］.世界经济，2014（05）：51—73.

［25］宫俊涛，孙林岩，李刚.中国制造业省际全要素生产率变动分析——基于非参数Malmquist指数方法［J］.数量经济技术经济研究，2008（04）：97—130.

［26］龚关，胡关亮.中国制造业资源配置效率与全要素生产率［J］.经济研究，2013（04）：4—29.

［27］韩馥冰，葛新权.产业技术创新联盟成员间知识转移的影响因素研究［J］.西北大学学报（哲学社会科学版），2012（05）：91—94.

［28］杰里米·里夫金.第三次工业革命［M］张体伟，孙豫宁，译.北京：中信出版社，2012.

［29］贾建忠.产业转型升级的群效应研究［J］.华南理工大学学报（社会科学版），2012（02）：20—29.

［30］金京，戴翔，张二震.全球要素分工背景下的中国产业转型升级［J］.中国工业经济，2013（11）：57—69.

［31］蒋冠宏，蒋殿春.中国工业企业对外直接投资与企业生产率进步［J］.世界经济，2014（09）：53—76.

［32］蒋兴明.产业转型升级内涵路径研究［J］.经济问题探索，2014（12）：43—49.

［33］金碚.资源约束与中国工业化道路［J］.求是，2011（08）：38.

［34］金培，吕铁，邓洲.中国工业结构转型升级：进展、问题与趋势［J］.中国工业经济，2011（02）：6—16.

［35］江源，陈颖婷.从供需结构变化看我国工业转型升级方向［J］.调研世界，2014（03）：3—9.

［36］罗勇，曹丽莉.中国制造业集聚程度变动趋势的实证研究［J］.

经济研究，2005（08）：106—127.

　　［37］刘伟，蔡志洲.技术进步、结构变动与改善国民经济中间消耗［J］.经济研究，2008（04）：4—14.

　　［38］李毅.晋城市煤化工产业发展中存在问题及对策［J］.晋城职业技术学院学报，2010（01）：63—65.

　　［39］梁维全.外资工业对工业结构变化与升级的贡献度——基于广东工业的实证研究［J］.国际经济探索，2009（07）：45—51.

　　［40］李小平，卢现祥，朱钟棣.国际贸易、技术进步和中国工业行业的生产率增长［J］.经济学（季刊），2008（02）：549—564.

　　［41］李江涛，孟元博.当前产业升级的困境与对策［J］.国家行政学院学报，2008（05）：81—84.

　　［42］刘伟全，张宏.FDI行业间技术溢出效应的实证研究——基于全球价值链的视角［J］.世界经济研究，2008（10）：56—64.

　　［43］吕延方，王冬.承接外包对中国制造业全要素生产率的影响——基于1998—2007年面板数据的经验研究［J］.数量经济技术经济研究，2010（11）：66—83.

　　［44］李超，覃成林.要素禀赋、资源环境约束与中国现代产业空间分布［J］.南开经济研究，2011（04）：123—136.

　　［45］赖永剑.集聚、空间动态外部性与企业创新绩效——基于中国制造业企业面板数据［J］.产业经济研究，2012（02）：9—17.

　　［46］赖磊.全球价值链治理、知识转移与代工企业升级——以珠三角地区为例［J］.国际经贸探索，2012（04）：42—51.

　　［47］李向升.基于投入产出模型的广东产业结构关联特征分析［J］.金融经济，2012（11）：38—42.

　　［48］刘修岩，王璐.集聚经济与企业创新——基于中国制造业企业面板数据的实证研究［J］.产业经济评论，2013（03）：35—53.

　　［49］李向升.FDI对广东省制造业全要素生产率增长的影响研究

〔D〕.广州：暨南大学博士学位论文，2014.

〔50〕刘艳.中国现代制造业全要素生产率研究〔J〕.当代经济研究，2014（02）：75—82.

〔51〕李静.初始人力资本匹配、垂直专业化与产业全球价值链跃迁〔J〕.世界经济研究，2015（01）：65—73.

〔52〕刘志彪.提升生产率：新常态下经济转型升级的目标与关键措施〔J〕.审计与经济研究，2015（04）：77—84.

〔53〕李文军.经济新常态下加快产业转型升级的路径〔J〕.经济纵横，2015（08）：73—77.

〔54〕刘爱梅.创新和城镇化对中国经济转型升级的作用研究——从李克强总理关于经济转型升级动力的论述谈起〔J〕.经济研究，2016（01）：136—142.

〔55〕李小胜，张焕明.中国碳排放效率与全要素生产率研究〔J〕.数量经济技术经济研究，2016（08）：64—79.

〔56〕聂辉华，贾瑞雪.中国制造业企业生产率与资源误置〔J〕.世界经济，2011（07）：27—42.

〔57〕彭向，蒋传海.产业集聚、知识溢出与地区创新——基于中国工业行业的实证检验〔J〕.经济学（季刊），2011（03）：913—934.

〔58〕潘文卿，李子奈，刘强.中国产业间的技术溢出效应——基于35个工业部门的经验研究〔J〕.经济研究，2011（07）：18—29.

〔59〕潘文卿，刘庆.中国制造业产业集聚与地区经济增长——基于中国工业企业数据的研究〔J〕.清华大学学报（哲学社会科学版），2012（01）：137—148.

〔60〕邱爱莲，崔日明，徐晓龙.生产性服务贸易对中国制造业全要素生产率提升的影响：机理及实证研究——基于价值链规模经济效应角度〔J〕.国际贸易问题，2014（06）：71—80.

〔61〕沈坤荣，耿强.外国直接投资、技术外溢与内生经济增长——中

国数据的计量检验与实证分析［J］.中国社会科学，2001（05）：82—93.

［62］邵军，徐康宁.基于面板协整方法的外资与外贸关系研究［J］.数量经济技术经济研究，2007（10）：91—99.

［63］单豪杰.中国资本存量K的再估算：1952-2006［J］.数量经济技术经济研究，2008（10）：17—31.

［64］孙晓华，王昀，郑辉.R&D溢出对中国制造业全要素生产率的影响——基于产业间、国际贸易和FDI三种溢出渠道的实证检验［J］.南开经济研究，2012（05）：18—35.

［65］苏楠，宋来胜.FDI、产业集聚结构和行业创新绩效——基于制造业13个分行业面板数据的GMM分析［J］.经济与管理，2013（07）：92—97.

［66］孙晓华，王昀，郑辉.R&D影响全要素生产率的行业异质性——来自中国制造业的经验证据［J］.管理工程学报，2014（03）：33—41.

［67］沈能.空间集聚、规模门槛与技术创新：基于中国制造业企业普查数据的实证分析［J］.管理工程学报，2014（04）：21—27.

［68］孙早，席建成.中国式产业政策的实施效果：产业升级还是短期经济增长［J］.中国工业经济，2015（07）：52—67.

［69］涂正革.环境、资源与工业增长的协调性［J］.经济研究，2008（05）：93—105.

［70］田银华，贺胜兵，胡石其.环境约束下地区全要素生产率增长的再估算：1998—2008［J］.中国工业经济，2011（01）：47—57.

［71］文玫.中国工业区域上的重新定位和聚集［J］.经济研究，2004（02）：84—94.

［72］王艳丽，刘传哲.全要素生产率对中国经济增长的贡献：1952-2002［J］.北京理工大学学报（社会科学版），2006（05）：88—97.

［73］吴延兵.R&D与生产率——基于中国制造业的实证研究［J］.经

济研究，2006（11）：60—71.

［74］王岳平，葛岳静.我国产业结构的投入产出关联特征分析［J］.管理世界，2007（02）：61—68.

［75］王苍峰.FDI、行业间联系与溢出效应——基于中国制造业行业面板数据的实证分析［J］.世界经济研究，2008（03）：73—79.

［76］王兵，吴延瑞，颜鹏飞.中国区域环境效率与环境全要素生产率增长［J］.经济研究，2010（05）：95—109.

［77］王龙伟，任胜钢，谢恩.合作研发对企业创新绩效的影响研究——基于治理机制的调节分析［J］.科学学研究，2011（05）：785—792.

［78］王金杰.信息化与工业化融合的机制与绩效［D］.天津：南开大学博士学位论文，2012.

［79］王文翌，安同良.产业集聚、创新与知识溢出——基于中国制造业上市公司的实证［J］.产业经济研究，2014（04）：22—29.

［80］王岚，李宏艳.中国制造业融入全球价值链路径研究——嵌入位置和增值能力的视角［J］.中国工业经济，2015（02）：76—88.

［81］王利晓，惠宁.陕西省高新区产业集聚与FDI技术溢出效应研究——基于三个高新区面板数据的实证分析［J］.宝鸡文理学院学报（社会科学版），2015（02）：114—119.

［82］王昀.中国工业转型升级的潜力测算与路径优化研究［D］.大连：大连理工大学博士学位论文，2016.

［83］王云.安徽省产业转型升级内在机理及影响因素研究［J］.安庆师范大学学报（社会科学版），2017（04）：103—106.

［84］王腾飞.中国工业行业二氧化碳排放强度影响因素研究［D］.长沙：湖南大学，2013.

［85］徐康宁，冯伟.基于本土市场规模的内生化产业升级：技术创新的第三条道路［J］.中国工业经济，2010（11）：58—67.

［86］席艳玲，吉生保，王小艳.要素相对价格对产业结构调整的倒逼效应分析——基于省际动态面板数据的系统GMM估计［J］.财贸研究，2013（05）：18—24.

［87］肖国东.产权对制造业生产效率的影响研究［J］.社会科学战线，2014（11）：263—265.

［88］肖国东.经济"新常态"下我国产业结构调整趋势分析——基于居民消费结构升级的思考［J］.内蒙古社会科学（汉文版），2015（07）：106—111.

［89］肖国东，曲锋.推动吉林省融入"中国制造2025"战略研究［J］.江苏经贸职业技术学院学报，2016（06）：1—6.

［90］肖国东.我国制造业创新资源要素空间分布结构性矛盾及对策［J］.经济纵横，2017（03）：90—95.

［91］姚正海，杨宝华，叶青.基于区域产业转型升级的创新人才培养问题研究［J］.经济问题，2013（10）：87—90.

［92］易先忠，张亚斌，刘智勇.自主创新、国外模仿与后发国知识产权保护［J］.世界经济，2007（03）：31—40.

［93］杨政，田铮，党怀义.面板数据的单位根检验和协整检验——实证分析西部省市固定投资与工业增加值之间的关系［J］.数理统计与管理，2007（03）：420—426.

［94］杨亚平.FDI技术行业内溢出还是行业间溢出——基于广东工业面板数据的经验分析［J］.中国工业经济，2007（11）：73—79.

［95］袁堂军.中国企业全要素生产率水平研究［J］.经济研究，2009（06）：52—64.

［96］余泳泽，武鹏.FDI、技术势能与技术外溢——来自中国高技术产业的实证研究［J］.金融研究，2010（11）：60—76.

［97］叶振宇，叶素云.要素价格与中国制造业技术效率［J］.中国工业经济，2010（11）：47—57.

［98］袁天天，石奇，刘玉飞.环境约束下的中国制造业全要素生产率及其影响因素研究——基于经济转型期的经验研究［J］.武汉理工大学学报（社会科学版），2012（12）：860—867.

［99］杨汝岱.中国制造企业全要素生产率研究［J］.经济研究，2015（02）：61—74.

［100］尹伟华.中国制造业产品全球价值链的分解分析——基于世界投入产出表视角［J］.世界经济研究，2016（01）：66—75.

［101］原毅军，孙大明.FDI技术溢出、自主研发与合作研发的比较——基于制造业技术升级的视角［J］.科学学研究，2017（09）：1334—1347.

［102］张军.资本形成、工业化与经济增长：中国的转轨特征［J］.经济研究，2002（06）：3—13.

［103］郑海天.深圳工业化发展模式实证研究［D］.广州：暨南大学博士学位论文，2004.

［104］张军，吴桂英，张吉鹏.中国省际物资资本存量估算：1952—2000［J］.经济研究，2004（10）：35—44.

［105］张杰，张少军，刘志彪.多维技术溢出效应、本土企业创新动力与产业升级的路径选择——基于中国地方产业集群形态的研究［J］.南开经济研究，2007（03）：47—67.

［106］张军，陈诗一，Gary H.Jefferson.结构改革与中国工业增长［J］.经济研究，2009（07）：4—20.

［107］张明志，李敏.国际垂直专业化分工下的中国制造业产业升级及实证分析［J］.国际贸易问题，2011（01）：118—128.

［108］周桂荣，王冬.推动京津冀区域产业升级与创新浅探［J］.现代财经（天津财经大学学报），2011（03）：29—33.

［109］张会清，唐海燕.产品内国际分工与中国制造业技术升级［J］.世界经济研究，2011（06）：44—50.

［110］张浩然.基础设施、空间溢出与区域全要素生产率［J］.经济学家，2012（02）：68—74.

［111］张中元，赵国庆.FDI，环境规制与技术进步——基于中国省级数据的实证分析［J］.数量经济技术经济研究，2012（04）：23—29.

［112］周大鹏.制造业服务化对产业转型升级的影响［J］.世界经济研究，2013（09）：17—22.

［113］张翼，陈雯，骆时雨.中间品进口对中国制造业全要素生产率的影响［J］.世界经济，2015（09）：107—129.

［114］张建华，赵英.全球价值链视角下的中国制造业产品内国际分工研究——基于世界投入产出数据的测度与分析［J］.工业技术经济，2015（11）：3—11.

［115］周念利，魏倩，沈铭辉.服务业市场竞争与中国制造业企业全要素生产率［J］.财经研究，2015（11）：133—144.

［116］周立新，毛明明.产业集聚与全要素生产率增长——基于重庆制造行业面板数据的实证分析［J］.重庆大学学报（社会科学版），2016（01）：33—39.

［117］朱平芳，项歌德，王永水.中国工业行业R&D溢出效应研究［J］.经济研究，2016（11）：44—55.

［118］朱晓霞，郭秀君，宋之杰.高端装备制造业实施开放式创新的动因及对策分析［J］.河北学刊，2014（04）：111—114.

［119］张辉.全球价值链理论与我国产业发展研究［J］.中国工业经济，2004（05）：38—46.

［120］张波.中小企业转型升级策略研究［J］.科技管理研究，2010（12）：147—149.

［121］张恒梅，李南希.创新驱动下以物联网赋能制造业智能化转型［J］.经济纵横，2019（07）.

［122］李廉水.中国制造业40年：智能化进程与展望［J］.中国软科

学，2019（01）：1—9.

［123］2020吉林统计年鉴［M］.北京：中国统计出版社，2018.

［124］2020中国统计年鉴［M］.北京：中国统计出版社，2018.

［125］郭克莎.中国工业化的进程、问题与出路［J］.中国社会科学，2000（03）：66—71.

［126］陈佳贵，黄群惠，钟宏武.中国地区工业化进程的综合评价和特征分析［J］.经济研究，2006（06）：4—15.

［127］刘畅，李建华.五重螺旋创新生态系统协同创新机制研究［J］.经济纵横，2019（03）：122—132.

［128］王庆金，王焕良.区域一体化创新生态系统演化及治理机制研究［J］.东岳论丛，2021，42（09）：51—62.

［129］吕晓静，刘霁晴，张恩泽.京津冀创新生态系统活力评价及障碍因素识别［J］.中国科技论坛，2021（09）：93—103.

［130］宋名顺.经济发展质量评价指标体系研究［J］，经济学家，2015（02）.

［131］谢栩翎.河北省区域经济增长质量评价［J］.衡水学院学报，2016（04）.

［132］冷崇总.构建经济发展质量评价指标体系［J］.宏观经济管理，2008（04）：43—45.

［133］《吉林省国民经济和社会发展第十四个五年规划纲要》，吉林省人民政府，2021.

［134］沈坤荣，赵倩.以供给侧结构性改革推进经济创新发展［J］.经济纵横，2016（09）：6—8.

［135］任泽平.新基建：必要性、可行性及政策建议［J］.中国经济报告，2020（04）：93—109.

［136］《吉林省2021年国民经济和社会发展统计公报》，吉林省人民政府，2021.

［137］黄光球，何奕.传统制造业智能化发展的驱动力研究［J］.生产力研究，2022（05）：83—89.

［138］季良玉.中国制造业智能化水平的测度及区域差异分析［J］.统计与决策，2021，37（13）：92—95.

［139］王媛媛，张华荣.G20国家智能制造发展水平比较分析［J］.数量经济技术经济研究，2020，37（09）：3—23.

［140］李金华.德国"工业4.0"与"中国制造2025"的比较及启示［J］.中国地质大学学报（社会科学版），2015（05）：71—79.

［141］岳孜.《中国制造2025》背景下制造业智能化发展分析［J］.社会科学战线，2016（11）：261—264.

［142］刘畅，李建华.五重螺旋创新生态系统协同创新机制研究［J］.经济纵横，2019（03）：122—132.

［143］王庆金，王焕良.区域一体化创新生态系统演化及治理机制研究［J］.东岳论丛，2021，42（09）：51—62.

［144］吕晓静，刘霁晴，张恩泽.京津冀创新生态系统活力评价及障碍因素识别［J］.中国科技论坛，2021（09）：93—103.

［145］戴艳红.德国隐形冠军对我国专精特新小巨人企业的启示［J］.现代商贸工业，2022，43（22）：66—68.

［146］陆岷峰."专精特新"群体生态分析：中小企业高质量发展路径研究［J］.武汉商学院学报，2022，36（04）：65—72.

［147］杨洁，刘碧云.江苏省科技型中小企业"专精特新"发展机制分析［J］.武汉商学院学报，2022，41（07）：140—145.

［148］刘艳，王诏怡.全球价值链下中国制造业的国际分工地位研究——基于区分加工贸易和非加工贸易的国际投入产出表［J］.国际商务研究，2018，39（02）：39—47.

［149］张约翰.东北装备制造业竞争力评价及影响因素研究［J］.中国科学院研究生院学报，2011，28（04）：467—474.

［150］2021中国统计年鉴［M］.北京：中国统计出版社，2021.

［151］2021吉林统计年鉴［M］.北京：中国统计出版社，2021.

［152］OECD.技术创新统计手册［M］.北京：中国财政经济出版社，1993：18—23.

［153］多恩布什，费希尔.宏观经济学［M］.北京：中国人民大学出版社，2000.

［154］J.Schmookler. Invention and Economic Growth. Harvard University Press，1966：33—36.

［155］毛蕴诗，吴瑶.中国企业:转型升级［M］.广州:中山大学出版社，2009.

［156］王志华，陈折.江苏制造业转型升级水平测度与路径选择［J］.生态经济，2012（12）：91—96.

［157］范正伟.从速度中国向幸福中国转型［N］.中国高新技术产业导报，2011.

［158］Levin A，LinCF.Unit root tests in panel data:new results［Discussion Paper］.Department of Economics，UniversityofCalifornia at San Diego，1993，Discussion Paper No 56~93.

［159］Levin，A.，C. Lin and C. Chu（2002）Unit Root Tests in Panel Data: Asymptotic and Finite–Sample roperties. Journal of Econometrics，108，1—24.

［160］Kao C，ChiangMH.On the estimation and inference of a cointegratedregression in panel data［J］.Advance in Econometrics，2000，15：179—222.

［161］Kao C.Spurious regression and residual–based tests for cointegration inpanel data［J］.Journal of Econometrics，1999，90（1）：1—44.

［162］Maddala，G. S. and S. Wu（1999）．"A Comparative Study of

Unit Root Tests with Panel Data and A; New Simple Test," Oxford Bulletin of Economics and Statistics, 61, 631—652.

[163] BreitungJ.A parametric approach to the estimation of cointegrationvectors in panel data [J].Econometric Reviews, 2005, 24 (2): 151—173.

后　记

　　本书为吉林省社会科学院"吉林振兴丛书"专项课题的子课题之一，本课题研究从2022年5月至2023年3月，历时十个月时间。通过实地走访调研和查阅文献资料，全面梳理了吉林产业转型升级发展历程。本书共分为九章：第一章，东北振兴背景下吉林省产业转型升级的重大意义；第二章，东北振兴战略实施以来吉林省产业转型升级的成效，即吉林产业结构更加优化、比较优势更加突出、产业聚集效应更加显著、创新能力不断增强、绿色发展步伐不断加快、体制机制不断完善；第三章，吉林省产业转型升级水平测度，对产业转型升级的动力状况和效率状况进行评价；第四章，吉林省产业转型升级的制约因素，即吉林省产业存在科技投入相对不足、科技产出效率较低、装备制造业专业化程度不高、产业关联度较低等方面的问题；第五章，吉林省产业转型升级面临的形势，国内外产业结构调整步伐加快，资源环境约束不断增强；第六章，外省市产业转型升级的主要经验，即着力改造提升传统产业、培育壮大新兴产业、大力发展特色优势产业等；第七章，吉林省产业转型升级的发展方向，即推动产业高端化发展、产业绿色低碳发展、产业集约化发展、产业规模扩张向质量提升转变、推动产业比较优势向竞争优势转变、推动"吉林制造"向"吉林智造"转变方面做文章；第八章，吉林省产业转型升级的重点领域，主要包括现代汽车产业、农产品加工产业集群、石化产业全产业链、医药产业创新发展、装备制造业优化升级、冶金建材产业低碳发展、战略性新兴产业等；第九章，吉林省产业转型升级的发展路径，即围绕"一主六双"，优化产业空间布局，发展"六新产业"，建设"四新设施"等。

在本书的撰写过程中，得到了吉林省社会科学院（会）党组大力支持，对书稿的提纲、写作、定稿给予了建议和指导，在此十分感谢。在调研和写作过程中，吉林省社会科学院科研处给予大力支持，同时，在深入到吉林省各产业实地调研过程中，吉林省发改委、工信厅等部门积极配合，介绍相关情况、提供资料，在此表示感谢。

鉴于本课题需要大量走访调研，工作繁杂，受时间所限，在资料收集与筛选过程中难免有疏漏，行文中若有欠缺，恳请读者批评指正，在此先行谢过。最后要感谢课题组每一位成员，在十个月的时间里，无论是书稿的写作还是走访调研，课题组成员都付出了辛勤汗水，书稿付梓之际，表示衷心感谢。